KB263411

야나기 무네요시의 두 얼굴

―― 민예운동가인가, 문화정치 이데올로그인가 ――

야나기 무네요시의 두 얼굴
- 민예운동가인가, 문화정치 이데올로그인가 -

초판 1쇄 발행 2007. 9. 15.
초판 3쇄 발행 2018. 5. 25.

지은이 정 일 성
펴낸이 김 경 희
펴낸곳 (주)지식산업사
        본사: 경기도 파주시 광인사길 53(문발동)
        서울사무소: 서울시 종로구 자하문로6길 18-7(통의동)
        전화 본사: (031)955-4226~7   서울사무소: (02)734-1978
        팩스 본사: (031)955-4228   서울사무소: (02)720-7900
        인터넷한글문패 지식산업사
        인터넷영문문패 www.jisik.co.kr
        전자우편 jsp@jisik.co.kr
        등록번호 1-363
        등록날짜 1969. 5. 8.

ⓒ 정일성, 2007
ISBN 978-89-423-2072-1   03990

책값은 뒤표지에 있습니다.

이 책을 읽고 문의하고자 하는 이는 지식산업사 전자우편으로 연락 바랍니다.

이 책은 관훈클럽 신영연구기금의 도움을 받아 저술되었습니다.

야나기 무네요시의 두 얼굴

— 민예운동가인가, 문화정치 이데올로그인가 —

정 일 성

지식산업사

머리말

　　우리나라 근대사에 관심 있는 지식인이라면 야나기 무네요시(柳宗悅)를 모르는 사람은 거의 없을 것이다. 일본 민예운동의 창시자인 그는 1919년에 일어난 3·1운동 때 글과 말(강연)로써 우리 민족에게 적지 않은 영향을 끼쳤던 지식인이다. 무엇보다 야나기는 〈조선의 미술(朝鮮の美術)〉이라는 제목의 글에서 조선의 예술을 피침(被侵)의 역사가 낳은 '비애(悲哀)의 미(美)'로 뜻매김하며 우리 민족의 가슴에 '한(恨)'의 못을 박은 일로 유명하다. 이는 조선인을 패배감으로 몰아넣으려는 일본 제국주의의 정책과 동일한 발상이라는 주장이 1970년대 초에 제기되면서 호된 비판을 받기도 했으나, 그의 조선예술 비애미론(悲哀美論)은 아직도 학계의 오랜 논쟁거리로 남아 있다.

　　그럼에도 우리 사회는 그가 마치 우리 민족의 편에 서서 일제의 '조선동화(朝鮮同化)' 정책을 반대하고, 조선의 독립을 도왔던 보기 드문 양식 있는 지식인으로 지금도 인정하는 분위기이다. 더러는 야나기를 '조선예술의 미적 가치를 논리화하고 정의한 분'이라고 극찬하는가 하면, 심지어 '우리의 암울했던 시대에 한국의 예술을 통해 한국민족의 의지를 대변하고, 민족의 독립을 호소했던 인물로서 한국과 일본이 지향해야 할 선린의 원형'으로까지 치켜세우는 학자마저도 있을 정도다. 그뿐만이 아니다. 권력의 정통성이 문제되던 전두환 정권은 1984년 9월 '우리나라 미술품 문화재 연구와 보존에 기여한 공로가 크다'는 이유로 그에게 '보관(寶冠)문화훈장'을 추서하기도 했다.

그러나 야나기에 대한 과장된 평가는 그에 관한 객관적 연구 없이 자국 역사 미화에 익숙한 일본 학자들의 황국사관(皇國史觀)에 젖은 평가와 논술만을 근거로 내린 추론에 지나지 않는다. 이를 좀 더 구체적으로 설명하면, 야나기가 조선에 관한 글을 쓸 수밖에 없었던 시대 상황과 숨은 의도, 곧 그의 속내를 모르고 그가 쓴 글만을 아전인수(我田引水)식으로 단순히 짜깁기한 감상적인 수상(隨想) 수준의 논평을, 우리 문화계가 여과 없이 그대로 받아들여 인용한 데 따른 오류라 할 수 있다.

물론 야나기의 조선에 관한 언설(言說)이 이처럼 실제보다 크게 부풀려지기까지는 일제시대 교육을 받은 사람들의 야나기 선호 경향도 결코 무시할 수 없다. 이에 더하여 야나기에 대한 정치, 사회학적 탐구를 소홀히 한 점 또한 화근이 아닐 수 없다. 우리 학계의 경우, 미술사학적 측면을 제외하면 그에 대한 연구는 그동안 전무한 상태라 해도 지나친 말이 아닐 것이다. 그의 글에 대한 객관적 평가는 말할 것도 없고, 한국인의 시각에서 그를 있는 그대로 분석한 평전 한 권 없는 현실이 이를 잘 말해 준다.

그나마 다행히도 최근 일본 학계에서 정치, 사회학적 관점으로 야나기를 재조명한 연구 결과가 잇따라 나오고 있다는 점이다. 그 가운데서도 "야나기 무네요시의 사상과 행동은 일본 제국주의의 정치사상과 공범 관계에 있었다"는 철학자 이토 도오루(伊藤徹)의 주장은 가히 충격에 가깝다. "야나기가 식민통치 아래 신음하는 조선민족의 현실을 제대로 보지 않고, 관념적이고 정서적 세계인 예술의 중요성만을 강조한 것은, '비극의 민족'의 관심을 예술로 돌려 현실 타파를 단념시키기 위한 허구이자 기만이며, 조선예술을 '비애의 아름다움〔美〕'으로 해석한 것도 그 때문"이라는 고(故)도자기 연구가 이데가와 나오키(出川直樹)의 연구 결론도 새로운 시각임에 틀림없다. 또 오구마 에이지(小熊英二) 게이오대(慶應大) 교수는 "야나기가 조선예술을 집중 거론한 것은 일제의 조선 지배를 정당화하고 재구성하기 위한 일본적 오리엔탈리즘"이라고 단정하고 있다.

이들의 연구를 종합해 보면, 야나기의 언행은 '제국주의 시대가 낳은 부산물'로서, 그는 3·1운동을 계기로 그가 배운 군중심리 이론을 동원해 일제의 식민통치 방법을 무단통치에서 이른바 문화통치로 바꾸는 데 일조한 '제국주의 공범'이었다. 바꾸어 말하면, 그는 '정(情)'과 '종교' 그리고 '예술'로 3·1운동에 대한 일제의 무력 진압에 상처받은 우리 민족의 마음을 달래려 한 심리요법사이자 '식민지 조선통치 훈수꾼'이었다. 그런 점에서 야나기는 한일합방 당시 조선의 언론을 통폐합하고 〈조선통치의 요의(朝鮮統治の要義)〉를 써서 일제의 조선에 대한 무단통치의 길을 열게 했던 도쿠토미 소호(德富蘇峰, 1863~1957)에 버금가는 식민정책 이데올로그였다는 평을 들을 만도 하다. 도쿠토미가 데라우치 마사다케(寺內正毅, 1852~1919) 초대 조선총독의 '정치고문'이었다면, 야나기는 사이토 마코토(齋藤實, 1858~1936) 3대 총독의 '문화통치 두뇌'였던 셈이다.

　야나기가 일본제국을 도운 식민정책론자였다는 사실은 그가 남긴 글과 행적을 파고들면 얼마든지 찾아낼 수 있다. 1919년 5월 20일부터 24일까지 5회에 걸쳐 《요미우리신문(讀賣新聞)》에 연재해 명성을 얻기 시작한 〈조선인을 생각하다(朝鮮人を想う)〉라는 제목의 글만 해도 그렇다. 이 글은 '일선동화(日鮮同化)' 정책을 그럴듯하게 비판하고 있어서 얼핏 보기에는 조선인을 위해 쓴 것처럼 느껴진다. 그러나 조금만 더 주의를 기울여 읽다보면, 총독부 무단통치의 폐단을 지적하고 있을 뿐, 조선의 독립을 돕는 내용은 아니라는 사실을 곧바로 알게 된다. 그는 이 글에서 "반항('독립만세운동'을 뜻함)을 현명한 길이라거나 칭찬할 태도라고는 생각지 않는다"며 조선인의 독립운동에 대한 반대의 뜻을 분명히 하고 있다. 그러면서 그는 "사람은 사랑 앞에 순종하지만 억압에는 저항하게 마련이다. 사랑의 힘을 능가하는 군사력이나 정권은 없다. 나라와 나라, 사람과 사람을 가깝게 하는 것은 과학이 아니라 예술이고, 정치가 아니라 종교이며, 지(智)가 아니라 정(情)이다. 오로지 종교적 또는 예술적 이해만이 사람의 마음을 움직이게 하고, 그럼으로써 무한의 사랑이 솟아나는 법이다"라며 '정과 종교, 예술'로 식민지 백성을 다스려야 평화를 되찾을 수 있다고 주장한다. 이 글은 우리 지식인 사회에서 흔히 입에 오르내리고 있는 것처럼 '조선인을 위한 것'이 아니라, 식민정책 담당자들에게 무모한 무력 동화정책을 버리고 평화주의의 방법을 쓰도록 권유하는 새로운 식민통치이론과 다름없다.

　그는 〈조선의 벗에게 드리는 글(朝鮮の友に贈る書)〉에서도 "우리(일본)가 총칼로 당신들(조선인)을 해치게 하는 것이 죄악이듯이,

당신들도 유혈의 길을 택해 혁명을 일으켜서는 안 된다"고 강조하고, "조선 사람들이여, 무익하게 독립을 갈망하기 전에 위대한 과학자를 내고 위대한 예술가를 배출하라. 될 수 있는 한 불평의 시간을 줄이고 면학의 시간을 많이 가져라"라고 회유하고 있다. 뿐만 아니라 그가 많은 글에서 표현한 "정애(情愛)를 통해 하나의 나라로 굳게 맺어지면, 그것은 곧 미래 동양문화의 새 틀을 만드는 아름답고 커다란 동인(動因)이 되리라 확신한다(〈음악회취지서〉)"고 강조하고, 나아가 "조선민족미술관 건립으로 싸움터인 경성에 하나의 새로운 평화의 집을 세울 수 있다고 믿는다(《시라카바》 1921년 9월호)", "아름다움에 마음을 빼앗길 때 어디서 싸울 생각이 나겠는가(〈조선민족미술관 설립에 관하여〉)", "조선인 교화는 정치와 교육만으로 어려우므로 예술로 융화하는 것이 필요하다고 생각한다. 꼭 조선에 건너가 음악으로 교화하여 두 민족의 융화를 다소나마 돕고자 한다(1920년 2월 3일자 《경성일보(京城日報)》 야나기 가네코의 인터뷰)", "너의 오빠가 조선에서 계획하고 있는 일을 너는 알겠지… (여동생 지에코의 죽음을 애도하며 쓴 〈추억〉)", "지금 조선 사람들은 남녀노소 할 것 없이 모두가 정치가이다. 예술의 영원함을 믿고 예술의 아름다움으로 조선을 지키려는 사람은 드물다(《경성일보》 〈현상 소설 모집에 대하여〉)" 등의 말은 야나기의 속내(진심)를 읽는 데 빼놓을 수 없는 대목이다.

3·1운동이 일어나자 야나기가 아내와 함께 조선을 오가며 음악회와 강연회를 열어 격앙된 조선민심을 달래고, 조선민족미술관을 세워 두 민족의 화합을 꾀하려 했던 점도 조선통치 정책과 무관하지 않다. 그는 1920년에 조선인 교화활동을 시작한 이후 태평양전쟁이 시작되기 전인 1940년까지, 확인된 것만도 스무 번 이상 조선에서 강연회와 음악회를 열었다.

야나기는 출신 성분으로만 보아도 조선의 독립을 말할 처지가 아니었다. 우선 사이토 총독 중임 당시 총독부 내무국장이 야나기가 가장 사랑하던 여동생 지에코(千枝子)의 남편 이마무라 다케시(今村武志)였다. 총독부 내무국장이 어떤 자리인가. 내무 행정과 경찰권을 총괄하던 막강한 자리였다. 이마무라는 1910년에 조선총독부 사무관으로 부임, 19년여 동안 서울에서 억압정치의 실무를 담당하다 마침내 그 자리에 올랐다. 또 야나기의 누나인 스에코(直枝子)의 남편 다니구치 나오미(谷口尚眞, 1870~1941)는 일본제국 해군 대장에까지 오른 인물로서 3·1운동 때는 일본 해군 인사국장이었다. 게다가 야나기의 아버지 나라요시(楢悦)는 해군 소장으로 메이지유신에 공이 많아 일본 귀족원 의원을 지내기도 했다. 3·1운동 뒤 두 번이나 조선총독을 지낸 사이토 마코토는 야나기의 아버지가 아끼던 군대 후배였다. 이런 인간 관계로 볼 때 야나기가 어떻게 앞장서 조선의 독립을 주장할 수 있었겠는가.

일본 《고우가쿠신문(向學新聞)》 국제유학생협회 인터넷 홈페이지[1]는 이런 사실들을 얼버무리고 "야나기 무네요시는 조선의 독립을 동정하면 매국노로 매도되던 제국주의시대에, 점령국가 국민으로 식민지 민족의 아픔을 이해하려 한 몇 안 되는 일본인이었다. 그는 내셔널리즘의 열광의 소용돌이에도 휩쓸린 적이 없다. 그것은 조선의 도자기와 만남이 있었기 때문이다"라며 치켜 세우고 있다. 일본 초·중학교 사회과 교과서에서도 야나기를 '다이쇼시대에 뛰어난 국제 감각을 지녔던 지식인'이라고 소개한다.

이보다 더욱 한심한 일은, 해방된 지 반세기하고도 12년이 지난

---

1) http://www.ifsa.jp/kiji‑sekai‑yanagi.htm

2007년 현재까지 우리는 야나기가 우리 민족에게 씌운 '한(恨)의 멍에'를 떨쳐내지 못하고 있다는 점이다. 정작 야나기의 조선예술 이해가 올바르지 못한 역사관에서 비롯한 것이라고 비판하면서도 그의 이론을 그대로 수용, 한국 예술의 기본 성격을 '한의 미' 또는 '비애나 애상의 아름다움'으로 합리화하려는 시도를 때때로 보는 데, 참으로 답답한 일이 아닐 수 없다. 야나기의 '조선예술 비애의 미론'은 말할 필요도 없이 우리민족 스스로를 지나치게 의기소침하게 하고, 나아가 자조(自嘲)를 확대 재생산하는 부작용을 불러왔다. 그것은 외세에 의한 국망(國亡)과 광복, 그리고 바로 이어진 분단, 동족끼리의 전쟁, 어두웠던 군사독재 시절 등을 거치면서 일부 문화·예술계가 '한'이 마치 우리 예술의 원형이라도 되는 듯이 이야기의 주제로 삼고, 걸핏하면 '엽전은 어쩔 수 없어. 뛰어봤자 벼룩이지'라는 자학의 관용어를 만들어 내기도 했다. 물론 이는 우리 사회 내부의 탓이므로 최종책임은 오로지 우리에게 있지만, 그렇다고 우리 문화·예술계 일각의 비뚤어진 역사 인식의 바탕에는, 야나기의 조선예술론과 전혀 무관하다고는 말할 수 없다.

이 책은 야나기가 왜, 무엇 때문에 그토록 조선 문제에 깊이 관여하였을까 하는 궁금증을 풀어보려는 데 일차적인 목적이 있다. 그래서 그가 남긴 조선에 관한 글을 하나하나 추적, 분석하며 정치, 사회학적 측면에서 그의 내면을 해부하고 재조명한 것이 특징이라면 특징이다. 또한 독자들의 이해를 돕기 위해 3·1운동 당시의 국제 정세를 비롯하여, 20세기 서구 열강의 식민정책, 침략에 동조한 일제의 언론 실태, 식민통치 이론 정립에 동원된 일본 어용학자들의 실상 등을 야나기의 언설과 연관지어 설명했다. 따라서 그가 쓴 글을 될 수 있는 한 많이 인용하였다. 이는 그동안 야나기에 대한 우리 사회의 인식이 실제와 얼마나 동떨어져 있었는지를 보여 줄 것이다.

야나기 무네요시에 관한 수수께끼를 풀기 위한 작업의 첫걸음은 일본이 '제1차 역사교과서 왜곡파동'을 일으킨 1982년 여름부터 시작됐다고 할 수 있다. 좀더 정확히 말하면 언론사 재직 때 야나기가 쓰고 박재희(朴在姫)가 옮긴《조선의 예술》을 읽은 것이 계기였다. 취재 도중 일제시대 조선과 관련된 일본 인물들의 행적도 궁금했다. 그로부터 3년 뒤 1985년 10월부터 1년 동안 게이오대학의 방문연구원으로 일본에서 공부하며 관련 자료들을 눈에 띄는 대로 모았다. 물론 귀국한 뒤 출판을 염두에 두지 않은 것은 아니나 직장생활이 쉽사리 그럴 여유를 주지 않았다. 하는 수 없이 퇴직(1998년) 후 본격적인 작업을 시작했다. 일본을 수십 차례 오가며 관련 서적을 구입하고, 부족한 자료를 보충했다. 한일합방과 3·1운동 당시 이를 보도한 1910년대 이후 일본의 신문과 잡지 기사를 확인하기 위해 국립중앙도서관과 요코하마(横浜)에 있는 일본신문박물관을 찾고, 와세다대학 도서관, 일본민예관 등을 헤매기도 했다.

그 결과 20여 년 만에 빛을 보게 된 것이 이 책이다. 덧붙이자면《황국사관의 실체》(2000),《후쿠자와 유키치―탈아론을 어떻게 펼쳤는가》(2001),《이토 히로부미―알려지지 않은 이야기들》(2002),《일본 군국주의의 괴벨스―도쿠토미 소호》(2005)에 이어 다섯 번째로 나온 '우리 눈으로 일본 바로알기'의 한 가닥이다. 나는 앞으로도 일본의 인물을 통한 근대 한일 관계사 재조명 작업을, 잘못된 역사를 교훈으로 삼고, 진정한 한일 우호관계의 발전을 위해서도 힘이 닿는 대로 계속할 생각이다.

이 책이 나오기까지 많은 도움을 준 고길희(高吉嬉) 일본 야마가타대(山形大) 교수를 비롯하여, 다나카 나가노부(田中長信)·안코(洋子) 부부 등 여러 분들께 감사드린다. 그리고 변변치 못한 글을 늘 기꺼이 출판해 주신 지식산업사 김경희 사장과 편집진에게 심심한 감사의 뜻을 표한다. 책 쓰기를 도와주고 건강을 챙겨준 아내 조영숙에게 이 책을 바친다.

2007년 5월

정일성

차 례

일러두기

1. 이 책에서 빈번히 인용되는 저자와 책을 아래와 같이 미리 밝히고, 본문에서는 저자 이름만 표기했다.

    미즈오 히로시(水尾比呂志), 《평전 야나기 무네요시》
    오구마 에이지(小熊英二), 《〈일본인〉의 경계》
    이토 도오루(伊藤徹), 《야나기 무네요시, 창작하는 인간》
    나카미 마리(中見眞理), 《야나기 무네요시 시대와 사상》
    쓰루미 슌스케(鶴見俊輔), 《야나기 무네요시》

2. 개화기 우리나라 국호는 원칙적으로 '조선'이라 쓰고 '대한제국'으로 바뀐 1897년 10월 12일~1910년 8월 29일까지는 '대한제국' 또는 '한국'으로 표기했다. 다만 인용한 자료는 원문을 그대로 살렸다.

3. 중국과 일본의 지명·인명 가운데 한자음으로 더 잘 알려진 것은 그대로 썼다.

4. 인용문 가운데 일제 행정 당국의 검열에 의해서 삭제된 내용은 이탤릭체로 표시하였다.

5. 일제가 1910년 8월 대한제국을 병탄한 이른바 '일한병합' 사건을 '병합늑약' 또는 '소위 한국병합' 등으로 바로잡아야 한다는 논의가 학계에서 일고 있으나 여기서는 흔히 통용되는 '한일합방'으로 표기한다.

1장　야나기의 대(對)조선 발언의 배경과 시작

만세함성은 핏빛으로 물들고

'조선인을 생각하다'?

침략이론 제조 산실,《요미우리 신문》

광화문 살리기 내막

만세함성은 핏빛으로 물들고

3·1운동 진압 참극을 기회로 삼아

야나기 무네요시는 1919년에 일어난 '3·1운동(3·1독립만세운동)'을 계기로 조선에 관한 많은 글을 남겼다. 야나기가 일생 동안 조선에 대해 쓴 글을 그의 후손이 한데 모아 1981년 1월에 펴낸《야나기 무네요시 저작 전집》가운데《조선과 그 예술》편은 원고분량만도 자그마치 700여 쪽에 이른다. 그의 글은 우리민족에게는 말할 나위 없고, 일제의 조선통치에도 실로 지대한 영향을 미쳤다. 따라서 3·1운동을 제쳐두고 야나기 무네요시를 논한다는 것은 결코 있을 수 없는 일이다.

야나기는 3·1운동이 마른 벌판의 불길처럼 그칠 줄 모르고 번져가던 1919년 5월 20일,《요미우리신문》에 기고한 〈조선인을 생각하다〉는 글을 시작으로 〈조선의 벗에게 드리는 글〉, 〈그의 조선행(彼の朝鮮行)〉, 〈조선의 미술〉 등 조선통치문제와 관련된 글을 잇

따라 발표하며, 일제 군경의 무력진압으로 격앙된 조선 민심을 다독이는 일에 발 벗고 나섰다. 그는 성난 조선 민중의 적개심을 가라앉히기 위해 글만이 아니라 음악회와 강연회를 열고, '조선민족미술관'을 설립하기도 했다. 야나기는 3·1운동을 계기로 인기와 명성을 얻고, 우리 민족의 심금을 울렸다고 해도 지나친 말이 아니다. 그는 당시 '일선동화정책'의 논리 개발에 동원된 일본의 대다수 지식인들이 '일본의 조선 지배는 당연하다'며 조선 민족의 정체성마저 부정하는 분위기에서 보기 드물게 조선의 예술을 높이 평가하고, 문화적 독자성을 인정해야 한다고 주장하기도 했다.

그렇다면 야나기는 우리 민족에게 과연 어떤 존재였을까. 대한민국 훈장을 받을 만큼 정말 일제강점시대에 조선의 독립을 바라고 우리 민족의 편에 서서 조선총독부의 무단정치를 비판했던 것일까. 혹시라도 고도로 숙련된 글 솜씨를 이용해 조선인을 위하는 척하며 식민통치자들에게 무단통치가 아닌 또 다른 통치요령—유화(宥和)정책—을 주입하려 했던 것은 아니었을까. 이도 아니라면 도쿄제국대학 철학과에서 심리학을 전공하고 스스로도 정치와는 거리가 멀다고 자주 말해 온 30세의 젊은 그가, 무슨 까닭으로 조선 문제에 그토록 깊이 관여하게 되었던 것일까. 이런 의문을 푸는 것이 이 책의 목적이다. 지금부터 3·1운동 당시로 돌아가 그의 '실체'를 하나하나 추적해 보기로 한다.

'동화주의' 무단통치가 부른 독립운동

1919년 3월 1일 정오를 기해 독립의지를 분출한 3·1운동은 우리 민족이 깨어 있음을 세계만방에 알린 거족적(擧族的) 자각운동이었다.

독립운동은 사실 일제가 1910년 8월 대한제국을 병탄하면서, 이미 프랑스가 알제리 통치에서 쓰다가 실패한 '동화주의' 식민통치 방법을 도입함으로써, 예고된 거나 다름없었다.[2] 동화주의는 식민지의 모든 사회 풍습과 제도, 문화 등을 본국과 똑같이 통합하는 식민지배 방법으로, 프랑스는 1830년에 점령한 알제리에서 이 방법을 적용하다 큰 저항에 부딪혀 비극을 연출했다.

그러나 일제는 일본과 조선 민족의 조상은 같은 뿌리라는 '일선동조론(日鮮同祖論)'을 내세워 동화정치를 강행했다. 초대 조선총독으로 임명된 데라우치 마사타케(寺內正毅)와 아카시 모토지로(明石元二郞) 초대 헌병대사령관 겸 경무총장(警務總長), 그리고 당시 일본 《고쿠민신문(國民新聞)》 사장으로 조선총독부 기관지 《경성일보》의 고문을 맡은 도쿠토미 소호(德富蘇峰, 1863~1957) 등 셋이 힘을 합해 조선 언론을 통폐합하고, '헌병경찰'을 만들어 우리 민족을 탄압했던 무단통치는 너무도 악명 높았다.

1908년 처음 한국주둔군 참모장으로 건너와 결국 조선인의 생사여탈권(生死與奪權)을 쥔 아카시는, 1902년 11월부터 러시아 페테르부르크 주재 일본공사관에서 러시아의 군사비밀을 염탐하다 러일전쟁이 일어나자 스웨덴의 스톡홀름으로 옮겨 레닌을 비롯한 러시아 혁명세력과 내통, 비밀자금을 지원하며 첩보활동을 했던 인물이기도 하다. 아카시는 항일 독립투사를 체포·압송·추격하고, 유치인을 도주하지 못하도록 온갖 못된 짓을 다했다. 이들의 잔악한 무단정치에 대한 불만은 1차 세계대전 후 때마침 밀려온 민족자결주

---

2) 오구마는 《〈일본인〉의 경계》에서 이처럼 밝혔다. 또한, 당시 일본의 식민정책 학자들은 일본이 동화주의를 채택할 경우, 프랑스의 전철을 밟게 된다며 반대했다고 적고 있다.

3·1운동의 사실보도를 하지 않은 채, 《요미우리신문》이 1919년 3월 4일자에 보도한 고종황제 국장 예행 모습.

의의 물결을 타고 1919년 3월 1일 독립만세운동으로 폭발했다.

서울 파고다공원에서 점화된 독립만세운동은 마치 강풍을 등에 업은 산불처럼 전국 곳곳으로 맹렬히 번져나갔다. 2일에는 강서(江西)·대동(大同)·수안(遂安)·중화(中和)·함흥(咸興)·황주(黃州)를 휩쓸고, 3일에는 개성(開城)·곡산(谷山)·사리원(沙里院)·송림(松林)·예산(禮山)·통천(通川)으로 옮겨 붙었다. 4일에는 군산(群山)·성천(成川)·양덕(陽德)·용천(龍川) 등지가 달아올랐다. 학생들은 너나없이 수업을 전폐하고 거리로 나섰고, 상인들도 하나같이 상점 문을 걸어 잠근 뒤 시위대열에 합류했다. 광화문 앞과 종로거리는 날마다 지방에서 올라와 갑자기 승하한 고종의 승천을 빌며 독립을 외치는 사람들로 넘쳐났다.

3·1운동은 합방 뒤 10여 년 동안 강압통치로 우리 민족의 말문을 막아온 일제로서는 실로 충격이 아닐 수 없었다. 때마침 프랑스 파리에서는 제1차 세계대전의 전후 수습책을 논의하기 위한 강화회의가 열리고 있던 참이어서 일본의 국가 체면은 말이 아니었다.

'조선인은 이미 일본에 동화됐다' 고 기회 있을 때마다 열강에 자랑하던 그들의 말도 거짓으로 드러나 먹칠을 더했다. 일제 총독부 관헌들은 철통같은 감시 아래 독립만세운동이 일어난 데 대해 정보부재를 탓하며 한숨지었다. 이들은 천도교의 보성사(普成寺)에서 〈독립선언서〉가 인쇄되어 나올 때까지 전혀 눈치 채지 못했다.

시위는 대부분 평화적으로 이어졌다. 도시와 시골의 읍내 장터와 시가지를 돌며 태극기를 흔들고 독립만세를 외치는 것이 전부였다. 당시 상하이《대륙일보(大陸日報)》 기자로 만세운동을 취재했던 너대니얼 페퍼(Nathaniel Pfeffer)는 그가 쓴 《3·1운동의 진상(眞相)》에서 "전국적으로 순천(順川)·곽산(郭山)·의주(義州) 등 23곳을 빼면 만세운동이 일어난 곳에서 과격행동이라고는 전혀 찾아볼 수 없었다. 군중은 다만 만세를 외치고 열을 지어 행진할 따름이었다. 그렇다고 어느 누구의 선동이 있었던 것도 아니다. 마음을 어찌할 수 없어 맨주먹으로 독립만세를 외칠 뿐이었다. 일본 헌병이나 경찰이 칼로 찌르고 총으로 쏘아도 조선인들은 처음에는 돌하나 던지려 하지 않았다. 설사 저항하고 싶어도 대적할 무기가 전혀 없었다. 일한병탄 후 일인들이 무기를 모두 압수해 버렸기 때문이다. 그러면서도 조선인들은 열 배, 백 배 더 용기를 냈다"고 밝히고 있다.

그러나 만세 함성의 기세에 놀라 한동안 어찌할 바를 모르던 조선총독부는 곧바로 전열(戰列)을 가다듬고 군대를 출동시켜 강경진압에 나섰다. 무력진압은 곧 비극을 불러왔다. 만세운동 시작 첫날부터 희생자가 나왔다. 일제 군경은 3월 1일 평북 선천(宣川)에서 읍내 거리를 질서 있게 행진하며 독립만세를 외치던 군중에게 무차별 사격을 하며 강신혁을 그 자리에서 숨지게 하고 12명을 다치게 했다. 이 소식은 곧바로 전국으로 퍼졌다. 이에 격분한 군중들은 각 고을마다 관공서로 몰려가 무력진압을 중단하라고 강력 항의했다. 황해도 수안에서는 2일 천도교인 등 500여 명이 그곳 헌병분견소를 찾아가 "조선은 이제 독립했으므로 일본인들은 나쁜 짓을 그만하고 모두 고향으로 돌아가라"고 외쳤다. 평남 성천에서도 4일 시위대 1천여 명이 헌병분견소 앞에 모여 일제 무단통치를 규탄하며 "선천의 발포명령 책임자를 처단하라"고 요구했다.

일제 언론의 회유와 협박

《경성일보》가 3·1운동에 관한 사실보도는 하지 않은 채, 1919년 3월 6일 1면 머리기사로 보도한 《민족자결주의의 오해》라는 제목의 사설. 터무니없는 논리로 3·1운동의 의지를 꺾으려 하고 있다.

이에 다급해진 조선총독부는 '민족지도자란 자들이 헐벗고 굶주린 노동자와 부랑자들에게 돈을 주어 만세를 부르게 하고 있다'는 헛소문을 퍼뜨리며 총독부 기관지 《경성일보》[3]와 《매일신보》를 총동원, 터무니없는 논리로 성난 민심을 달래보려 안간 힘을 썼다.

《경성일보》는 먼저 '민족자결주의를 주제로 한 기사

---

3) 일제는 대한제국을 '병합'하면서 조선의 모든 신문을 《경성일보》 이름으로 통폐합하고, 편집국 안에 1개 부서를 두어 우리말 신문 《매일신보》를 발간하게 했다.

는 비판이건 찬양이건 일절 쓸 수 없다'고 버티다가 성 난 민심이 조선 전국으로 번 지자, 어쩔 수 없이 보도 금 기(1919년 1월 17일)를 깨고, 사실 보도는 하지 않은 채 3 월 6일자 〈민족자결의 오해〉 라는 제목의 사설을 써, 조선 인에게 민족자결주의를 오도 하는 일부터 치고 나왔다. 《경성일보》는 그 다음날에도 〈소위(所謂) 독립운동―자멸 의 속죄양이 되지 말라〉는

조선독립운동의 확산을 막기 위해 앞장선 《경성일보》가 1919년 3월 7일자에 실은 〈소위 독립운동〉이라는 제목의 사설.

사설을 실었고, 석간에는 〈망동(妄動)과 총독 유고(諭告; 타이름)〉를 1면 머리기사로 내보냈다. 이어 3월 9일에는 〈'센징(鮮人)' 학생에 교시(敎示)한다〉는 사설에서 "섣부른 지식만큼 무서운 것은 없다. 어설피 배운 자들이 자기 몸을 망치고 부모를 욕되게 하고 있으니 통탄해 마지않는다"며 학생들의 만세운동을 비꼬았다. 《매일신보》 는 이런 억지투성이 기사들을 우리말로 번역해 실었다. 바로 다음 날 게재한 〈소위 독립운동〉은 그런 뜻을 더욱 분명하게 드러내고 있다.

지금은 국장(國葬) 기간으로 가장 근신해야 할 때이다. 그럼에도 생 각 없는 조선 청년과 모 종교 신도들이 파리강화회의를 기회로 불온 한 행동을 감행하고 있다. 선동 수괴가 어디론가 잠적해 근거지는 알

수 없으나, 도쿄·상하이·하와이·미국 등과 서로 내통하고 있는 것만은 분명한 것 같다. 그들은 목적 달성을 위해 종전 반복해 오던 죽창(竹槍) 폭동을 피하고 오로지 민족자결주의에 입각하여 파리강화회의에서 승인을 받으려 하는 것처럼 위장하고 있으나, 세(勢)가 격(激)하고 도처에서 폭행이 연출되고 있는 점은 이미 발표한 대로이다. 우리는 어제 그들의 잘못된 생각을 냉정한 입장에서 고쳐먹게 하기 위한 노파심으로 〈민족자결주의의 오해〉라는 제목의 소론을 실었으나, 조선인들은 아직도 미몽(迷夢)에서 깨어나지 못하고 바보스러운 계획을 포기할 뜻이 없는 것 같다. 우리들은 이제 관대한 마음으로 그들의 반성을 촉구할 여지가 없다. 만일 소위 독립운동이 실패하면 득이 될 만한 일이라곤 한 가지도 없다는 사실을 깨달아야 한다. 우선 법에 저촉되어 선조를 욕되게 하고, 부모형제를 부끄럽게 하고, 처자(妻子) 권속(眷屬)을 울게 하고, 자신은 전과자로 사회의 지탄을 받게 되어 결국 이(李)왕가를 비롯해 조선동포에 누를 끼치게 된다. 부정 이득을 도모하려는 한두 명의 선동자에 이끌려 희생을 감수하는 짓처럼 바보스러운 일도 없다. 백보 양보해 설령 조선이 독립을 이룩한다 해도 이는 한때의 미명(美名)일 따름이다. 과거 조선 역사를 보라. 삼한시대부터 한 번이라도 독립한 적이 있었는가. 일청전쟁 뒤 잠시 중국의 속박을 벗어나 대한제국이란 국호를 갖고 국왕의 칭호를 황제라 고친 적이 있지만, 이는 하루아침의 영광이었을 뿐 러시아 세력이 커져 사직은 다시 바람 앞의 등불 신세가 되지 않았는가. 그때 일본제국의 노력이 없었다면 반도는 곧 러시아인의 말발굽에 유린됐을 것이다.

이날 석간에 발표된 하세가와 총독의 〈유고(諭告)〉는 차라리 무차별 진압을 위한 최후통첩이라고 표현해야 옳다.

본 총독은 이태왕(李太王) 국장에 즈음 가장 정숙(靜肅)한 마음으로

경조(敬弔)의 뜻을
표해왔지만 경거
망동(輕擧妄動)한
소요(騷擾)가 일어
유고를 발(發)한
다. 일부 불순한
무리의 선동으로
경성과 지방에서
군중의 망동이 있

三月六日夕刊

妄動ト總督諭告

조선총독부 기관지 〈경성일보〉가 1919년 3월 6일자 석간에 보도한 조선총독 유고. 경거망동하면 엄단하겠다는 내용을 담고 있다.

었던 데 대해 유감을 표한다. 사람들은 조선의 독립은 프랑스 파리의 예비강화회의에서 열국(列國)이 승인한 바라고 떠든다. 이는 전혀 근거 없는 유언비어이다. 반도에 미치는 제국의 주권이 확고 영구함은 말할 필요가 없다. 병합 이래 10년 동안 생명과 재산을 안전하게 보호하고 교육, 산업이 눈에 띄게 발전한 것은 내외가 인정하는 바이다. 그럼에도 이를 방해하는 일에 광분(狂奔)하는 자가 많다. 이는 반드시 후회하게 될 일이므로 하루 속히 각성하기 바란다.

지금이야말로 내지와 조선은 혼연일체(渾然一體)가 되어 민중의 힘을 키우고 실력을 길러 열국과 연맹, 세계평화와 인문의 발전에 공헌하고 이웃나라의 어려움을 도와 연합국다운 의무를 다해야 한다. 이런 시점에 내지인과 '센징'은 더욱 일치단결하여 제국의 사명을 달성하는 데 만전을 기해 주기 바란다.

예로부터 가까워 뗄 수 없는 관계인 양자가 융합의 열매를 맺어야 하는 것은 너무도 당연하다. 이번 사건의 원인이 된 유언비어를 배격하고 불순분자들의 말에 가볍게 넘어가지 말라. 조선과는 전혀 관계가 없는 민족자결원칙을 말하며 망상(妄想)을 버리지 못한 무모한 언동으로 열국의 비웃음을 사는 일을 가장 경계해야 한다. 지금 정부는 힘으로 이를 진정시키기 위해 비위를 저지른 자를 찾아내 가차 없이

처벌하고 있다. 어른들은 착한 아들딸들이 벌을 받는 일이 없도록 잘
지도해 주기 바란다.

성난 군중에 내려진 진압명령

이런 회유와 협박에도 만세운동은 펄펄 끓는 용광로처럼 더해만
갔다. 한번 피를 본 시위대는 성난 호랑이였다. 너대니얼 페퍼는
"군중들은 경찰서에 산더미처럼 몰려가 스스로 포박(捕縛)되기를
요구하고, 어린 남녀학생들은 맨주먹으로 총칼 앞에 돌진해 갔다.
왜병과 왜경들은 피에 주린 호랑이들처럼 칼로 찌르고 총으로 쏘아
죄 없는 조선인들을 마구 죽였다. 그럼에도 군중들은 더한층 우렁
차게 만세를 불러댔다. 누가 조선인들을 용기가 적다고 말했나. 죽
음이 닥쳐와도 조금도 총칼을 두려워하지 않는다. 사지(死地)로 뛰
어드는 그들의 용기보다 더한 용기가 또 어디 있겠는가. 그들의 용
기야말로 세계에서 겨룰 데가 없다"고 당시 시위 모습을 전했다.

국제 여론이 마음에 걸린 일본 정부는 날마다 회의를 거듭하며
대책을 강구했다. 당시 일본 수상 하라 다카시(原敬, 1856~1921)는
3월 11일 하세가와 조선총독에게 "이번 사건을 나라 밖으로는 극히
사소한 문제로 보이게 하라. 특히 선교사를 비롯한 외국인들은 이
사건을 예의 주시하고 있으므로 이들의 눈에 띄지 않게 조심하며,
엄중한 조치를 통해 사건이 재발하는 일이 없도록 하라"고 지시했
다.[4] 이어 4월 6일자로 헌병 400여 명과 육군 6개 부대 5천여 명을
조선에 긴급 증파해 만세운동을 빠른 시일 안에 진압토록 독려했

---

4) 이덕주,《식민지 조선은 어떻게 해방되었는가》, 에디터.

다. 이는 곧 외국인이 없는 곳에서는 무리한 폭력 수단을 동원해서라도 군중들이 다시는 만세운동에 나설 생각이 나지 않도록 만들라는 비밀 지령이었다. 이 극약 처방을 받아든 우쓰노미야 다로(宇都宮太郎) 조선군사령관도 4월 1일 "작전을 너무 신중하게 하다보면 오히려 폭민(暴民)들의 기세를 높일 우려가 있다. 가능한 방법을 모두 짜내 두려워서 복종할 수밖에 없도록 만들어라. 만일 시위 가담자가 붙잡히면 체벌이 얼마나 혹독한지 실상을 보여주라"고 각 군경에 지시했다. 그러나 이는 하나마나한 소리였다. 군경은 그에 앞서 이미 무력을 동원해 만세운동을 진압하고 있었다.

하라 수상이 지시를 내린 지 20일 만인 3월 31일, 총칼로 무장한 일제 군경은 평북 정주(定州)에서 명령 그대로 본때를 보였다. 정주 군민 4천여 명이 참가한 시위대에 총탄을 퍼부어 28명을 그 자리에서 숨지게 했다. 총탄에 맞고 칼에 찔려 부상당한 사람도 자그마치 99명에 이르렀다. 바로 그 이튿날 천안 아우내 장터에서 벌인 시위 진압은 더욱 잔인했다. 일본 철도경비대 대원들은 이날 목천면 면민 3천여 명이 장터에 모여 독립만세를 외치자 발포 경고도 없이 일제히 총을 쏘아대 30여 명의 목숨을 앗아갔다. '조선의 잔 다르크'로 우리들의 가슴 속에 살아 있는 유관순(柳寬順, 1904~1920)도 이 자리에서 붙잡혀 서대문형무소에서 옥살이하다 이듬해 10월 12일 짧은 생을 마감했다. 서당을 운영하던 그의 아버지 유중권(柳重權) 역시 함께 만세를 부르다 총탄에 맞아 그 자리에서 숨지고 어머니도 참살 당했다.

유관순 열사의 옥중 모습

일제 군경 특별검거반 제암리 집단 살해 후 방화

만세소리가 드높은 시위현장치고 이런 학살이 자행되지 않은 곳은 한군데도 없었다. 순천·곽산·의주·반석(班石)·강서(江西)·대구(大邱)·밀양(密陽)·합천(陜川)·남원(南原)·강계(江界)·삭주(朔州)·위원(渭原)·창성(昌城) 등지는 더욱 심했다. 그 가운데서도 4월 15일 화성군 향남(鄕南)면 제암(堤岩)리에서 한 마을 주민 전원을 살해한 집단학살방화사건은 말 그대로 참극이었다.

1919년 4월 15일 오후 2시쯤 아리타 도시오(有田俊夫)라는 일본군 중위가 완전 무장한 군경 11명을 이끌고 경기도 화성군 향남면 제암리에 갑자기 나타나 주민들을 모두 마을 교회에 모이게 했다. 4월 1일 경기도 일원에서 있었던 만세운동의 주모자를 찾는다는 이유였다. 아리타는 마을 사람들이 다 모이자 대검을 꽂은 총 개머리판으로 마구 때리며 주모자는 나오라고 윽박질렀다. 이때 구타에 견디다 못한 사람이 달아나려 했다. 무장군인들은 그를 붙잡아 모두가 보는 앞에서 다짜고짜 칼로 목을 쳐 죽였다. 주민들은 격분하여 몽둥이와 의자를 들고 일본군에 항의했다. 일본 군경은 즉각 교회 출입문과 창문을 모두 걸어 잠그고 집중사격을 가했다. 그때 한 어머니가 어린 아기를 창밖으로 내어놓으며 아기만이라도 살려달라고 애원했으나 일제 군경은 인정사정없이 아기를 대검으로 찔러 죽였다. 그런 뒤 교회당 주변에 기름을 붓고 불을 질렀다. 아직 숨이 붙어 있던 사람들은 아우성을 치며 밖으로 나오려 했으나 허사였다. 마을 주민 29명 모두가 순식간에 목숨을 잃는 차마 눈뜨고는 볼 수 없는 광란이었다. 22명은 교회당 안에서 총을 맞거나 불타 죽고 6명은 뜰에서 무참히 살해됐다. 일제 군경은 물적 증거를 남기지 않기 위해 마을 전체를 불태워 버렸다. 이들

은 그도 모자라 인근 마을로 옮아 사람들을 닥치는 대로 죽이고 교회
건물과 민가 등 31채를 더 불태웠다.

이에 앞서 경기도 화성군 우정면과 장안면 면민들은 4월 1일 각
기 마을 이장들을 앞세우고 면사무소로 몰려가 그 안에 있던 순사
주재소에 불을 지르고, 양민을 죽인 순사를 찾아내 앙갚음했다. 또
안성군 원곡면 면민 1천여 명은 이날 저녁 8시쯤 원곡면 사무소 앞
에서 횃불시위를 갖고 옛 안성군청이 있던 양성면까지 고개 넘어
8km를 걸어가 순사주재소를 불태운 뒤 양성면사무소와 우체국, 일
본인 상점 등을 때려 부수었다. 새벽녘에는 원곡면으로 다시 돌아
와 면사무소에 불을 놓았다. 시위대는 야산에 돌무더기를 쌓아 일
본군이 들어오면 맞서 싸울 준비를 하기도 했다.

이를 보고받은 경기도 경무부는 다음날 곧바로 군경합동 특별검
거반을 편성, 수원과 안성에 파견했다. 제암리 집단 살해는 바로 이
특별검거반이 저지른 짐승보다 못한 악행이었다. '4월 6일부터 17
일 사이 주민 45명을 사살하고 가옥 328채를 불태웠다. 부상자도
17명이며 특히 800명을 붙잡아 가두었다' 는 특별검거반의 자체보
고만 보아도 이들의 행위가 얼마나 가혹했는지를 짐작할 수 있다.

교인을 죽이고 교회에 불을 지른 일제의 만행은 서울에 와 있던
외국 선교사들의 분노를 샀다. 미국 영사 커티스와 선교사 언더우
드(Horace Horton Underwood)는 사건 다음날인 4월 16일 즉각
제암리 현장으로 달려갔다. 당시 고베에서 발행되던 영자신문인
《저팬 애드버타이저(The Japan Advertizer)》 기자도 이들의 뒤를
따랐다. 일행은 아직도 연기가 피어오르고 있는 생생한 모습을 카
메라에 담아 서울로 돌아왔다.

언더우드는 경신학교를 설립하고 연희전문, 조선신학대학 학장을 지낸 H.G.언더우드의 아들로 우리나라에서 태어나 경신학교 교사와 연희전문 학장 등을 지낸 인물이다. 이들로부터 학살소식을 전해들은 영국 영사 로이드와 선교사 7명도 4월 24일 《저팬 애드버타이저》 기자의 안내로 제암리를 찾아 처참한 모습을 직접 확인했다. 현장에서 돌아온 기자는 확신을 갖고 사건 전모를 도쿄 본사로 송고했다. 기사는 4월 27일과 29일자에 크게 실렸다. 상상을 초월한 이 학살극은 다시 전파를 타고 온 세계로 퍼지게 됐다.

또 스코필드〔Frank W. Schofield, 한국명 석호필(石好必)〕는 다리가 불편한 몸인데도 자전거를 타고 현장으로 달려가, 타다 남은 참담한 광경을 필름에 담고 〈수원에서의 일제 잔학행위에 관한 보고서〉를 만들어 미국으로 보내 여론화했다. 영국에서 태어나 캐나다에서 수의학을 전공한 그는 1916년 말 세브란스 의전 교수로 부임, 3·1운동이 일어나자 독립선언서를 영어로 옮겨 미국의 신문·통신·잡지사에 보내는 등 우리 민족을 힘껏 도왔다.

이런 일로 그는 일제의 미움을 사 결국 이듬해 강제 출국 당했다.

제암리 학살만행 세계가 격앙하다

제암리 집단학살은 세계 여론을 들끓게 했다. 미국 언론들은 연일 일본의 잔학성을 규탄했다. 영국의 《모닝 포스트(Morning Post)》는 "일본은 2개 사단 병력을 증파해 한국 국민의 독립의사를 탄압하고 있다(5월30일자)"고 보도했다. 프랑스의 《앙당트》도 일본의 조선에 대한 탄압정책을 강력히 비난했다. 한 러시아 신문은 3·1운동이 볼세비키혁명과 관계가 있는 듯이 보도하기도 했다. 무엇보다 서울에 와 있던 외국인 기자들은 국호(國號)가 조선으로 바뀐 지 10년이 다 되었는데도 기사에는 한일합방 당시의 '대한제국'을 그대로 쓰며 국민을 '한인(韓人)'이라고 표현, 이를 인정하지 않는 태도였다.

미국 의회는 그해 6월부터 8월까지 3개월 동안 조선문제를 의제로 올려 난상토론을 거듭했다. 포인덱스터(Poindexter) 공화당 상원의원 등은 7월 15일 국제연맹의 결성이 늦어진 이유의 하나로 조선문제를 들고 나오기도 했다. 이들은 자유와 민족자결 원칙을 중시하는 미국이 일본의 폭력을 옹호하다니 말이 되느냐며, 미국 정부를 꾸짖고 조선독립을 실현해야 한다고 주장했다.

이 학살사건이 국제적 문제로 번지자, 일본 군경당국은 갖은 방법으로 사건을 축소 은폐하려 애썼다. 고지마 소지로(兒島惣次郎) 당시 헌병사령관이 하세가와 총독에게 올린 보고서는 그 결정판이었다.

3월 하순부터 관공서 파괴와 소실(燒失)이 적지 않았다. 특히 화수(花樹)와 초강(抄江)에서는 순사를 학살하고 시체를 능욕했다. 일반인 피해도 속출했다. 발안장(發安場)에서는 3월 31일 장날 1천여 명의 폭민(暴民)이 태극기를 들고 만세를 부른 뒤 일본인 가옥에 돌을 던져 다치게 하고 대낮에 소학교에 불을 지르기도 했다. 그들은 다음날 발안장 주변 산 위 80여 곳에 횃불을 밝히며 일본인의 퇴거를 촉구했다. 그 때문에 일본인 부녀자 43명은 몇 번이나 죽을 고비를 겪으며 30리 떨어진 삼계리로 피신했다.

이런 소란 가운데 아리타 중위는 이 지방 소요의 근원이 제암리에 있는 천도교도와 기독교도에 있다는 말을 듣고 그들을 검거할 목적으로 현지로 갔다. 아리타는 제암리에 도착해 순사보에게 천도교인과 기독교인 20여 명을 교회당에 집합하도록 했다. 그리고 지난번에 일어난 소요에 대해 두세 가지 질문을 하는 사이 한 명이 달아나려 해 저지하자 다른 한 명이 달려들어 그 자리에서 죽였다. 이를 보고 있던 조선인들이 크게 반항하며 일부는 몽둥이와 의자를 들고 덤벼들므로 즉시 밖으로 나와 군인들에게 사격을 명하여 전원을 사살하게 되었다. 이런 가운데 서쪽 이웃에서 일어난 불이 때마침 불어 닥친 강풍을 타고 마을로 번져 결국 교회당 등 20여 호가 소실되었다(조선헌병대사령부 편, 《조선3·1운동소요사건》).

고지마는 "교회에 모여 있던 교도들이 반항하여 어쩔 수 없이 총을 쏘아 죽였다"고 변명하고 있지만, 이 집단학살은 시위대가 일본 순사를 죽인 데 앙심을 품고 미리 치밀하게 짠 복수극이었다. 그들은 교회를 비롯한 민가에 기름을 부어 일부러 불을 내고도 "혼란한 가운데 서쪽 민가에서 일어난 불이 강풍을 타고 교회로 옮아가 결국 마을 전체가 불타게 된 것"이라고 거짓말을 늘어놓고 있다.

그리고 조호지 고로(淨法寺五郎) 사단장을 비롯, 여단장·군 참모장·연대장 등이 마치 책임을 통감한다는 듯이 사령관에게 줄줄이 사표를 냈으나, 이는 외부에 보여주기 위한 연극에 지나지 않았다. 사표는 즉시 반려됐다. 하세가와 총독은 이 보고서를 바탕으로 하라 수상에게 수습방안을 건의했다. 이 꼼수는 그들이 외국 여론을 어떻게 얼버무리려 했는지 속이 들여다보인다.

"이번 특별검거반원의 행동은 지나친 행위로 유감이다. 이날의 행위를 정당방위라고 공인하게 되면 군대와 경찰의 위신이 훼손됨은 물론 외국인에 대한 배려에도 문제가 있다. 불은 검거 도중 혼란한 틈에 일어난 실화(失火)로 공식 발표하되 사건 당사자에 대해서는 실행 방

법에 문제가 있었던 만큼 책임을 물어 지휘관과 함께 행정처분함이
타당하다."

일제 군경의 3·1운동 무력진압에 대한 외국 언론의 비난, 비판
과는 달리 일본의 언론들은 꿀 먹은 벙어리였다. 일본의 주요 언론
은 3월 4일부터 비로소 만세운동을 보도하기 시작했다. 하지만 일
반 소요사건으로, 그것도 눈에 잘 띄지 않게 아주 작게 다루었다.
물론 제암리 사건은 단 한 줄도 쓰지 않았다. 이는 일본 정부당국의
보도통제 탓도 있었지만, 그보다는 대륙 진출문제에 관해서는 언론
과 정부가 한 통속이었기 때문이다.

따라서 일본 언론에 재갈을 물린 군경은 마음 놓고 야만행위를
저지를 수 있었다. 그들은 시위하다 붙잡힌 사람들에게 말로는 표
현할 수 없는 온갖 모진 고문을 다했다. 너대니얼 페퍼 기자의 르포
기사는 결코 한숨 없이는 읽을 수 없다.

이번 일본인의 광포(狂暴)와 만행은 가두시위 행렬에서보다 경찰서
나 형무소에서 더 많이 저질러졌다. 이는 일시적 충돌이나 격한 감정
의 여파 때문이 아니다. 일본인들은 실로 가혹한 방법으로 붙잡힌 만
세 가담자들에게 악형(惡刑)을 가했다. 또 악형을 가한 목적은 결코 죄
있는 자를 처벌하려는 것이 아니고 모두에게 죄를 씌우기 위해 강제
자백을 받으려는 데 있었다. 악형에는 유죄, 무죄의 구별이 없었다.
설사 죄가 없는 사람도 한 번은 이 악형을 거칠 수밖에 없다. 이러한
잔인무도함은 수백 년 전 문화가 발달하지 않았던 중고(中古) 암흑시
대에서나 볼 수 있는 일이었다. 예를 들면 늙은이와 어린이 가릴 것
없이 고통에 못 견뎌 완전히 의식을 잃을 때까지 하루 종일 천정에 거
꾸로 매달아 둔다. 시뻘겋게 불에 단 쇠막대기로 손가락을 지지거나

바늘로 찌르며 집게로 생손톱을 잡아 뽑는다. 심한 때에는 조그만 궤짝 속에 온몸을 밀어 넣고 콧구멍에 뜨거운 물이나 고춧가루를 부어 넣는다. 참대바늘로 손톱 사이를 찌르고 녹초가 될 때까지 수없이 매를 때린다. 이렇게 하어 마침내 죽음에 이르게 한다. 요행히 목숨을 건진다 하더라도 몇 달 동안 충분히 몸을 추스르지 않으면 목숨을 부지할 수 없다. 그 밖에 너무 가혹해 차마 글로 쓰지 못한 방법도 수없이 많다. 이런 고문은 밤과 낮으로 끊임없이 계속됐다. 그래서 허위든 사실이든 자백을 하지 않고는 배길 수 없다(《3·1운동의 진상》).

실제로 일제는 유관순을 서대문형무소에서 그런 악랄한 고문으로 숨지게 했다. '모래와 쇳가루를 밥에다 섞어 먹도록 하고, 머리에는 콜타르를 발라 마치 가발처럼 머리 가죽을 벗기기도 했으며, 겨드랑이와 음부 털도 불에 달군 인두로 태웠다. 코와 귀는 면도칼로 도려내고 손톱과 발톱도 집게로 몽땅 뽑아버렸다'고 역사는 기록하고 있다.

'조선인을 생각하다'?

정국 불끄기용 구원투수

독립을 갈망하는 평화적 만세시위는 일제의 무자비한 강제 진압으로 조선에서 엄청난 인명피해와 재산손실을 가져왔다. 그 가운데서도 인명 피해는 대규모 전쟁을 떠올리게 한다. '3·1독립운동 당시 10만 명 이상이 포화(砲火)에 희생됐다'는 일본 학자 야마베 겐타로(山辺健太郎)의 연구 결과는 새삼 충격적이다. 이는 설사 정확한 통계는 아닐지라도 일제의 잔학상을 그대로 말해 주는 좋은 증거자료임에 틀림없다.

만세운동이 시작된 1919년 3월 1일부터 5월 30일까지 3개월 동안모두 1,542회의 시위에서 생긴 사망자는 자그마치 7,509명에 이르렀다. 부상자도 1만 5,850명을 헤아린다. 다친 사람 가운데는 일제 군경의 고문으로 눈이 멀거나 팔다리가 잘려 활동이 어려운 불구자가 대다수였다. 일제 군경은 시위군중을 소개(疏開)시킨다는 핑계로 건물에 마구 불을 놓아 민가 715채, 교회당 47채, 학교건물 2채를 태웠다. 만세를 부르다 붙잡혀 감옥에 갇힌 사람도 4만 6,306명이나 됐다.[5]

이토록 끔직한 총격 진압과 갖은 고문에도 만세 시위는 식을 줄 몰랐고 시간이 흐를수록 오히려 독립항전의 양상을 띠어갔다. 만세 운동은 해외로도 번져 중국 상하이에서는 4월 13일 임시정부가 탄 생했다. 궁지에 몰린 일제로서는 국제적 체면은 그만두고라도 파국 을 막기 위해서 시위를 잠재우는 일이 가장 시급한 과제였다. 이런 상황에서 구원투수가 나타났다. 그가 바로 뒷날 일본 민예운동가로 우뚝 선 청년 지식인 야나기 무네요시였다. 그는 먼저 〈조선인을 생각하다〉라는 제목으로 글을 써서(5월 11일) 《요미우리신문》에 기 고했다. 이는 조선에 관한 그의 최초 발언이기도 하다. 글은 5월 20 일부터 24일까지 5회에 걸쳐 문화면(7면)에 연재됐다. 7면은 주로 연재소설, 저명인사 동정, 출산을 비롯한 여성관련 지식, 신간소개, 하이쿠(俳句)[6] 등을 담고 있었다.

결론부터 말하면 야나기의 주장은 조선과 일본의 평화로운 통합 을 위해 무단정치를 버리고 정(情)과 종교, 예술을 주요 내용으로 하는 문화정치, 유화정책을 도입하도록 조선총독부 관리들에게 권 유하는 글이었다. 그의 글은 총독정치를 그럴싸하게 비판하고 있어 '조선인을 위한 것'으로 착각하게 만든다.

그러나 좀더 주의를 기울여 읽으면 총독부의 통치방법을 꾸짖을 지언정 조선의 독립을 돕는 내용은 아니라는 사실을 곧바로 알게 된다. 특히 조선역사를 '슬픈 운명'이라고 전제하고, 심지어 '일본

---

5) 이현희, 《일제시대사의 연구》, 한국학술정보.
6) 일본의 5·7·5의 3구(句) 17음으로 된 단형시(短形詩).

야나기 무네요시의 〈조선을 생각하다〉 첫 회를 실은 1919년 5월 20일자 〈요미우리신문〉 7면. 전문(前文)이나 아무 예고도 없어 기사를 싣게 된 경위를 알 수 없다.

은 많은 돈을 지원, 정치와 교육을 도와주고 있을 뿐 옛날 왜구처럼 약탈과 조세징수로 조선인들을 괴롭히는 일은 하나도 없다'고 얼버무리고 있는 점, 3·1운동은 선교사들이 선동했다고 주장하고 있는 점 등은 여느 일본 지식인과 조금도 다르지 않다.

그는 연재 네 번째 글(5월 23일)에서 "종교인 신분의 선교사가 정치적 음모에 자주 가담했다는 사실은 여러 식민지에서 이미 드러났다. 이번 조선의 불행한 사건도 근본 원인은 일본 측이지만 선교사들이 배후 조종한 것도 사실이다"며 책임을 따지고 있다. 그는 이어 결론으로 "돈이나 정치로는 마음과 마음을 서로 통하게 할 수 없다. 나라와 나라를 맺어주고 사람과 사람을 이어주는 고리는 과학이 아니라 예술이고, 정치가 아니라 종교이며, 지(智)가 아니라 정이다. 오로지 종교적, 예술적 이해만이 사람의 마음을 통하게 하고 거기에서 사랑이 싹트는 법이다"고 강조하면서 평화로운 통치를 바란다면 정에 굶주리고 있는 조선인들에게 정과 종교로 접근해야 할 것이라고 일본 위정자들에게 훈수하고 있다.

그 밖에도 야나기는 글 제목에서부터 '조센징' 이란 낱말을 주저

없이 쓰고 있다. 조센징은 당시 일본인들이 우리 민족을 얕잡아 깔보는 말투였다. 이 글의 제목에서 '오모우(想う)"'란 단어도 단순히 '생각한다' 등으로만 번역함으로써, 그가 조선의 독립을 지지했다는 오해를 불러일으키게 하고 있다.

다시 말하면, 이 글은 조선의 역사와 조선 민족의 성정 등을 그 나름대로 분석해 독자들에게 알림으로써, 우리 민족을 어떻게 다루어야 할지 다시 한 번 생각해 보도록 하는 글이다. 그래서 글 제목도 그렇게 붙인 것으로 추측된다.

식민통치에 연결된 가족사(家族史)

야나기 무네요시는 가족관계만 보아도 조선 독립을 옹호할 처지는 아니었다. 그의 아버지 나라요시는 해군 소장 출신으로 1890년 귀족원 의원을 지낸 인물이다. 그는 1872년 일본 병부성(兵部省) 해군부 수로국(水路局)이 창설되자 초대 국장으로 일본과 그 이웃 연안의 측량과 수로도(水路圖) 제작에 큰 공을 세웠다. 그는 일본 군함 운요호(雲揚丸)가 1875년 9월 20일 강제로 조선의 문호개방을 요구하며 강화도를 침범할 때, 수로국 책임자였다. 무네요시의 누나 스에코(直枝子)도 조선과 인연이 깊다. 스에코는 1903년에 결혼한 남편 가토 모토시로(加藤本四郎)가 이듬해 2월 인천 주재 일본 총영사로 발령을 받자 그를 따라와 인천에서 살았다. 무네요시가 15세 때

---

7) 일본 산세이도(三省堂) 출판사가 펴낸《신명해 한화사전(新明解 漢和辭典)》에 따르면 '생각하다'는 말 외에 '간절히 원하다', '소망하다', '희망하다', '그래주기를 바라다', '헤아리다', '이리저리 추측해 보다', '여러 모로 생각하다', '생각이 미치다', '과거를 생각해 내다', '상상하다' 등 실로 많은 뜻을 담고 있다.

의 일이다. 무네요시는 그때부터 조선에 관심을 갖기 시작했다고
한다. 그러나 스에코는 남편 가토가 갑자기 죽는 바람에 일본으로
돌아가 한동안 혼자 살다 1913년 해군성 무관이던 다니구치 나오
미와 재혼했다. 청일전쟁과 러일전쟁에 참전한 다니구치는 3·1운
동 때 해군 인사국장으로 조선으로 증파(增派)된 병력의 수송작전
을 맡았다. 그는 그 뒤 군령부장을 거쳐 해군 대장으로 승진, 1933
년 퇴역했다.

게다가 여동생 지에코의 남편 이마무라 다케시(今村武志)는 3·1운
동이 일어나던 당시 조선총독부 내무국장이었다(미즈오 히로시는
《평전 야나기 무네요시》 99쪽에서 당시 직위를 내무국장으로 쓰고 있으
나, 오카모토 마키코가 2008년에 펴낸 《식민지 관료의 정치사》는 총독
부 전매과장으로 기록하고 있다). 이마무라는 1908년 7월 도쿄제국대
학 법과를 졸업하고 1909년 12월 한국통감부 이사청(理事廳) 사무관
겸 통감부 서기관으로 부임, 이듬해 통감부가 총독부로 개편되자 그
곳에서 자리를 잡았다. 매사에 적극적인 그는 1911년 지에코와 결혼,
아내가 1921년 8월 4일 여섯 째 아기를 낳다가 죽고 난 뒤에도 5명의
아이들과 함께 서울에서 20여 년 동안 위만 보고 한 우물을 팠다.

무네요시는 누이 지에코를 극진히 사랑했다. 무네요시의 누이에
대한 두터운 사랑은 그녀가 죽자 서울에서 장례를 치르고 도쿄로
돌아가 쓴 수기 〈추억(思い出)〉에서도 확인할 수 있다. 그는 "나는
낮도 밤도 그녀의 추억에 사로잡혀 있다. 오오 사랑하는 누이여. 이
방(異邦)의 도시, 북악(北岳)이 높이 솟아 남산을 마주하고 한강이
그 곁을 흐르는 곳, 너의 영(靈)은 지금도 사랑에 계속 불타오르고
있겠지. 남편을 생각하고, 오빠가 조선에서 계획하고 있는 일을 생
각하고, 또 많은 소중한 자식들을 생각하며 몸은 헤어져도 마음은

늘 곁에 있다는 생각이겠지. 육신은 죽었어도 사랑은 그 안에 살아 있겠지. 오오 동생이여. 너의 웃는 얼굴을 다시는 볼 수 없지만 (너의) 오빠는 너를 찾아 또 바다를 건너갈 것이다…"라고 적고 있다.[8]

지에코 역시 글 잘 쓰고 머리 좋은 오빠를 마냥 좋아했다. 무네요시는 가쿠슈인(學習院) 초등학교 재학 6년 동안 우등상과 포상(褒賞)을 거르지 않았고, 고교과정을 수석으로 졸업한 수재였다. 문장력도 뛰어났고 영어에도 능통했다. 더욱이 대학에서는 심리학을 전공해 누구보다도 군중심리를 잘 알고 있었다. 그런 무네요시와 매부 이마무라 사이에 조선문제에 관한 이야기가 어떤 형태로든 오갔으리라는 짐작은 상식에 속한다.

3·1운동이 일어나기 전까지만 해도 일본의 지식인사회는 이른바 '다이쇼(大正)데모크라시[9]'의 영향으로 어느 정도 자유를 누렸다. 조선통치문제를 둘러싸고도 지식인들 사이에 의견이 분분했다. 도쿠토미 소호를 비롯한 강경파는 무단통치를 강력히 밀어부쳤고, 요시노 사쿠조[10](吉野作造, 1878~1933)와 같은 민본주의(民本主義) 학자

---

8) 《무네요시 전집》 1권.
9) 러일전쟁이 끝난 1905년 무렵부터 다이쇼(大正) 왕 재임(1912~1926년) 동안 일본사회에 싹튼 민주주의적 경향을 말한다. 러일전쟁과 제1차 세계대전의 영향으로 서구의 물질·이기·개인·황금만능주의와 사회·공산주의 사상 등 여러가지 사상이 일본에 들어오면서 정치·경제·사회·문화 등 모든 분야에 걸쳐 민주주의적 개혁을 요구하는 사회운동이 봇물 터지듯이 일어났다. 전근대적 절대주의 체제를 근대 입헌체제로 개혁하기 위한 호헌(護憲)운동, 돈 많은 남성만이 선거권을 갖고 있던 선거체제를 모든 국민이 평등하게 선거에 참여할 수 있는 보통선거운동. 국민의 자유와 인권을 중시하는 근로대중운동 등을 그 대표로 꼽을 수 있다. 이론적으로는 요시노 사쿠조의 민본주의(民本主義) 사상이 바탕이 됐다. 그러나 이 사회개혁운동은 제대로 정착되지 못하고 1930년대 군부를 중심으로 한 군국주의 세력이 등장하면서 잦아들고 말았다.
10) 메이지·다이쇼·쇼와 시대 학자. 도쿄대학 정치학 교수·진보적 자유주의자·기독교인으로 다이쇼 데모크라시에 크게 영향을 줌.

는 인도나 이집트를 식민지로 두고 있는 영국처럼 유화적으로 조선
을 통치해야 한다고 주장했다.

그러나 방법론만 달랐을 뿐 어느 누구도 일제의 조선지배에 대해
서는 이의를 달지 않았다. 이를 반대하면 그는 역적이었다. 그만큼
일제의 조선 통치는 일본인 모두가 바라던 바였다. 야나기 또한 식
민통치 방법에 상당한 비판을 가했으나 그런 범주를 벗어날 수는 없
었다.

조선인을 위한 씻김굿, 〈조선인을 생각하다〉

야나기 글에는 당시 엄격한 보도검열을 '어떻게 통과했을까' 라
는 의심이 가는 내용도 들어 있다. 그래서 당시 일본에서는 야나기
를 눈엣가시로 바라보는 눈초리도 없지 않았다고 한다. 전후(戰後)
야나기 연구가들은 이런 부분을 과대평가하고 있다. 하지만 군중심
리를 잘 아는 그가
그 정도의 자기반
성 없이 어떻게 성
난 군중의 마음을
위무(慰撫)할 수 있
다고 생각했겠는
가. 상가(喪家)에
가서 함께 울어주
면 유족에게는 큰
위안이 되듯이, 그
의 글은 보도검열

야나기 무네요시의 〈조선인을 생각하다〉를 우리말로 옮겨 〈조선인을
상(想)함〉이란 제목으로 연재한 1920년 4월 12일자 〈동아일보〉. 이 글은
1919년 5월 11일부터 5차례에 걸쳐 〈요미우리신문〉에 처음 연재된 이
후 그해 8월 13일자 〈저팬 애드버타이저〉에 실리기도 했다.

당국의 묵인 아래 우리 민족의 피맺힌 한을 다소나마 풀어보기 위해 할 말을 대신한 카타르시스가 아니었을까.

"조선인들이여. 나는 당신네 나라의 예술을 사랑하고, 인정(人情)을 사랑하며, 역사가 경험한 쓸쓸함에 끝없는 동정을 갖고 있는 사람이다. 비록 일본 지식인 모두가 당신들을 욕하고 괴롭히는 일이 있어도, 그들 가운데는 이 글을 쓴 사람도 있다는 점을 알아주기 바란다. 이 한 편의 글이 조금이나마 당신들에게 위안이 되었으면 적지 않은 기쁨이겠다"는 대목이 그럴 개연성을 뒷받침한다. 야나기의 본심은 과연 무엇이었을까. 〈조선인을 생각하다〉 전문(全文)을, 좀 길다고 느끼더라도, 우리말로 옮겨 숨은 뜻을 음미해 보기로 하자.

1. 나는 조선에 관해 충분한 예비지식을 갖고 있는 편은 아니다. 아는 것이라고는 기껏해야 한 달 남짓 조선 여러 곳을 돌아다녀본 일, 여행에 앞서 조선의 역사에 관한 책 두세 권을 읽은 일, 그리고 일찍부터 조선예술에 깊은 흠모(欽慕)의 정(情)을 갖고 있다는 세 가지 사실뿐이다.

이는 하찮은 기본에 지나지 않을지 모르지만, 그냥 지나쳐버릴 수 없는 정이 나에게 이 한 편의 글을 쓰게 했다. 나는 전부터 조선에 대해 피력하고 싶은 소망이 있었던 바, 이번 불행한 사건이 일어나 마침내 붓을 들게 되었다.

나는 이번 사건에 대해 적지 않은 관심을 갖고 있다. 특히 일본 지식인이 어떤 태도로 어떤 생각을 말하는가를 주의 깊게 지켜보고 있었다. 그러나 조선에 대해 경험과 지식을 가진 많은 사람들의 사상이 거의 아무런 현명함도, 깊이도 또한 따뜻함도 없다는 사실을 알고 조선인을 위해 여러 번 눈물을 머금었다.

나는 앞에서도 말했듯이 조선에 대해 이렇다 할 학식도 없지만, 다행히 예술에 나타난 조선인의 심적(心的) 요구(要求)를 이해함으로써 충분한 애정을 지닌 한 사람임을 느끼고 있다. 누누이 생각한 바이지만, 어떤 나라 사람이 다른 나라를 이해하는 가장 빠른 길은 과학이나 정치상의 지식이 아니라 종교나 예술적 내면의 이해라고 생각한다. 바꾸어 말하면 경제나 법률 지식이 우리들을 다른 나라의 마음으로 인도하는 것이 아니라, 순수한 정과 사랑에 바탕을 둔 이해가 가장 깊이 있게 그 나라를 속속들이 맛보게 할 수 있다는 뜻이다. 일본에서는 고이즈미 야쿠모(小泉八雲, 1850~1904)[11] 같은 경우를 가장 적절한 예로 들 수 있다. 아마 지금까지 헌(Hearn)만큼 일본을 내면으로 이해한 사람은 없을 것이다.

외국인이 쓴 일본에 관한 책이 몇 백 권이 되는지는 알 수 없으나, 헌의 저작만큼 아름다움과 예리함과 따사로움으로 가득 찬 예는 없는 것 같다. 그는 어느 일본인보다도 일본을 한층 더 잘 아는 예술가였다. 예술은 실로 날카로운 직관의 이해이지만, 과학이나 정치는 도리어 때때로 독단에 차고 이기(利己)에 물든 불순한 것이다. 특히 남의 마음을 끌려는 미묘한 계기(契機)에는 지(知)[12]보다도 정(情)이야말로 깊은 이해의 길일 것이다. 이웃과 사귀는 일은 오로지 사랑이 맺어주는 것이다. 어느 누가 군정(軍政)이나 압박이 사람과 사람을 이어준다고 생각하겠는가. 지도 아니고 칼도 아니고 오직 정에만 불가사의한 힘이 있다. 평화를 사랑하는 자는 항상 미소를 짓는 법이다. 노호(怒號)가 언제 어디서 평화를 가져온 적이 있는가.

---

11) 본명 Lafcadio Hearn. 그리스에서 태어난 이탈리아 국적의 영문학자. 1890년 마쓰에(松江) 중학교 영어교사, 도쿄대학 강사 등을 지냄. 뒤에 귀화하여 일본에 관한 연구를 계속하며 많은 인상기와 수필을 남겼다.
12) 〈조선인을 생각하다〉 연재 5회분(이 책 53쪽)에서는 같은 개념을 '지(智)'라고 구분해서 쓰고 있는데, 지(知)와 지(智)를 같이 쓰고 있는 것은 신문사의 오식인지, 야나기의 착각인지 그 속사정은 알 수가 없다.

조선에 살며 조선을 이야기하는 사람들 가운데는 아직 헌과 같은 모습을 한 사람은 하나도 없다. 고분을 파헤쳐 고(古)예술품을 모은 사람은 있을지 모르지만, 그것으로 조선에 대한 사랑을 실천한 사람은 하나도 없는 것 같다. 그들이 무슨 아름다움을 느낄 수 있었겠는가. 일찍이 그들에게서 눈물을 본 적이 있는가. 일본은 많은 돈과 군대와 정치가를 조선에 보내기는 했지만 언제 마음의 사랑을 보낸 적이 있는가. 일본의 어느 예술가가 그들 사이에 있었던가. 하물며 일본의 어느 종교가가 조선의 영혼을 구제하려고 힘썼던가. 나는 생각한다. 대부분의 조선인은 돈보다, 정치보다, 군대보다도 오직 한 가닥 인정에 굶주리고 있다는 것을.

2. 누구든 조선의 역사를 읽을 때 어둡고 비참한, 때로는 공포에 가득 찬 역사에 마음이 어두워지지 않는 사람은 없을 것이다. 동양의 황금시대, 당나라 때는 조선에도 신라 전성기가 있었다. 경주를 가본 사람은 나라(奈良)에 가서 스이코(推古) - 덴표(天平)의 옛날[13]을 회상하는 것과 같은 감개(感慨)를 맛볼 수 있었을 것이다.

그러나 조선의 역사는 이런 밝은 시대로만 펼쳐지지는 않았다. 오히려 그런 시간은 잠시뿐이었고, 끊임없이 침입하는 외적과 서로 헐뜯는 내란으로 국민은 편히 지낼 겨를이 없었다. 내란은 스스로에 잘못이 있다고 하겠지만, 외적의 침입은 견디기 어려운 고통스러운 운명이었다. 역사가는 조선의 국시(國是)를 '사대주의'라고 할는지 모르겠다. 그러나 지리상 겪어야 했던 숙명은 우리에게 깊은 동정을 자아내게 한다. 강대하고 거친 북방 대륙의 한(漢)족은 연약한 조선으로서는 거역할 수 없는 압박이었다. 조선은 그들의 끊임없는 약탈과 조공 요구로 뼈에 사무치는 굴욕을 겪어야 했다. 그러나 조선에 자유로운 독

---

13) 고대 일본문화의 번성기들.

립을 누릴 수 없게 한 것은 잔인한 북방의 대국(大國)만은 아니었다. 나약한 그들을 더욱 괴롭힌 것은 우리의 조상이었다. 사가(史家)들은 흔히 '조선정벌(朝鮮征伐)'을 일국(一國)의 용감한 기록인 것처럼 평가하고 있지만, 그것은 단지 고대 무사들이 그들의 정복욕을 채우기 위해 명분 없이 꾀한 죄 많은 행동이었다. 나는 이러한 원정을 일국의 명예로운 이야기라고 생각하지 않는다. 더욱이 오늘날 조선의 옛 예술, 즉 건축과 미술품이 거의 황폐하고 파괴되고 만 것은 대부분이 실로 가공할 왜구의 소행 때문이었다. 중국은 조선에 종교와 예술을 전했지만, 그것을 파괴한 것은 거의가 우리(일본) 무사들이었다. 이러한 사실은 조선 사람들에게는 뼈에 사무치는 원한이었을 것이다. 그러나 국가는 짧고 예술은 길다. 승리에 우쭐했던 우리 무사에 대해서보다도 조금이나마 남아 있는 그들의 예술에, 미래의 사랑은 모일 것이다. 승리는 그들의 미(美)이지 우리의 칼은 아니다.

오늘날 조선인 사이에 전해지는 미담, 즉 의사(義士)라든가 충신이라든가 열녀 등의 옛날이야기는 대부분 왜구에 대항하여 용감히 싸운 사람들의 이야기뿐이라고 한다. 지금 총독부가 조선인 학교에서 역사를 가르치지 않는 이유도 우리에게 이러한 죄가 있기 때문이다(나는 내가 알고 있는 어느 일본 역사가가 앞으로 조선인에게 가르칠 특별한 역사 교과서를 편찬하고 있음을 알고 있다. 특별하다는 뜻은 말할 나위 없이 일본이 이제까지 조선을 괴롭힌 부분을 지운다는 의미이다).

나는 조선을 여행하는 동안 조선인의 집 안방에 걸려 있는 노기 마레스케(乃木希典, 1849~1912)[14]대장의 초상을 보았다. 어떤 사람은 이를 떼어내 버리고 싶다고 숨김없이 고백한다. 노기 대장과 같은 의신(義臣)이 되기 위해서는 반드시 일본에 반항해야 하기 때문이란다. 만

---

14) 메이지시대 일본군의 최고 지도자로 러일전쟁에서 큰 공을 세움. 메이지텐노가 죽자 아내와 함께 자결.

약 우리가 이른바 의신을 기꺼이 모시도록 하면서 한편으로 조선인의 반항심을 욕한다면 이는 곧 의신이 되어서는 안 된다는 말과 같다. 우리는 설명할 수 없는 딜레마에 빠지면서도 온갖 궤변으로 그런 모순을 변명하려 들고 있다. 우리 일본인이 지금 조선인의 처지에 놓여 있다고 가정해 보라. 아마 의분(義憤)을 잘 느끼는 일본인이야말로 가장 많은 폭동을 일으키는 무리가 될 것이다. 그야말로 지사나 열녀의 이상을 실현할 때라고 부르짖는 도덕가도 있을 것이다. 내 일이 아니라고 해서 아무렇게나 폭동이라고 비난하고 있는 것이다.

나는 이런 반항을 현명한 길이라거나 칭찬할 태도라고는 생각하지 않는다. 그러나 그들을 덮어놓고 욕하고 구속하는 처사는 모순에 가득 찬, 추하고, 어리석고, 옹졸한 마음에 지나지 않는다고 생각한다. 우리의 행동에 모순이 없다고 어떻게 말할 수 있을 것인가. 요즘 정치는 도덕의 수준에도 미치지 못하고 있다. 그러나 이 말이 정치에 대한 변명이 되어서는 안 된다. 오히려 치욕임을 깨달아야 한다. 반항하는 그들보다 더 어리석은 쪽은 압박하는 우리다. 어떠한 경우든 피를 보는 폭력이 따라서는 안 된다. 그리고 억압으로 사람들의 입을 틀어막는 어리석음을 거듭해서도 안 된다. 그런 방법으로 참된 평화와 우정이 형성된 적은 단 한 번도, 그 어디에도 없었다. 칼은 결코 현명한 힘을 가져오지 않는다.

3. 조선 역사는 슬픈 운명이었다. 그들은 억압을 받으며 3천 년의 세월을 거듭해 왔다. 그들은 힘도 갖고 싶고 돈도 바랄 것이다. 그러나 학대받고 구박받은 몸은 무엇보다 인정이 그리운 것이다. 사랑이 필요하다. 아마 그들만큼 애정을 갈망하고 있는 국민은 없을 것이다. 기독교가 그들에게 환영받는 이유도 지극히 자연스러운 일이다. 깊은 사색과 돈독한 신앙이 그들을 움직이는 주된 요인은 아니다. 사랑의 가르침이 그들에게는 기쁨에 넘치는 복음이다. 군정(軍政)에 그들은

침묵할지도 모른다. 그러나 어떤 마음이 그 차가움을 기꺼워할 수 있을 것인가.

나는 조선의 예술, 특히 그 요소라고도 볼 수 있는 선(line)의 미(美)는 사랑에 굶주린 그들 마음의 상징이라 생각한다. 아름답게 길게 끄는 조선의 선은 확실히 끝없이 호소하는 마음 자체이다. 그들의 원한도, 기도도, 요구도, 눈물도 그 선을 타고 흐르는 듯하다. 불상(佛像)이나 도기(陶器)를 놓고 보아도 선과 통하지 않은 경우가 없다. 눈물로 넘치는 여러 가지 하소연이 그 선에 들어 있다. 그들은 쓸쓸한 심정과 무엇엔가 끌리는 괴로운 정을 아름답고도 잘 어울리게 우아한 선에 담아낸 것이다. 강대하고 태연한 중국 형(form)의 미 앞에 선의 아름다움은 좋은 비교가 될 것이다. 그들은 아름다움에서 쓸쓸함을 이야기하고, 쓸쓸함에다 아름다움을 담아냈다.

쫓기고 억압된 그들의 운명은 하는 수 없이 쓸쓸함과 그리움 속에 위안의 세계를 구축했다. 자비로운 어머니 모습의 관음(觀音)은 그들 영혼의 위안이었다. 우아하고 부드러운 고려자기는 나날의 즐거운 벗이었다. 나는 그런 예술을 생각할 때마다 흘러나오는 눈물을 생각하지 않을 때가 없다. 그들 제작자가 무엇을 추구하고 무엇을 나타내려고 했는지를 아는 사람은 그들에게 사랑의 마음을 보내지 않고는 배기지 못할 것이다. 약한 것을 보고 비웃는 일이 무슨 자랑이 될 수 있겠는가. 그들의 쓸쓸함은 마음 밑바닥에서 우러나온다. 그것은 절실한 생명의 소리였다. 그런 경험이 예술을 영원한 것으로 만들었고, 작품을 영겁의 아름다움으로 이끈 것이다.

그러나 어떤 나라도 그들에게 사랑을 베풀어준 적은 없다. 중국은 거역하기 힘든 폭군이었다. 그 힘이 쇠퇴했을 때 융성한 주체는 조선 자체가 아니라 만주에서 밀어닥친 러시아의 힘이었다. 최근 들어 그 위치를 빼앗은 무리는 역시 조선이 아니라 바다 건너 일본이었다. 조선은 단지 시간의 흐름과 함께 옮아가는 폭군을 맞이했을 뿐이었다.

그들은 점차로 피로하고 쇠퇴하지 않을 수 없었다. 물론 새로운 지배자는 옛날처럼 약탈이나 조세징수로 그들을 괴롭히는 일은 하나도 하지 않았다. 아니, 거꾸로 많은 돈을 들여 정치조직을 정비하고 여러 가지 교육을 베풀어주려고 노력했다. 그러나 그들로부터 가장 먼저 군대를 빼앗고 대신 우리의 군대를 보냈다. 우리는 그들이 영원히 독립할 수 없게끔 고정된 방법을 택했다. 그러고는 그들의 자율정신을 인정하지 않고 오로지 일본에 적합한 도덕과 교육을 강요했다. 한마디로 말하면 물질적으로나 정신적으로 그들의 자유와 독립을 빼앗고 말았다. 이처럼 사람들은 일본의 사상을 심으려 했으나 그들의 마음을 살리려 들지는 않았다. 그들에게 접근할 때 준 것은 칼일 뿐 사랑은 아니었다. 우리는 비용과 통치자를 보내 그들의 자유와 바꾸었다. 그들은 생명과 재산을 보장받는 조건으로 영원히 사랑을 단념해야 하는 슬픔을 맛보았다. 그러나 사람의 자리는 뺏을 수 있어도 그 마음까지 뺏을 수는 없다. 그들은 여전히 사랑에 굶주린 불안한 나날을 보내고 있다.

4. 어느 조선인은 다음과 같은 솔직한 질문을 우리에게 했다. "일본은 우리를 위해 교육을 하는 것인가, 일본을 위한 것인가, 그 어느 쪽인가"라고. 어떤 일본인도 전자라고 단언할 수는 없을 것이다. 실제로 지금까지 교육은 그들이 진심으로 바라는 요구나 역사적 사상을 존중한 것이 아니었다. 오히려 그런 사실을 부정하고, 역사를 가르치지 않으며, 외국어를 피하고, 주로 일본어로 일본의 도덕이나 그들과는 아무 관계도 없는 일본의 황실주의를 중심으로 그들의 사상마저 바꾸려는 것이었다. 새로운 교육에 전혀 친근감을 갖지 못하는 것도 당연한 일이다. 조선인은 자신들에게 약탈자로 보이는 자를 가장 존경하라는 말을 듣는다. 그들에게는 이것이 이해하기 어려운, 기이하고 모순에 찬 소리로 들릴 것이다.

나는 어느 날 경성(서울)에서 조선 초기 작품으로 보이는 오래되고 빼어난 자수(刺繡)를 구했다. 그것은 분명 명나라의 영향을 받은 작품이면서도 색채나 선, 도안까지 옛 조선의 아름다움을 이야기하기에 충분한 명작이었다. 그것을 구한 지 며칠 안 되었을 때, 나는 안내를 받아 조선인 고등여학교를 참관할 수 있었다. 학생들 작품을 많이 보았는데, 마침 벽에 걸려 있는 커다란 자수를 보고 이상한 생각이 들었다. 그것은 어느 곳에서도 조선 고유의 미라고는 찾을 수 없는 현대 일본풍, 즉 거의 서양화되어 정취도 없고 기품도 없는 우둔한 도안과 천박한 색채로 범벅된 졸작이었다. 그러나 선생님은 배움이 잘 드러나는, 경탄할 만한 솜씨를 보인 우수한 수공예 작품이라고 소개했다. 나는 내가 갖고 있는 옛 자수를 머리에 떠올리며 잘못된 교육의 죄를 생각했고, 이러한 교육을 강요받아 고유의 아름다움을 잃어가는 조선의 손실을 슬프게 생각했다.

일본의 옛 예술은 조선의 은혜를 입고 있다. 호류지(法隆寺)나 나라(奈良)의 박물관을 찾은 사람은 그 사실을 잘 알고 있다. 우리가 지금 해외에 자랑하고 있는 국보는 중국과 조선의 은총을 입지 않은 것이 거의 없다.

그럼에도 오늘날 일본은 조선 고유의 예술을 파괴함으로써 그에 대한 보답을 하고 있는 것이다. 호사가(好事家)들은 옛 작품을 수집하지만, 그들에게 이러한 작품을 다시 만들 마음을 살리려 하지는 않는다. 이것이 이른바 동화(同化)의 길이라면 가공할 만하다. 나는 세계 예술에서 훌륭한 위치를 차지하는 조선의 명예를 보존하는 것이 일본의 도리라 생각한다. 그들을 살리기 위한 교육이어야지 죽이기 위한 교육이어서는 안 된다.

한 달 동안 여행한 뒤 나는 중국으로 가기 위해 다시 혼자 여행을 계속했다. 기차가 개성을 떠나 신의주로 향하던 저녁 무렵, 승객이 적은 객실에서 책을 읽고 있는데 갑자기 승무원이 내 옆으로 오더니 "대단히 실례합니다만 '그런 말을 해봤댔자 아무 소용없어요' 라는 말을 영어로 어떻게 하면 됩니까?" 하고 물었다. 무슨 까닭으로 그런 말을 묻느냐고 했더니 그는 자신의 경험을 이야기했다. 조선에 있는 외국인만큼 까닭 없이 오만하고 저속한 인간은 없다는 것이다. 기차를 타면 제멋대로 아무거나 요구하고 심한 행동을 하기 때문에 그런 표현을 외워두고 싶다고 했다. 그는, 외국인은 주로 선교사나 그들의 동료라고 덧붙였다. 나는 이 이야기가 정치에 얼마나 관계가 있는지는 잘 모른다. 그러나 종교인의 신분으로 부정행위를 하는 자가 선교사들 가운데 있다는 사실을 부인할 수 없다. 그들이 정치적인 음모를 자주 꾀했다는 사실은 여러 식민지 역사가 말해 준다.

어떤 정치적 행동을 한 뒤 종교를 방편으로 삼으면 때때로 변명으로 통하기도 했다. 나는 역사에서 선교사의 죄악사(罪惡史)가 선행사(善行史)보다 더 많은 분량을 차지하고 있다고 늘 생각한다. 이번의 불행에 그런 음모가 깔려 있었는지는 알지 못한다. 그러나 얼마만큼은 부인할 수 없는 사실이라고 생각한다. 그렇다고 불행의 원인을 조선인과 선교사에게만 돌려 우리 자신의 죄를 은폐하려 한다면 비열한 태도다. 설사 그들에게 명백한 죄가 있다 하더라도 우리들이 이런 죄를 빚게 했음을 똑똑히 알아야 한다. 일본이 조선인에게 사랑을 주지 않고 그들로부터 일본에 대한 사랑만을 강요하는 것은 무리다. 오직 기독교가 그들에게 사랑을 주었다. 따라서 선교사가 그들의 사랑을 차지한 것은 자연스러운 일이라 할 수 있다. 많은 종교가는 불순할지도 모른다. 그렇지만 그들 가운데 어느 누구라도 일본의 정치가들보다 더욱 따뜻하게 조선을 사랑한 것만은 사실이다.

5. 우리와 우리의 이웃 사이에 영원한 평화를 찾으려 한다면, 마음을 사랑으로 깨끗이 하고 동정으로 따뜻하게 하는 길밖에 없다. 그러나 일본은 불행히도 칼을 휘두르고 욕설을 퍼부었다. 이런 일이 과연 서로의 이해를 쌓고, 협력을 이루고, 완전한 결합을 가져올 수 있겠는

가. 아니다. 모든 조선인이 뼈에 사무치도록 느끼는 바는 끝없는 원한
이며, 반항이고, 증오이며, 분리이다. 독립이 그들의 이상임은 필연적
인 결과이다. 일본을 사랑할 수 없음은 너무나 당연한 일이며, 일본인
을 존대하기란 비정상이 아니고서는 있을 수 없는 일이다.

사람은 사랑 앞에 순종하나 억압에는 완강하다. 일본은 어느 길을
따라 이웃에 접근하려는 것일까. 평화가 바라는 바라면 왜 어리석음
을 거듭하며 억압의 길을 택하는 것일까.

돈이나 정치로는 마음과 마음을 통하게 할 수 없다. 오직 사랑만이
기쁨을 주는 것이다. 식민지 평화는 정책이 만들어내는 게 아니다. 사
랑이 서로의 이해를 가져온다. 사랑의 힘을 능가하는 군사력이나 정
권은 없다. 나는 생각한다. 나라와 나라를 서로 잇고 사람과 사람을
가깝게 하는 것은 과학이 아니라 예술이다. 정치가 아니라 종교이다.
지(智)가 아니라 정이다. 오로지 종교적 그리고 예술적 이해만이 사람
의 마음을 속속들이 맛보게 하고, 거기에서 무한한 사랑이 싹트는 것
이다.

일본은 조선을 통치하려고 군인을 보내고 정치가를 보냈다. 그러나
우정과 평화의 참뜻을 아는 사람은 종교가이며 예술가이다. 나는 국
제문제를 오로지 정치가에게만 맡기는 관례를 이상하고 유치한 발상
이라고 생각한다. 옛날 소크라테스나 플라톤, 공자나 노자와 같은 분
들이 진정하게 일국의 치평(治平)과 만국의 평화를 이야기할 수 있는
자격이 있다고 굳게 믿고 있다.

조선인들이여. 나는 당신들에 대해 아무런 지식도, 경험도 없는 한
사람이다. 또 이제까지 당신들 가운데 하나도 아는 사람이 없다. 그러
나 나는 당신네 나라의 예술을 사랑하고 인정을 사랑하며, 역사가 경
험한 쓸쓸함에 끝없는 동정을 지니고 있는 한 사람이다. 또 그대들이
예술을 통해 오랫동안 무엇을 추구하고 무엇을 하소연했는가를 마음
으로 듣고 있다. 나는 그 점을 생각할 때마다 쓸쓸함을 느끼고 솟아나

는 사랑을 당신들에게 보내지 않고는 견딜 수 없다.

조선 사람들이여. 비록 일본 지식인 모두가 당신들을 욕하고 괴롭히
는 일이 있어도, 그들 가운데는 이 글을 쓴 사람도 있다는 점을 알아
주기 바란다. 아니, 나뿐만이 아니라 내가 사랑하는 모든 친구들도 당
신들에게 같은 애정을 느끼고 있다는 사실을 인정해주기 바란다. 그
리고 우리나라가 올바른 길을 걷고 있지 않다는 분명한 반성이 우리
사회에 있다는 사실도 깨달아주기 바란다. 이 한 편의 글이 조금이나
마 당신들에게 위안이 되었으면 적지 않은 기쁨이겠다(1919. 5. 11).

이상에서 알 수 있듯이, 야나기는 일제의 잘못을 상당 부분 솔직
히 시인하고 있다. 가령 도요토미 히데요시(豊臣秀吉)의 조선정벌을
무사들의 정복욕을 채우기 위한 명분 없는 전쟁이라고 규정하고,
조선군대를 해산, 일본군을 파병함으로써 조선을 독립할 수 없게
만들었다고 지적한 점, 강제 교육으로 조선 민족의 사상을 바꾸려
했다고 인정한 점, 조선예술에 큰 은혜를 입었음에도 일본인들이
파괴로 이에 보답하고 있다고 개탄한 점 등은 당시 삼엄한 언론 통
제 분위기에서 검열을 통과하기가 그리 쉬운 일은 아니었다.

그럼에도 그의 역사관이 심히 왜곡된 점, 독립만세운동이 현명한
길은 아니라고 강조한 점, 선교사들이 시위운동을 뒤에서 부추겼다
고 말한 점, 일본은 많은 돈을 들여 조선의 정치조직을 정비하고 여
러 가지 교육을 베풀어주려 노력하고 있을 뿐 약탈이나 조세징수로
조선민족을 괴롭히는 일은 하나도 하지 않았다고 강변한 점 등은, 겉
으로 드러낸 그의 말과는 달리, 그의 속내가 무엇이었는가를 매우
의심하게 한다. 이런 사실들을 종합해 보면, 무단정치로는 조선을 다
스리기 어려우므로 '정, 종교, 예술'을 내용으로 한 문화정치로 파국

을 수습해야 한다는 것이 그가 말하고자 하는 참뜻이 아니겠는가.

이에 대해 야부 케이조(藪景三) 전 텐리(天理)대학 부속 도서관장
은《조선총독부의 역사(朝鮮總督府の歷史)》에서 "야나기는 총독부의
식민지 정책을 비판하고 있지만, 그 밑바탕에는 독립사상 때문에
피를 흘리는 조선민족의 행동을 강하게 부정하는 뜻이 깔려 있다"
고 지적한 바 있다.

침략이론 제조 산실,《요미우리 신문》

일본 언론, 식민통치엔 한목소리

야나기 무네요시가 왜 하필《요미우리신문》을 통해 〈조선인을 생각하다〉는 글을 발표했는지는 아직도 수수께끼로 남아 있다. 신문사 측이 글을 싣게 된 배경 설명 없이 원문만 그냥 내보낸 탓이다. 글을 싣는다는 예고 기사는커녕 지금의 신문처럼 연재기사 앞에 기획 목적을 알리는 편집자의 말도 없다. 원고도 신문사 쪽에서 먼저 청탁했는지 아니면 그가 자발적으로 기고했는지 밝혀져 있지 않다. 다만 "나는 전부터 조선에 대해 피력하고 싶은 소망이 있었던 바, 이번 불행한 사건이 일어나 마침내 붓을 들게 되었다"고 글머리에 밝힌 점으로 미루어 그가 자진해서 썼을 가능성이 더 높다.

3·1운동이 일어나던 1919년 일본에는《요미우리신문》을 비롯하여《도쿄아사히(東京朝日)》·《도쿄니치니치(東京日日)》·《지지신보(時事新報)》·《오사카마이니치(大阪每日)》·《고쿠민신문》 등 20여

가지 신문이 난립하고 있었다. 이들 신문은 말 그대로 각양각색이었다. 각기 겨냥하는 독자들의 성향에 따라 정치기사를 아예 다루지 않는 신문이 있는가 하면 정부를 비판하는 매체도 있었다.

하지만 식민통치 문제만은 한목소리였다. 거의 모든 신문이 경쟁이라도 하듯 한일합방의 타당성을 주장하며 일제의 조선 지배를 정당화하는 데 열을 올렸다. 통치방법상의 오류를 지적하고 비판하는 예는 더러 있었지만, 그렇다고 식민통치 자체를 부정하는 언론사는 단 하나도 없었다. 문예(文藝)와 노동문제 등을 주로 다루던 《요로즈초호(萬朝報)》마저도 조선지배 문제를 주제로 다루면서 통치 방법을 조언할 정도였다.

'일본과 조선민족은 같은 뿌리에서 나왔다'는 동조동근론(同祖同根論), '병합으로 큰집과 작은집이 옛날처럼 다시 합치게 되었다'는 고대(古代) 복귀론, '병합은 조선인의 행복이 목적'이라는 조선인 행복론, '조선왕조의 악정과 국력 부족으로 덩달아 독립을 위협받게 되어 일본이 합병할 수밖에 없었다'는 '병합' 불가피론, '조선인 스스로 보호정치를 원했다'는 조선인 자진 '병합' 지지론 등은 이른바 합방 후 이들 신문이 만들어낸 억지 논리였다.

조선인 유학생이 애독하던 《요미우리신문》

그때 식민통치이론 개발에 앞장섰던 《요미우리신문》 역시 시사전문지는 아니었다. 고야스 다카시(子安峻), 모토노 모리미치(本野盛亨), 시바다 쇼기치(柴田昌吉) 이들 3명이 돈을 모아 1874년 11월 2일 창간한 《요미우리신문》은 처음 젊은 여성들의 교양 함양을 목적으로 출발했다.

창간호는 서양종이 1장의 두 쪽에 지나지 않았다. 그것도 격일간으로, 크기는 가로 35cm, 세로 26cm의 이른바 '소신문(小新聞)'이었다. 그러나 한 가지 특징은 다른 신문들과는 달리 기사에 쓰인 모든 한자 옆에 이른바 '후리가나'라는 일본말로 풀어 읽기 법을 달아 한자를 모르는 일반 대중도 신문을 쉽게 읽을 수 있게 했다. 어려운 한자어는 당시 일본 사회에서 흔히 쓰이는 상용어로 완전히 풀어 설명했다. 초창기 일본 신문들은 기사에 한자어를 많이 사용해 한자 상식이 없는 서민층은 가까이 하기가 어려웠다. 그런 단점을 보완한 《요미우리신문》의 발상은 일반 대중의 눈길을 끌기에 충분했다.

《요미우리신문》은 찾는 사람이 크게 늘어남에 따라 곧바로 일간으로 체제를 바꾸고, 1881년 1월 들어 면수도 4면으로 늘렸다. 창간 10주년(1884년)에는 지면 크기를 가로 35.5cm, 세로 47.8cm로 늘리고 외신과 국내 기사를 분리했다. '일본 신문사상 처음으로 시도한 한자어 풀어쓰기는 한학(漢學)의 영향이 컸던 당시로서는 대담한 구상으로, 말의 선택, 식자(植字), 편집에 노력이 배가(倍加)되었다'고 《요미우리신문 사사(社史)》는 쓰고 있다.

《요미우리신문》은 1886년 1월부터는 일본 최초로 연재소설을 싣기 시작해 '문학신문'으로 이름을 날리기도 했다. 1898년 새해 첫날 지면에 첫선을 보인 오자키 고요(尾崎紅葉, 1867~1903)의 〈금색야차(金色夜叉)〉는 1902년 5월 11일까지 4년 넘게 독자의 마음을 사로잡으며 《요미우리신문》의 성가(聲價)를 한껏 높였다. 이 소설은 당시 《매일신보》 기자로 근무하던 소설가 일재(一齋) 조중환(趙重桓, 1863~1944)이 〈장한몽(長恨夢)〉이라는 이름으로 번안(飜案)해 우리나라에도 널리 알려졌다. 《요미우리신문》은 읽기 쉬운데다 문학작품을 많이 실어 일본에서 공부하던 조선 유학생들에게도 큰 인기였다.

《요미우리신문》의 훈수, 교육과 종교

그런 《요미우리신문》은 1910년 8월 일제가 '병합'을 강행하자 식민통치이론 정립에 발군(拔群)의 실력을 발휘했다. 《요미우리신문》은 그해 9월 1일자 사설 〈독립의 가치 그 얼마인가〉에서 "근대 이전은 인간이 잔인하여 나라가 망하면 정복당한 민족은 생명을 부지할 수 없고, 살아남는다 해도 정복자의 노예가 된다. 재산도 물론 강탈당한다. 따라서 피정복 민족은 독립을 위해 필사적으로 저항하게 된다. 그러나 현대는 인민을 적으로 삼는 시대가 아니다. 게다가 일본과 조선 민족은 같은 뿌리에서 나왔다"고 설명하며 "이번 병합은 역사상 명백한 증거가 있는 양국의 복고(復古)이자 강자가 약자를 굴복시킨 사례가 아닌 '특별한 관계'이므로 조선인은 독립자존을 위해 반대 투쟁을 벌일 필요가 없다"고 적고 있다.

우리 민족에게 고등교육은 필요 없다고 내세운 것도 《요미우리신문》이 시조였다. 《요미우리신문》은 그해 8월 28일자 사설 〈조선 교화(敎化)의 방침〉에서 "조선 국민은 우리 인민이므로 우리 국민으로 완전히 동화시키지 않으면 안 된다. 만약 이를 불충분하게 할 경우 화근은 영원히 근절되지 않을 것이다. 동화의 참뜻은 상호간 사상·감정의 소통에 있다. 이것은 언어문자로 해야 한다. 따라서 일본어 교육은 필수 조건이다. 그렇지만 일반 교육은 '말직(末職) 순사' 같은 식민지 하급 '이원(吏員)'을 양성하는 정도면 족하고, 실업(實業)교육도 '도제(徒弟)학교' 수준이면 충분하다. 이보다 더

높은 수준의 고등교육은 그들을 사상 무장시켜 통치에 오히려 큰
지장을 가져오게 된다"고 주장했다.[15]

이 글은 당시 교육전문가로 이름을 날리고 문부성 차관을 지낸
사와야나기 마사타로(澤柳政太郎)가 썼다. 사설 집필자였던 사와야
나기의 주장은 결국 식민지 교육에 커다란 영향을 미쳤다.

《요미우리신문》은 특히 식민통치 방법으로 종교의 중요성을 들
고 나왔다. '식민통치를 위한 종교의 역할'은 《요로즈초호》와 함
께 두 신문이 제안한 독특한 침략이론이었다. 《요미우리신문》은
1910년 9월 3일자 사설 〈조선의 종교〉에서 "종교를 통해 조선을
지배해 나가는 길이 가장 효율적이다. 이를 위해서는 먼저 유교계
의 거두를 포섭함이 상책이다. 다음으로 기독교를 겨냥해야 한다.
일본 종교인도 서양 선교사들처럼 투철한 국가의식을 갖고 열성적
으로 임무를 수행하지 않으면 안 된다. 포교 방법도 대세를 잘 모
르는 조선인들에게 병합의 도리를 따뜻하게 인도적으로 설명하고,
일본의 보호를 받게 되면 행복을 찾게 된다는 점을 적극적으로 알
려야 할 것"이라고 강조하고 있다. 이는 종교가도 침략세력의 일원
으로 포교 이름 아래 '조선병합'의 정당화를 위한 선무(宣撫)활동
에 적극 나서야 한다는 논리이다. 이 사설 역시 사와야나기의 착상
이었다.

'외부의 선동'으로 보도

이런 분위기 속에 일어난 3·1운동은 일본 언론계에도 청천벽력

---

15) 강동진, 《일본언론계와 조선》, 지식산업사.

(靑天霹靂)이었다. 독립만세운동에 관한 기사는 당국의 철저한 통제로 1919년 3월 6일까지 완전 먹통이었다. 보도통제는 1주일이 지난 7일에야 겨우 풀렸다. 그러나 검열은 여전해 세계여론에 불리한 기사는 일절 쓸 수 없었다. 3월 2일자 각 신문은 고종 국장 소식을 크게 다루고 있을 뿐 지방에서 올라온 수많은 유생(儒生)들이 만세운동에 동참한 사실에 대해서는 한 줄도 쓰지 않았다. 다만 《아사히신문》과 《마이니치신문》만은 3월 3일자에 만세운동 기사를 눈에 띄지 않을 만큼 작게 싣고, 《지지신보》도 6일자에 보도했다.

《요미우리신문》은 해금(解禁)된 3월 7일부터 쓰기 시작했다. 첫 소식은 〈조선에 넘친 학생소동 중대〉라는 제목으로 내보낸 '조선에서 1만 900명의 학생들이 학업을 중지하고 소리 높여 노래 부르며 가두행진을 벌였다' 는 시위모습이었다.

다음날엔 〈조선 전국에 걸쳐 수백 명 검거되다〉, 10일에는 〈폭동 아직 그치지 않다. 획책 경로 거의 판명. 헌병 순사의 학살 잇따르다〉, 22일 〈폭도 6천 불온(不穩). 경성(京城) 남도 소란〉, 4월 9일 〈조선에 병력 증파. 보병 6개 대대 헌병 400명〉 등 제목으로 속보를 실었다. 조선헌병대 사령관으로 악명을 떨쳤던 아카시 모토지로가 당시 타이완총독으로 있었는데, 조선총독

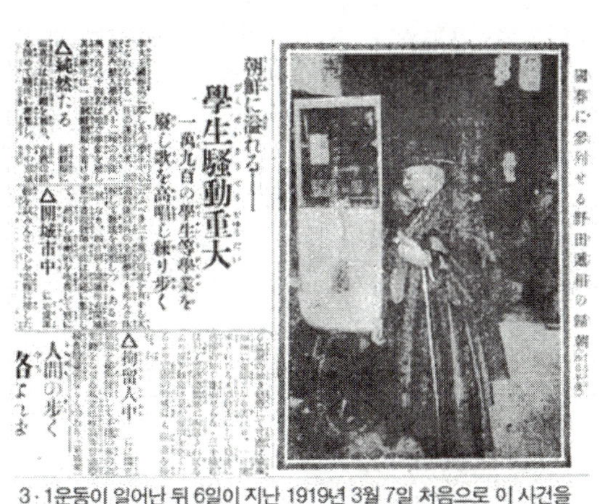

3·1운동이 일어난 뒤 6일이 지난 1919년 3월 7일 처음으로 이 사건을 보도한 《요미우리신문》 5면.

3·1운동 후 처음으로 〈조선의 통치〉란 제목으로 조선 통치 문제를 다룬 1919년 3월 14일자 《요미우리신문》 사설. 조선에서 결코 한 발도 물러날 수 없음을 다짐하고 있다.

물망에 올라 4월 11일 도쿄로 돌아온 모습을 사진과 함께 보도(4월 12일자)한 것도 이색적이다.

《요미우리신문》은 특히 반일투쟁의 원인을 단순히 '외부의 선동'으로 몰아 진실을 얼버무리고, 일제의 조선지배와 총독부의 가혹한 탄압정치 등 근본 원인에 대해서는 애써 눈을 감았다. 시위가 크게 번진 이유도 평화적 시위에 무차별 총격을 가한 무력진압은 묵살하고 〈천도교도의 선동〉, 〈불량학생의 강요〉, 〈불령선인(不逞鮮人)의 선동〉, 〈외국인 선교사의 사주(使嗾)〉, 〈무지한 선인들의 부화뇌동〉 등만을 제목으로 크게 부각시켜 일본 국민이 사건 진상을 제대로 알 수 없도록 얼버무렸다.

물론 다른 신문들이라고 예외는 아니었다. 만세운동이 평화적인 시위였음에도 하나같이 〈야소교도(耶蘇敎徒) 조선인, 대거 경찰서를 습격하고 수비대와 충돌〉, 〈불온격문 배포〉, 〈폭민(暴民) 잇따라 검거 중〉, 〈안주(安州)의 폭도, 헌병대를 습격 폭동〉, 〈모국(某國)의 선교사가 배후조종〉, 〈외부로부터 무기자금 공급〉 등의 제목을 뽑아 마치 처음부터 폭동을 일으킨 듯이 독자를 그릇 인도하고 있다.

그 신문 사설은 이보다 한술 더 떴다. 《요미우리신문》은 3월 14일자 사설 〈조선의 통치〉에서 다음과 같이 조선합병의 당위성을 되풀이하고 있다.

조선에 일이 생겼다. 당국의 시정(施政)이 잘못 돼 일어난 일이라고 비난하는 자가 있다. '센징(鮮人)'은 완고하고 도리에 어두워 구제하기 어렵다고 비웃는 자도 있다. 둘 다 일리가 없는 말은 아니지만, 이는 단지 어디에서나 잠시 일어날 수 있는 의론(議論)에 지나지 않았다. 그러나 새로 편입된 백성〔新附民: 조선인을 뜻함〕을 기꺼이 따르도록 하는 데는 분명 실패했다. 일이 생길 때마다 잘못을 들춘다고 형편이 좋아진다면 천하는 틀림없이 태평하게 될 것이다. 진정으로 병을 고치기 바란다면 질환의 근본 원인을 알아내어 뿌리부터 없애야 한다. 그렇지 않고 아무리 서둘러 쓸데없는 약을 많이 쓰고 부모의 부주의를 낱낱이 들추어 잘못을 따지더라도 효과는 없다. '센징'의 불온, 그 원인은 과연 무엇일까. 통치의 관건은 이를 알아내 해결하는 데 있다.

간단히 말하면 '센징'의 처지로 돌아가 생각하는 일이 가장 좋은 방법이다. 가령 일본이 불행하게도 다른 나라에 병합되었다고 가정해 보라. 일본인들은 과연 어떤 감정을 품게 될까. 식민지 백성을 통치하는 자는 우선 이 점을 곰곰이 생각하지 않으면 안 된다.

우선 허용하기 어려운 일은 과감히 단념시키고 동정할 일은 끝까지 동정해야 한다. 생활을 개선해 생명과 재산 보호에 안전을 꾀하되, 허용할 수 없는 일 외에는 조금도 불쾌감을 가져서는 안 된다. 복종시킬 일이 있으면 사전에 만반의 준비를 갖추어 철저하게 복종하도록 요구해야 한다. 다만 될 수 있는 대로 이를 겉으로 드러내지 말고 감정을 가라앉히는 일이 무엇보다 중요하다. 불행한 일을 당한 사람과 불가항력의 재난에 대해서는 적극 도와주는 것이 도리이다. 또 안녕과 질서를 더욱 튼튼히 함으로써 행복을 증진하고, 대립이 생기지 않게 지나간 불행을 되돌아보는 일이 없도록 하는 데도 최선의 노력을 기울여야 한다. 여기에 이르게 되면 더 이상 견줄 데 없는 가장 좋은 위안이다. 이 지침은 철저한 이행을 통해 큰 효과를 거둘 수 있음을 믿어

의심치 않는다.

조선인을 과연 일본에 기꺼이 따르게 할 수 있을까. 인도를 통치하는 영국, 폴란드를 지배하는 독일의 통치 방법에는 각각 장단점이 있다. 그렇지만 어느 쪽도 평온무사의 경지에 이르지는 못했다. 어쩌면 이 문제는 도저히 원만하게 이루기 어렵고 영원히 해결할 수 없는 일인지도 모른다. 그렇다고 식민정책을 따르게 하는 데 결코 길이 없는 것은 아니다. 용납할 수 없는 일은 철저하게 단념시키고, 과거 불행이 머리에 떠오르지 않을 정도로 일상생활을 행복하게 만드는 일이 바로 그 지름길이다.

조선병합은 일본의 존립(存立)의 필요 때문에 절대로 피할 수 없는 일이다. 인류문화가 항상 오늘의 상태로 머물러 있고, 일본의 존립이 하늘의 뜻〔天意〕에 부합하는 것이라면 조선병합 역시 하늘이 일본에 내린 뜻임을 확신한다. 일본은 하늘을 우러러보고 땅을 굽어보아도 이 사실만은 한 점 부끄럼이 없다. 따라서 통치 방법을 잘 가다듬어 시정(施政)을 '이 정도면 충분하다'는 말을 들을 수 있을 정도로 정치를 해야만 한다. '센징'은 일본인과 같은 조상에서 나왔고, 스사노 오노미코토(素盞嗚命; 일본 기기 신화에 나오는 신)를 조선에 제사 모시게 해 평화의 상징으로 삼자고 주창한 적도 있다. 하지만 이런 신화적 참배단으로 '센징'의 마음을 여는 데 충분하다고 생각한다면 지극히 어리석고 세상사에 어둡다고 말할 수밖에 없다. 우리 몸을 비틀어 남의 아픔을 알지 않으면 안 된다.

조선통치에 일본 종교인의 중요성을 강조해 온 《요미우리신문》은 외국 선교사들이 독립만세운동을 선동하고 있다는 말이 나돌자, 3월 27일자 사설 〈기독교 선교사 제군(諸君)에게 제시하는 글〉에서 일본에 대한 비난을 멈추게 해달라고 호소하고 있다.

《요미우리신문》은 먼저 "멀리 고국을 떠나 이국땅에서 포교에 전념하는 선교사들에게 경의를 표한다"고 치켜세운 다음, "선교사를 여러 나라에 파견하여 아직 알지 못하는 백성들에게 참된 하느님을 알리는 일은 실로 지공지순(至公至純)의 사랑에서 나온 힘이리라. 그리고 여러분 각자가 믿는 바, 또한 그와 같으리라 생각된다. 그런데 어찌하랴. 여러분의 본국에서는 여러분이 포교하는 그리스도교의 취지와 거꾸로 세계 인종을 우열로 구분하여, 유색인종을 대함이 동등하지 않다. 여러분은 이제 한가로이 동양의 이교도에게 설교를 계속할 시기가 아니다. 여러분의 본국은 바로 그 하나님을 배반하려 하고 있다. 여러분은 우선 본국인들에게 회개하도록 하지 않으면 안 된다. 여러분이 만약 본국 사람들을 설교하여 하나님의 본뜻에 이르게 하지 못한다면 여러분이 포교하는 종교는 실로 아무 힘도 없게 될 것이다"며 은근히 독립만세운동에서 손을 떼도록 설교하고 있다. 실제로 총독부는 4월 초 평양에서 사립학교를 경영하던 모리와 모페트 두 선교사가 반일투쟁에 참가한 학생들을 숨겨주었다는 이유로 구금하기도 했다.

《요미우리신문》은 독립만세운동이 일어난 지 한 달이 다 되었는데도 시위가 수그러들지 않고 더욱 격렬해 지자 3월 28일자 사설에 또다시 〈조선의 통치(재)〉라는 제목으로 일제가 조선에서 물러날 수 없음을 밝히고 있다.

일본제국은 존립(存立)을 확고히 할 필요에서 조선반도를 병합시켰다. 이는 공공연한 사실이다. 병합 이전 조선의 형편은 때때로 일본 존립을 위협했다. 게다가 일본제국의 존립은 하늘의 뜻(天意)과 일치하고 있다. 그런 이상 조선병합도 하늘의 뜻이라고 할 수 있다. 일본

국민은 세계 다른 나라에 이를 숨길 필요가 없다. 조선인에게도 정정당당하게 이 사실을 정면으로 설명해야 한다. 여기에 임하는 일본의 자세는 조금도 굽힘이 없다는 사실을 진심으로 알리고 어쩔 수 없는 까닭이 있음을 이해시켜야 한다. 단념시킬 일의 고삐도 단단히 조여야 한다. 조선인의 이익을 위해 조선을 병합했다는 등 억지로 만든 논리를 어설프게 핑계대면 오히려 일에 방해가 된다. 아무리 정교한 구실을 만들어 내더라도 사실은 도저히 덮을 수 없다. 처음부터 이를 분명히 밝혀 단념시킬 일은 철저하게 단념시킬 수밖에 없다.

한 나라의 독립을 이해(利害) 때문에 바꿀 수는 없다. 이는 감정문제이자 체면문제이다. 막대한 이익을 챙길 수도 있어서 벌레에게 던져주듯이 아무렇게나 내줄 수 있는 행위는 더더욱 아니다. 나라에 문명과 야만의 차이는 있을지언정 그런 감정은 인류의 공통이다. 병합이 강제를 필요로 하는 까닭이 거기에 있다. 병합은 이미 이루어졌지만 유사시에 대한 대비는 평상시에 늘 해 두어야 한다. 그러나 준비는 될 수 있는 대로 사람의 눈과 귀로부터 멀리하고 감정도발도 최소한으로 줄이지 않으면 안 된다. ……

야나기가 《요미우리신문》에 기고한 이유

만세운동의 기세가 날로 더함에 따라 신문들은 조선통치 개혁을 거론하고 나섰다. 개혁안의 주류는 무관(武官)총독 폐지론이었다. 글재주를 동원한 추상적인 내용도 적지 않았다.

《오사카아사히신문》은 4월 14일 〈동화주의와 문화주의〉란 제목의 사설에서 "자유를 날줄로 하고 교회를 씨줄로 삼아 정의와 인도의 넓은 지보(地步)에 입각해 주민의 이복(利福)을 증진한다면 통치자와 피치자 사이의 감정 충돌은 있을 리 없고, 높은 문화추구는 결과적으로 동화의 열매를 맺을 수밖에 없다"고 전제하고, "앞으로의 개혁은 '고압적 동화주의'를 버리고 '자치적 문화주의'로 전환하는 데 있다"고 강조했다.

《도쿄아사히신문》도 〈조선의 통치—진정 후의 방침(4월 16일자)〉에서 "3·1운동이 일어난 원인은 '군인총독'의 '폭력통치'로 동화정책을 강요한 데 있다"고 무단통치의 잘못은 지적했지만 "문관총독제만 실현되면 일본과 피압박

3·1운동 후 〈조선폭동 선후책〉을 발표, 조선의 자치를 인정하라고 주장한 요시노 사쿠조.

민족과의 모순이 쉽게 해결되어 동화(同化)는 실현될 수 있다"고 제국주의의 근성은 버리지 못했다. 이 신문은 또한 "조선총독 하세가와 요시미치가 친일파 이지용(李址鎔)과 한상룡(韓相龍: 이완용의 대리인)을 도쿄로 보내 야마가타 아리토모(山縣有朋)와 데라우치 마사타케에게 무관총독제 존속운동을 벌이고 있다(6월 25일자)"고 비난, 독자들의 눈길을 모으기도 했다. 《도쿄니치니치신문》도 이날 하세가와가 친일파 송병준(宋秉畯)을 시켜 군부 원로들에게 유임운동을 하고 있는 사실을 보도했다.

독립만세운동이 세계여론으로 비화되고 희생자가 계속 늘어나자, 잡지도 만세운동의 사후 처리에 대해 깊은 관심을 나타냈다. 《주오고론(中央公論)》은 4월호에 요시노 사쿠조의 주장을 실었다. 내용은 〈조선폭동 선후책〉, 〈조선의 언론자유〉, 〈대외적 양심의 발휘〉 등 세 가지였다.

〈조선폭동 선후책〉은 만세운동이 일어나자마자 쓴 글로 분량은 두 쪽에 지나지 않는다. 이를 요약하면 다음과 같다.

조선에서 독립만세운동이 일어나다니 이는 '다이쇼(大正) 역사의 일대 오점'이다. 사후 수습에 성공하고 못하고는 비단 동양 선진국으로서의 관계된 체면뿐만 아니라 앞으로 국운(國運) 발전에도 중대한 문제이다. 여기에 성공을 위한 몇 가지 수습책을 내놓고자 한다.

첫째, 조선의 모(某) 관리가, 가차 없는 국법 적용으로 시위자들에게 국가의 위엄을 보여주어야 한다며 엄벌주의를 함부로 내뱉고 있으나, 그것으로는 해결책이 될 수 없다. 엄벌주의를 포기하라.

둘째, 조선백성의 응어리를 풀어주고 일본과 조선의 관계를 개선하는 일이 긴요하다. 국법의 위엄을 보여주는 자체도 물론 중요하지만, 다른 한편으로 거액의 하사금으로 은위(恩威)를 병행하라. 은위병행(恩威並行)은 일본 황실의 고마움과 인자함을 보여주는 좋은 관행이다.

셋째, 철저한 일시동인(一視同仁) 정책으로 일선(日鮮)의 구별을 철폐하고〔內鮮一體〕교육 문호를 개방하라. 교육문제는 풀어야 할 가장 시급한 과제이다.

넷째, 조선백성에게 일정 한도 자치를 인정하라. 관리(官吏)만능의 정치를 폐지하고, 선민에게 내지인과 협동해 통치를 감독할 수 있게 하라. 관리 채용도 공평히 해야 한다. 통치방침도 너무나 일본에만 편중하지 말고 조선과 균형을 이루도록 하라. 그렇다고 조선 위주로 내버려 두는 일은 금물이다.

마지막으로, 대립하는 두 민족 사이의 의사소통을 위해 '의사소통기관'을 설치하라. 중개는 서양 선교사가 맡는 쪽이 바람직할 것이다. 조선에 거주하는 외국인을 손 안에 넣는 데 성공하지 못한다면 조선백성의 마음도 잡을 수 없다. 외국인 선교사를 일본통치 영향 아래 두기 위해서도 이는 꼭 필요한 일이다.

〈조선의 언론자유〉도 당시 일제 위정자들의 인식을 뛰어넘는 과감한 제안이었다.

3·1운동에 대한 나의 발언을 '폭도에 동정하다니 괘씸하다'고 비판하는 사람이 있으나, 이는 '마나님의 혹사에 고생하는 식모에게 좀 친절한 말을 걸었다고 해서 식모와 이상한 사이라고 남편에게 대어드는 질투심 많은 마누라와 같은 꼴이다. 문제 해결을 위해서는 무엇보다 언론자유를 허용해야 한다. 얼마간의 제한은 부득이할지 모르지만 적어도 내지(內地) 언론 수준은 되어야 할 것이다.

세상에는 이런 일도 있다. 조선 쌀을 수입하는 일본 상인이 조선인에게 일정한 가격을 약정하고 쌀을 사서 모으게 한 다음 막상 인수단계에 이르면, 약속한 값보다 훨씬 싸게 후려쳐 원가 이하로 팔게 함으로써 폭리를 취한다. 또 일본 관헌은 도로 건설을 위해 토지를 몰수하면서도 밖으로는 이를 기부(寄附)라 발표하고, 강제노동까지 동원하는 폭정을 서슴지 않고 있다. 조선인은 이런 일을 당하고도 호소할 데가 없다. 이때 그들의 처지를 대변하는 언론이 있다면 억울함을 호소할 수 있을 것이 아닌가. 상대방의 감정을 무시하는 정치는 자기중심으로 남을 다루는 정치이다. 내가 생각하는 쪽 그대로 상대방을 움직여야 한다고 보는 정치이다. 자기만이 대단히 훌륭하고, 상대방을 노예처럼 바보로 보는 정치이다. 그러나 살아 있는 인간은 결코 위정자 마음대로는 되지 않는 법이다. 일단 뜻하지 않은 일에 부딪치면 당국자들은 '이렇게 될 리가 만무한데'라고 말한다. '될 리가 만무한데'로는 천하는 다스려지지 않는다. 조선인의 고통을 덜어주기 위해서도, '내선(內鮮)협동의 열매를 거두기 위해'서도, 언론의 자유는 반드시 허용해야 한다. 언론자유는 정말 꼭 필요한 전제이다.

이와 같이 요시노의 만세운동 수습책은 상당히 파격적이고 구체적이다. 이는 당시 '민본주의' 운동으로 '다이쇼 데모크라시'에 앞장서고 있던 요시노의 만세운동에 대한 생각을 단적으로 말해 주고 있다. 그러나 일본 학자들은 요시노 발언 역시 '만세운동이 독립투쟁 양상으로 바뀌어 가는 극한 상황에서 반일기세(反日氣勢)를 진정시켜 보기 위한 임기응변에 지나지 않는다'고 평가한다.

야나기 무네요시는 이 평론이 보도된 지 10여 일 뒤 〈조선인을 생각하다〉를 《요미우리신문》에 기고했다. 야나기의 글은 요시노의 만세운동 수습책에 견주면 극히 추상적이다. 야나기가 〈조선인을 생각하다〉에서 "조선에 대한 경험과 지식이 많은 사람들의 사상이 거의 아무런 현명함도, 깊이도, 따뜻함도 없다는 사실을 알고 조선인을 위해 여러 번 눈물을 머금었다"고 속마음을 털어놓고 있는 점을 감안하면, 요시노의 글이 보도되기 전에 글을 완성했거나 읽고도 무시한 것으로 추측된다.

《요미우리신문》은, 앞에서도 말했듯이, 문학작품 보도를 중시하면서도 조선통치이론을 정립하는 데 둘째가라면 서러워할 정도였고, 읽기가 쉬워 독자가 많은 점은 큰 자랑이었는데다가 조선 유학생들이 즐겨 찾는다는 사실도 보탬이 되었다. 식민지 국민을 다루는 데서 종교와 예술이 중요하다고 생각한 야나기는 《요미우리신문》의 이런 특성을 높이 샀던 것으로 짐작된다.

일제 경찰은 그때 도쿄의 조선 유학생들을 독립운동사상의 온상으로 파악하고 미행, 감시를 계속했다. 그들은 조선 유학생들을 설득, 포섭하는 일이 곧 독립운동을 막는 지름길이라는 생각이었다. 이야기가 여기에 이르면 야나기가 《요미우리신문》에 글을 쓴 궁금증은 다소나마 풀리지 않았을까.

〈요미우리신문〉의 조선 관련 사설과 주요 기사 (1910~1923)[16]

1910	1.23	〈조선의 기독교〉	사설
	8.19	〈합방 제1의 준비(먼저 한인을 호애(好愛)할 것)〉	"
	8.27	〈조선어 연구〉	"
	8.28	〈조선교화(敎化)의 방침〉	"
	8.30	〈한국 합병〉	"
	8.31	〈부활하는 1천만 백성〉	"
	9.1	〈독립의 가치, 그 얼마인가〉	"
	9.3	〈조선의 종교〉	"
	9.4~6	〈조선의 병합과 헌법문제〉	"
	9.13~14	〈합병과 국적에 대하여〉	"
	9.23	〈조선의 재정방침〉	"
	9.29~10.5	〈조선의 농업경영에 관하여〉	"
	11.	〈조선 여러 가지(諸) 관제(官制)〉	"
1911	1.14	〈조선회사령〉	"
	1.18	〈이왕(李王)의 옷〉	"
	2.9	〈동척(東拓)은 무용지장물(無用之長物)〉	"
	10.10	〈선미(鮮米) 폐세(廢稅) 문제〉	"
	10.28	〈선미(鮮米) 입출세(入出稅)의 철폐〉	"
1919	3.7	〈조선에 충만한 학생 소동 중대(重大)〉	기사
	3.11	〈배후에 모국(某國)의 선교사〉	사설
	3.14	〈조선의 통치〉	"
	3.2	〈기독교 선교사 여러분에게 제시하는 글〉	"
	3.28	〈조선의 통치(再)〉	"
	4.18	〈본토와 조선〉	"
	5.20~24	〈조선인을 생각하다〉	기사
	9.4	〈경성의 이변〉	사설
	9.28	〈신 총독의 조선통치정치〉	"

16) 강동진, 앞의 책.

광화문 살리기 내막

광화문 철거로 또 다른 '집단항거' 우려

1920년 5월 초 서울을 방문한 야나기 무네요시는 그의 어머니 가쓰코(勝子), 아내[兼子], 친구 버나드 리치(Bernard Howell Leach, 1887~1979) 등과 함께 경복궁을 관람하고 놀란 가슴을 쓸어내려야만 했다. 조선총독부가 경복궁을 헐고 그 자리에 총독부청사를 새로 짓는 공사가 한창이었기 때문이다. 그가 1916년 처음 서울을 찾았을 때 보았던 모습과는 영 딴판이었다. 궁궐 여기저기에는 공사로 파헤친 흙더미와 건축자재가 쌓여 어수선했고, 몇 채 남지 않은 전각(殿閣)마저도 잡초가 무성해 지난날 화려했던 궁궐의 모습은 어디에서도 찾아볼 수 없었다. 한국병합 전까지만 해도 궁궐 전면에 우뚝 솟아 근엄한 자태를 뽐내던 근정전은 마치 장막에 싸인 조각처럼 쌓아올린 조선총독부 새 청사 외벽 골조에 가려, 광화문 밖에서는 그 모습을 제대로 볼 수조차 없게 되어버렸다.

경복궁이 어떤 곳인가. 조선왕조 500여 년을 지켜온 왕조의 상징이자 민족의 자존심이 아니던가. 야나기는 조선총독부가 왜 그런 민족의 심장부에 못을 박듯 '식민통치 지휘소'를 세워 민족의 반감을 사려하는지에 대해 매우 못마땅하게 생각했다. '조선 민심은 언제라도 빌미만 생기면 터질 듯 여전히 속으로 끓고 있지 않은가. 조선인들의 감정이 쓸쓸함에서 노여움으로 바뀌어 제2의 민중봉기라도 일어난다면 어떻게 수습할 것인가. 또 다시 무력 수단을 동원할 작정인가…' 그의 생각은 한없는 회의에 빠져들었다. 3·1운동으로 일어난 소요를 다독였던 야나기가 아닌가. 그는 무엇보다 총독부가 조선인들의 자존심을 건드려 또 다른 '집단항거'가 일어날까봐 걱정이었다. 궁궐 보호는 그 다음 문제였다. 야나기가 그해 9월호 잡지 《가이조(改造)》에 기고한 〈그의 조선행〉이라는 제목의 글에는 그런 심경이 잘 드러나 있다.

경성에서 경복궁을 찾아갔을 때 감정이 가장 심하게 상했다. 고풍스러운 큰 대문 광화문을 들어서면 화려한 궁전을 만나게 된다. 임진왜란 병화(兵火)로 폐허가 된 왕궁을 대원군이 복원한 것이다. 경복궁은 조선조 최후의 대작이다. 앞에는 광화문이 솟아 있다. 그 위세는 왕위의 장엄함을 보여주고도 남는다. 이 대궐의 아름다움은 커다란 정문 안쪽 깊숙이 이중(二重)의 돌층계 위에 서 있는 근정전이 아닐까. 뒤편에는 북한산의 백악(白岳)이 마치 궁전을 지키듯이 서 있다. 아래로는 연꽃을 띄우고 마흔여덟 개의 큰 돌기둥으로 받친 경회루(慶會樓)도 정전(正殿) 바로 곁에 서 있다. 조선조 말기의 이들 작품은 신라나 고려시대 것에는 미치지 못할지라도 동양 예술이 쇠퇴해 가는 오늘날 우리에게 남겨진 귀중한 건축이라 하지 않을 수 없다. 웅대한 구조와 우아함이 경성을 아름답게 장식하고 있음을 누가 감히 의심할 수 있단 말인가. 비록 장식과 선, 형상 등은 동양건축의 쇠퇴와 하강의 징후가 있다손 치더라도 오늘날 어떤 일본 사람이 이에 필적할 만한 건축을 할 수 있겠는가.

하지만 어찌된 일인지, 자연과 잘 어우러지게 백성들이 온 힘을 다해 축조한 이 명물이 바야흐로 멸망의 슬픔을 맞이하려 하고 있다. 총독부는 지금 광화문과 근정전 사이에 실로 방대한 서양식 건물을 세우고 있다. 게다가 새 건물은 궁전의 배열을 전혀 고려하지 않고 약간 서쪽으로 치우쳐 있다. 그토록 큰 정전도 이제는 문을 통해 볼 수 없다. 아니, 어느 곳에서도 근정전의 모습을 똑바로 대할 수가 없게 되어 버렸다. 이 무슨 무모한 계획인가. 머지않아 정전을 허물고 광화문을 부술 뜻이 아니라고 누가 부인할 수 있단 말인가. 경복궁 안에 있는 여러 작은 건물들은 지금 살고 있는 사람도, 돌보는 이도 없이 비바람 속에 그대로 버려져 있다. 방치돼 초목이 우거진 모습들을 보면, 다른 나라 사람일지라도 눈물을 금할 수 없을 지경이다. 하물며 작년의 아픈 기억이 아직도 생생히 남아 있는 조선인들에게 이 일이 어떻게 엄청난 사건이라 하지 않을 수 있겠는가. 사람들의 감정은 쓸쓸함에서 노여움으로 바뀌어갈 것임이 분명하다. 이 무슨 무익하고 무모한 소행인가. 구태여 민족의 반감을 사기 위해 이 일을 하느냐고 사람들은 묻고 있지 않은가. 어떻게 이 물음이 엉뚱하다고 생각할 수 있겠는가.

민심 살피며 시작된 총독부 신축공사

제국주의 일본은 대한제국을 병탄(1910년 8월)하기 무섭게 경복궁 자리에 조선총독부 청사를 새로 짓기로 하고 1912년부터 정지작업에 들어갔다. 조선총독부는 이를 위해 그해 예산에 경복궁 조사비로 3만 엔을 책정한 데 이어 3월 28일 총독부관제를 고쳐 총독

직속 관방실(官房室)에 토목국을 신설하고 데라우치 총독이 경복궁 해체와 청사 신축공사를 직접 챙기기 시작했다. 하지만 그들의 말처럼 '조선 운명의 맥'을 끊는 총독부 신축공사는 단숨에 뚝딱 해치우는 '시해사건'과는 달리, 많은 시일과 비용이 소요되는 큰 공사여서 조선의 여론을 살피지 않을 수 없었다. 총독부가 청사 신축공사를 10년 이상 장기계획으로 추진하게 된 것은 사실 그런 불가피한 사정이 크게 작용한 것으로 보인다.

경복궁은 널리 알려져 있듯이 조선왕조가 개성에서 한성으로 도읍을 옮기면서 태조 3년(1394년) 9월 9일 개국공신(功臣) 정도전(鄭道傳)과 권중화(權仲和) 등의 건의로 지금의 자리를 잡았다. 그러나 이 궁궐은 불행히도 1592년 4월 임진왜란 때 임금을 포함한 지배층의 도망으로 성난 백성들의 방화로 모두 불타버렸다. 그로부터 270여 년 동안 전화(戰禍)의 상흔은 그대로 남아 있었다.

경복궁은 1863년 나이 어린 고종이 등극하면서 옛 영화를 되찾았다. 섭정에 나선 대원군이 사회적 불안과 민중의 반대를 무릅쓰고 고종 2년(1864년) 4월 13일 경복궁 중건(重建)에 나서 2년 반 만인 1866년 11월 8일까지 거의 당초 모습대로 복원한 것이다.

총독부는 이런 유서 깊은 대궐의 근정전과 광화문 언저리를 청사 부지로 확정하고, 공사에 필요한 공간을 충분히 확보하기 위해 '경복궁 정리계획'을 수립, 지은 지 얼마 안 된 경복궁 전각들을 헐어 그 자재들을 민간에게 팔아치우기 시작했다. 헐린 전각의 목재와 기와 등은 대부분 왜식 요정이었던 남산장(南山莊) 별장과 화월(花月) 별장, 일본 불교사원, 회현·인현동 등의 일본인 부호 저택 건축용으로 넘어갔다.

이처럼 하루가 다르게 예전 모습을 잃어가던 경복궁은, 일제가 강점 5개년의 성과를 홍보하기 위한 이른바 '조선물산공진회(朝鮮

物産共進會)'라는 박람회를 기획하는 통에 경복궁 구내 7만 2천여 평을 박람회 장소로 쓰면서 왕궁으로서의 위엄은 완전히 사라졌다. 이때도 많은 전각들이 헐려나갔다. 일본 정부 예산 50만 엔과 지방비와 민간기부금 20만 엔 등 70여 만 엔이 투입되어 1915년 9월 11일부터 10월 31일까지 51일 동안 계속된 이 박람회에는 조선과 일본, 타이완에서 모두 4만 8,760여 점의 갖가지 특산품이 출품됐다. 총독부는 이를 위해 18채 3,700여 평의 가건물을 짓고, 궁궐 전각 5,226평에 이들 물품들을 전시했다. 근정전은 말할 것도 없고 교태전(交泰殿)과 경회루 등도 모두 전시장으로 동원됐다. 박람회장에서는 소와 닭, 돼지를 사고팔기도 했다고 기록은 전한다.

창덕궁 갱의실 화재, 궁궐 철거의 빌미

설상가상으로 1917년 11월 10일 오후 5시쯤 창덕궁 대조전(大造殿)에 붙어 있던 나인(內人) 갱의실에서 불이나 내전이 모두 타는 불상사가 일어났다. 다행히 순종(純宗)과 황후는 후원 연경당(演慶堂)으로 피해 화를 면했으나, 불은 대조전을 비롯, 흥복헌(興福軒), 통명문(通明門), 양심각(養心閣), 희정당(熙政堂), 징광루(澄光樓) 등 많은 건물을 태운 뒤 밤 8시쯤 진화됐다. 1916년 6월 25일 이미 총독부청사 기공식을 갖고 경복궁 전각들을 뜯어낼 궁리를 하며 여론의 눈치를 보아오던 총독부로서는 이보다 더 좋은 소식은 없었다. 총독부 관리들은 즉각 긴급회의를 열고 불이 난 자리에 한식과 양식을 겸한 건평 700평 규모의 전각을 신축하기로 의견을 모았다. 그리고 이에 필요한 한식 건축자재는 경복궁의 교태전, 강녕전, 경성전(慶成殿), 연생전(延生殿), 동행각(東行閣), 서행각, 연길당(延吉堂)

등을 헐어다 쓰게 했다. 그러나 어느 누구도 이에 반대하는 사람은 없었다. 거역할 수도 없었다. 이로써 경복궁에는 동서남북의 4대문과 근정문, 근정전, 사정전(思政殿), 춘추전(春秋殿), 자경전(慈慶殿), 경회루, 향원정(香遠亭) 등만 남아 근엄했던 궁궐의 모습은 초라하기까지 했다.

총독부 새 청사 설계는 독일인 건축가 게오르게 데 라란데(George de Lalande, 1872~1914)가 맡았다. 1894년 베를린에서 고등학교를 졸업하고 바르샤바, 빈 등지에서 남의 건축 일을 도와주던 라란데는 중국의 베이징, 톈진, 칭다오 등을 거쳐 30대에 일본으로 건너와 교토기독교청년(YMCA)회관, 미쓰이(三井)은행 오사카 및 후쿠오카 지점, 다카다(高田)상사 도쿄본점 사옥, 평양 모란대 공원, 경성 철도호텔 등을 잇따라 설계하면서 명성을 얻었다. 하지만 그는 총독부 청사 설계가 거의 끝나가던 1914년 8월 4일 일본 요코하마의 여관방에서 싸늘한 변시체로 발견됐다. 그가 급사하자 장안에는 '하늘이 죄 값을 물은 것'이라는 소문이 파다했다. 이 사실만 보아도 당시 우리 민족이 총독부 청사 신축에 대해 어떤 감정이었는지 알고도 남을 만하다. 그의 죽음으로 청사 신축계획은 차질을 빚는 듯했으나 타이완 총독부청사 설계에 참여했던 노무라 이치로(野村一郞)가 이어받아 1년 만에 설계를 끝내고 1916년부터 본격적으로 공사에 들어갔다.

그럼 일제는 왜 하필 경복궁 근정전 앞에 총독부청사를 세우려 했을까. 이는 무엇보다 대궐 정면에 건물을 세워 명당의 지맥을 끊어버림으로써, 풍수지리설을 믿는 우리 민족에게 '정말 망했구나' 하는 패배감을 심어서 조선을 영영 일어설 수 없도록 하기 위한 '비방(秘方)'이었다고 학자들은 말하고 있다. 이와 함께 당시 조선의 풍수가들 말대로 경복궁터가 정말 명당이라면, 총독부가 그 정기를 이어 받아 조선을 영원히 지배하겠다는 의도도 있었다는 설명이다.

그런 만큼 총독부청사는 구조도 특이했다. 지금은 철거돼 없어졌지만 건물을 평면으로 보면 동서로 날일 자〔日〕모양을 하고 있었다. 이는 경복궁 뒤로 둘러쳐진 북악산과 경성부청사(지금 서울시청 건물)를 하늘에서 함께 내려다보았을 때 마치 '대 일본(大日本)'이란 글자를 형상화하기 위한 설계였다고 한다. 풍수가들의 통설로는 북악산은 대체로 '대(大)' 자 형상이다. 경성부청사도 '본(本)' 자 꼴을 본떠 지은 것으로 알려져 있다. 이런 점에서도 일제의 조선통치 음모가 얼마나 간악했는가를 충분히 엿볼 수 있다.

공사 장막 벗기자 민심 들끓어

총독부청사가 일반에게 모습을 드러낸 것은 3·1운동에 대한 일제의 무자비한 무력진압으로 우리 국민들의 사기가 떨어져 있던 1919년 말 무렵이었다. 총독부는 그동안 광화문으로 가려진 장막 속에서 은밀히 공사를 추진해 1918년 말까지 기초공사를 모두 마무리 짓고 만세운동이 소강상태를 보인 틈을 타 골조공사를 강행했다.

장막에 가려졌던 총독부청사의 실체가 일반백성들의 눈에 띄면서 장안에는 온갖 유언비어가 떠돌기 시작했다. 머지않아 광화문도 헐려 없어질 것이라는 소문도 번졌다. 광화문은 그때 30여 만 서울 주민들에게 친숙한 '대궐의 눈이요 서울의 얼굴'이었다. 그동안 대문에 가려 왕궁의 해체작업 사실 자체를 알지 못했던 일반인들은 광화문이 헐린다는 소문에 노골적으로 불만을 털어놨다. 또 한 번

조선 총독부 신축 건물이 완공됨에 따라 경복궁 동문인 건춘문 북쪽으로 자리를 옮기게 된 광화문.

본때를 보여주어야 한다는 말도 공공연히 나돌았다. 여론이 뜨거워지자 민족 언론도 가만히 앉아서 볼 수만은 없었다. 기사 검열이 워낙 엄격해 정면 비판은 물론 어려웠다. 지혜를 짜낸 민족지들은 총독부 청사 건립 책임자를 인터뷰하는 등 우회적인 방법으로 공사내막을 알려 나갔다. 《동아일보》는 1921년 5월 24일자 2면에 사진 2단, 기사 2단 크기의 〈광화문 이전계획〉이라는 제목으로 소문의 진상을 다음과 같이 보도했다.

경복궁 대궐 안에 지금 짓고 있는 총독부청사의 공사가 끝나면 오랫동안 많은 역사를 가진 고대의 건축물인 광화문을 헐어버린다는 말이 세상에 있어 애석해 하는 사람이 많은 모양인데 이에 대하여 건축과장 암정장삼랑(岩井長三郎)[17]은 "총독부 공사를 대정(大正) 십삼 년(1924년)까지 끝낼 계획이므로 어떻게든 내년 안에는 결정하겠습니다. 광화문을 헐어버린다는 말은 공연한 헛소문이올시다. 어디로든지 옮겨야 할 터인데 위치 문제가 결말이 안 난 것이올시다. 항간에는 그 건축물은 건축학리상(建築學理上)으로 옮길 수 없다는 말이 있으나 결단코 그럴 이치는 없고 돈이 많이 들 뿐이올시다. 총독부의 방침으로는 결단코 헐어버리는 일은 없을 터이요, 장차 좋은 곳으로 옮길 터"

---

17) 일본 이름은 이와이 죠사부로이지만 《동아일보》는 우리말 발음대로 보도.

라고 말하더라.

이 기사가 보도된 뒤 광화문 철거문제는 민족적 관심사로 떠올랐다. 시대상황도 민족지가 생겨 불만이 있어도 전혀 하소연할 길이 없었던 때와는 아주 딴판이었다. 신생 민족지들은 압수, 발행정지, 정간처분 등의 위험을 무릅쓰고 광화문 철거문제를 속된 말로 물고 늘어질 태세였다. 당국이 이 문제를 자칫 잘못 다루었다가는 또 다른 집단시위가 일어나지 말라는 법이 없을 정도로 사태는 점점 심각해져 갔다. 설령 광화문을 해체한다 해도 창덕궁 대문 안 비원(秘苑) 깊숙한 곳에 자리한 전각과는 달리, 사람 눈에 띄지 않게 비밀리에 작업하기는 불가능했다. 총독부로서는 고민이 아닐 수 없었다.

광화문 철거 막은 〈사라지려 하는 한 조선건축을 위하여〉

때마침 1922년 1월 1일 조선민족미술관 개설과 도요(東洋)대학 경성분교 설립준비[18]를 위해 서울을 찾은 야나기 무네요시는, '폐허' 동인을 비롯한 그의 조선인 지인(知人)들의 이야기를 듣고 광화문 철거문제의 심각성을 깊이 깨달았다.

야나기는 어떻게든 광화문 철거만은 막아 격앙된 조선 사회의 분위기를 가라앉혀볼 생각이었다. 1월 하순께 귀국한 그는 오랜 생각 끝에 그해 7월 4일 〈사라지려 하는 한 조선건축을 위하여〉라는 제목의 글을 《가이조》에 기고했다. 이 글은 그해 9월호에 실렸다.

---

18) 야나기는 그때 도요대학 교수로 재직하고 있었다.

광화문 이전 계획과 〈동아일보〉 주최로 야나기의 아내 가네코가
서울에서 음악회를 연다는 사실을 보도한 1920년 4월 17일(음력)
자 〈동아일보〉 기사.

그리고 그는 9월 13일 다시 서울에 와, 한 달 동안 머무르며 강연 등 교화활동을 계속했다. 〈사라지려 하는 한 조선건축을 위하여〉의 내용을 우리말로 요약해 옮겨 보면 다음과 같다.

광화문이여, 광화문이여, 너의 목숨은 이제 얼마 남지 않았다. 네가 일찍이 이 세상에 존재했었다는 기억이 차디찬 망각 속으로 묻혀버리려 하고 있다. 어찌하면 좋단 말이냐. 내 마음은 갈피를 잡지 못하고 있다. 가혹한 끌과 무정한 망치가 너의 몸을 쪼을 날이 이제는 멀지 않았다. 이를 생각하며 가슴 아파할 사람도 많을 것이다. 그렇지만 아무도 너를 구해낼 수는 없다. 불행히도 너를 살려낼 수 있는 사람은 네 처지를 슬퍼하는 사람들이 아니다. 세상은 아직 모순의 시대이다. 문 앞에 서서 너를 우러러볼 때 네 위력의 미를 부정할 자는 아무도 없다. 그러나 지금 너를 죽음에서 구하려는 자는 아마 반역자로 몰리게 될 것이다. 너를 잘 알고 있는 자는 이미 발언의 자유를 잃었다. 너를 낳은 민족은 불행을 각오하지 않고는 발언할 수 없는 실정이다. 지금 네 곁에 있는 사람들은 이 일로 모두 어두운 나날을 보내고 있다. 사람들은 언제나 너를 사랑하고 있을 것이다. 세월이 흐를수록 애모의 정이 더해 가리라는 사실을 나는 잘 알고 있다. 그러나 이러한 사랑마저도 마음대로 나타낼 수 없는 세상이다. 아니, 이러한 사랑을 단념하라고 강요받고 있다. 괴로움이 가슴에 사무친다. 그러나 어쩔 도리가 없다.

　누구나 말하기를 망설이고 있다. 하지만 나로서는 너를 침묵 속에 묻어버리기에는 너무나 비참하다. 그런 까닭에 나는 네 죽음에 즈음하여 말 못하는 사람들을 대신해, 너의 존재를 한 번 더 인식시키기 위해 이 한 편의 글을 쓰고 있다. 그러나 너로부터 수천 리나 멀리 떨어져 있는 내가 혼자서 침묵을 깨뜨리고 소리를 외쳐본들 어둡고 강한 세력으로부터 너를 구해낼 수는 없다. 그렇다고 해서 나의 글을 의미 없다고 생각하지는 말아다오. 나로서는 너에 대해 글을 쓰는 것 자체가 하나의 사명이다. 지금 너의 운명을 보장할 수 있다고 장담할 사람은 없다. 하지만 너에 대한 존경이나 애정이 세상에 없다고는 생각하지 말아다오. 너의 아름다움이나 힘이나 운명을 이해하는 사람은 적지 않다. 설령 얼마 되지 않는다 하더라도 너는 그 사람들의 애정을 받아 주리라 믿는다. 적어도 한 사람, 너의 죽음을 생각하고 눈물짓는 자가 있다는 사실을 알아다오.

　나는 이 세상에서 없어지려는 네 운명을 건져줄 힘을 가지고 있지는 못하다. 그렇지만 영(靈)의 세계에서 너를 불멸의 실체로 만들고야 말겠다. 사실 너를 죽음에서 구해낼 힘은 없지만 글 속에서 불멸의 존재로 만드는 자유만은 나에게 주어져 있다. 오오, 나는 여기서 네 이름과 모습과 영혼이 결코 사라지지 않도록 깊이 새기리라. 마치 너의 민족이 저 단단한 화강암에 기념할 만한 영원의 조각을 끌로 새긴 것처럼.

　(일본)동포여, 동양의 순수한 건축을 경애하라. 지금의 우리는 그에 견줄 만한 건축물을 지을 수 없지 않은가. 오늘의 생활에 필요 없다고 해서 함부로 버려서는 안 된다. 예술은 공리(公利) 관계를 초월한다. 아름다운 작품은 길이 보존하라. 특히 우리의 명예를 위해 순수한 동양의 작품을 열애하라. 그들을 지키는 일은 조상에 대한 추모이며 예술에 대한 이해라고 굳게 믿으라. 광화문 같은 건축물은 비록 근대에 만들어졌지만 동양을 통틀어 그리 많지 않은 걸작이다. 조선에서 우

수한 문 다섯 개를 고르라면 광화문은 틀림없이 그 가운데 꼽힐 것이
다. 작품 양이 적은 조선에서는 특히 귀중한 건축의 하나가 아닌가.
더구나 그 문은 수도(首都)의 아름다움을 장식하는, 없어서는 안 될 요
소라는 사실을 누구나 알고 있지 않은가. 그런 경복궁에서 정문을 없
애버린다면 무슨 힘이 나올 수 있겠는가. 나아가 사람들이 경복궁을
잃는 것은 곧 한성의 중심을 잃는 것과 같다. 그 왕궁보다 더 정확한
형식과 위대한 규모를 갖춘 건축물은 조선의 어디서도 찾을 수 없다.
그것은 조선 건축의 대표이자 모범이고 민족정신이다.

정치는 예술에 대해서까지 무례해서는 안 된다. 예술을 침해하는 힘
따위를 삼가라. 스스로 예술을 옹호하는 일이 앞선 정치가 행할 바가
아닌가. 우방을 위해, 예술을 위해, 역사를 위해, 도시를 위해, 특히
그 민족을 위해 저 경복궁을 살려내 일으켜라. 그것이 우의(友誼)로써
해야 할 정당한 행위가 아니겠는가.

문은 복원된 지 겨우 50년이 지났을 뿐이다. 그 문이 왜 만들어지
고, 누가 만들었으며, 어떻게 완성되었는지가 아직도 기억에 생생하
지 않은가. 이를 직접 목격한 사람들 앞에서 누가 문을 파괴하는지,
또 하나의 기억을 추가하는 일은 너무나 무모하고 무정한 행위가 아
니겠는가.

나는 일찍이 이 일에 대해 다소 마음을 쓰는 사람들로부터, 이 모습
그대로 다른 곳으로 옮기려 한다는 말을 전해 들었다. 아아, 그러나
이 자비로운 듯한 조치로 문은 과연 어떤 운명을 맞이하게 될까. 이로
써 다행히 죽음은 면한다 하더라도 문의 존재 가치는 반 이상은 죽은
거나 다름없다. 광화문은 경복궁의 정문일 뿐 다른 문은 아니다. 그
위치와 배경을 바꾸고 좌우 벽을 없애버린다면 문에 무슨 생동감이
있겠는가. 형체만 남을 뿐 생명 없는 송장이 아니겠는가. 특히 자연과
건축의 조화를 배려한 옛 사람의 의도를 무시하면 그것이 무슨 의의
를 가질 수 있겠는가. 이제 그를 죽음에서 건질 수는 정말 없는 것일

까. 그의 존재 가치를 인정하고 보호하려는 사람은 없을까. 그는 아직 젊다. 육체는 완전히 건강하고 정신도 여전히 굳건하지 않은가. 그에게 때 아닌 죽음을 강요하는 죄는 누가 져야 한단 말인가.

오오, 광화문이여, 너는 죽음에 이르는 사실을 얼마나 서글프게 생각하고 있느냐. 너의 많은 친구들은 너보다 먼저 살해되고 말았다. 서울 서쪽을 장식했던 돈의문(敦義門)과 소의문(昭義門)은 이제 시민의 눈에 띄지 않는다. 지난해 나는 혜화문(惠化門)을 찾았는데 돌보는 사람이 없어 가엾게도 비바람에 지탱하기조차 힘들어 보였다. 너의 귀중한 형제인 숭례문(崇禮門)은 위엄을 더해 주던 성벽은 온데간데없고 아무 상관도 없는 울타리 안에 갇혀 일그러진 몰골을 겨우 지탱하고 있다. 사랑해 주는 주인이 없는 너희는 그 짧은 생애를 얼마나 쓸쓸하게 여기겠는가. 나는 죽지 않아도 될 너희를 죽음에 이르게 하는 이 세상이 얼마나 부자연스럽게 느껴지는지 모른다.

아아, 문 앞에 정좌(正坐)하고 있는 두 개의 커다란 해태여. 너희는 오랫동안 왕궁의 정문을 지켜왔다. 추울 때나 더울 때나 모습을 조금도 흐트러뜨리지 않고 엄숙한 모습으로 찾아오는 사람을 압도했다. 그리하여 문에 어울리는 위엄과 확고한 자세로 궁전에 훨씬 강한 아름다움을 더해 주었다. 너희는 여전히 묵묵히 앞을 노려보고 있지만 너희 주인의 신상에 다가오는 운명을 알고나 있는가. 물론 알 리 없겠지만 그는 이미 임종의 자리에 누워 있다. 오오, 너희가 결코 떠날 수 없다고 생각하는 그 자리를 강제로 비워주어야 할 날이 멀지 않았다는 사실을 알고 있는가. 너희가 어디로 옮겨가게 될 것인지는 나도 모른다. 아니, 치우는 사람들조차 어디로 가져가야 하는지 그날이 닥쳐보아야 알 모양이다. 용서해다오. 나는 죄짓는 자 모두를 대신하여 사과하고 싶다. 나는 그 증표(證票)로 지금 붓을 들고 있다.

나는 한여름 더울 때나 휘몰아치는 눈으로 하늘이 울 때, 아니면 저녁나절 대낮 같은 반달이 창백하게 누상(樓上)에 걸려 있을 때, 몇 번

이나 갖가지 상념에 쫓기면서 광화문을 우러러보았는지 모른다. 지금
도 그 거대한 모습이 눈에 선하게 떠오른다. 이 지상에서 그것을 빼앗
길 날이 가까워졌다고 어찌 생각할 수 있겠는가. 그러나 그것은 괴로
운 현실이 되고 말았다. 너를 부수는 편이 낫다고 말한 사람은 아무도
없을 것이다. 그렇건만 도대체 무슨 사정이 너를 그런 파국으로 몰아
가고 있다는 말인가.

　나는 예수가 십자가에 못 박히면서 한 말을 떠올린다. "사람들은 무
엇을 하고 있는지를 잘 모른다. 만약 무엇을 하고 있는지 알고 있었다
면 못할 짓을 하는 그 어리석은 죄에 빠지지 않았을 것이다."

　광화문이여, 장수(長壽)했어야 할 네 운명이 단명으로 끝나려 하고
있다. 너는 무척 괴롭고 쓸쓸할 것이다. 나는 네가 건재해 있는 동안
한 번 더 바다 건너 너를 만나러 갈 것이다. 너도 나를 기다려다오. 그
전에 나는 시간을 내어 이 한 편의 글을 써두려 한다. 너를 낳은 너의
친근한 민족은 지금 언론의 자유를 잃고 있다. 그러므로 그들을 대신
하여, 너를 사랑하고 아끼고 있는 자가 이 세상에 있음을 생전의 너에
게 알리고 싶다. 그래서 나는 이 말들을 적어서 만인 앞에 내보내는
것이다. 이로써 너의 존재가 다시 한 번 사람들에게 깊이 각인된다면
얼마나 기쁘겠는가. 그리고 내가 쓴 글로 그런 정신을 영속시킬 수 있
다면 너도 기뻐할 것이다. 그 일이 또한 나의 기쁨이 아니고 무엇이겠
는가(1922년 7월 4일 도쿄에서).

　이상에서 읽을 수 있듯이 야나기는 총독부의 광화문 철거 방침에 대
해 정면 반대하는 것이 아니라, 광화문을 임종을 앞둔 인간에 비유해서
비통해 하며, 우회적으로 비판하고 있다. 하지만 그의 주장은 다른 언
론 매체들의 관심을 불러일으키기에 충분했다. 보도 규제가 엄격했던
상황에서 좋은 기사자료가 됐기 때문이다. 《동아일보》는 그해 8월 24일

부터 28일까지 5회로 나누어 야나기의 글을 우리말로 옮겨 실었다. 또 영자신문 《저팬 애드버타이저》도 비슷한 시기에 이를 요약해 실었으며, 미국 언론들은 그 영문기사를 다시 옮겨 실을 정도였다.

집단시위 예방의 숨은 뜻은 알아야

이처럼 여론의 저항에 부딪힌 조선총독부는 고심에 고심을 거듭한 끝에, 결국 1926년 8월부터 이듬해 9월 18일까지 경복궁 동문인 건춘문 북쪽의 담을 헐고 광화문을 옮겨 동향(東向)으로 복원했다. 공사비는 5만 261엔이 들었으며 공사 인원도 연 2만 1천여 명이 동원됐다고 한다.

쓰루미 슌스케는 이와 관련, "야나기가 조선에 관해 쓴 글 가운데 〈사라지려 하는 한 조선 건축을 위하여〉만큼 위력을 발휘한 글도 없었다"고 그의 책에 소개하고 있다. "이 글이 여론을 불러일으켜 이미 부수기로 결정된 광화문이 결국 파멸의 난을 피하고 다른 장소로 옮겨지는 결정적 구실을 했기 때문"이라는 설명이다.

그렇게 보면 광화문이 형체만이라도 보존될 수 있었던 것은 쓰루미의 말대로 조선예술에 대한 인식이 각별했던 야나기의 글발이 실력을 발휘했던 셈이다.

2장　야나기 글발의 힘

함정에 빠진 '폐허(廢墟)' 동인들

'유혈혁명은 안 된다'

'정과 종교, 예술'만이 정국안정의 길

'독립은 시기상조'

함정에 빠진 '폐허(廢墟)' 동인들

'폐허' 동인들은 야나기를 서울로 불러들이고

단순 시위자마저 잡아 가두고, 고문하고, 죽이는 살벌한 공포 분위기에서 "칼은 결코 현명한 힘을 낳을 수 없다"며 우회적으로나마 조선에 대한 무단통치를 비판하고 나서서였을까. 독립만세운동에 대한 야만적 폭력 진압이 계속되고 있는 가운데 발표된 야나기 무네요시의 〈조선인을 생각하다〉라는 글은 그가 바라던 대로 재일조선인들에게 커다란 반향을 불러 일으켰다.

특히 조선인 유학생들의 관심은 대단했다. 그의 집을 찾아가 이야기를 듣는 학생도 적지 않았다. '폐허' 동인으로 자연과 생명을 예찬한 낭만시인 남궁벽(南宮璧)도 그 가운데 한 사람이었다. 그는 1920년 7월 변영로(卞榮魯)·오상순(吳相淳)·염상섭(廉想涉)·김억(金億)·민태원(閔泰瑗)·황석우(黃錫禹)·이병도(李丙燾)·나혜석(羅蕙錫)·이익상(李益相) 등과 함께 문학 동호회를 조직해 문학잡지 《폐

허》를 창간했으며, 그보다 훨씬 앞서 13세 때인 1907년 《대한자강회
월보(大韓自强會月報)》 1월호에 지도층의 각성과 청소년 교육의 중요
성을 촉구하는 〈애국설〉을 발표해 주목받았던 인물이기도 하다.

남궁벽이 처음 야나기 집 대문을 두드린 것은 〈조선인을 생각하다〉
가 《요미우리신문》에 실리고 얼마 안 된 1919년 5월 말께였다.[19] 야나
기는 그때 지바(千葉)현 아비코쵸(我孫子町) 텐진산(天神山)에서 살고
있었다. 아비코는 공기 맑고 경치가 좋아 부유층의 별장이 많기로
소문난 명소였다. 야나기 집도 원래는 그의 어머니 카쓰코(勝子)가
남편을 잃고 홀로된 누님 스에코와 함께 여생을 보낼 계획으로 사
둔 별장이었으나, 누님의 재혼으로 집이 비어 야나기 차지가 됐다.
그때 갓 결혼한 야나기는 1914년 9월 이곳에 신혼살림을 차렸다.
도쿄에 살던 야나기가 이곳으로 이주한 것은 곧 '시라카바(白樺)'
문예동인들의 마음을 움직였다. 시가 나오야(志賀直哉) · 무샤노코지
사네아쓰(武者小路實篤) · 버나드 리치 등이 다음해부터 차례로 이곳
으로 옮겨와 아비코는 갑자기 '예술인촌'이 됐다. 이들과 함께
1910년 동인잡지 《시라카바》를 창간한 야나기는 남궁벽이 찾아갔
을 때 이미 《과학과 인생》(1911), 《윌리엄 블레이크》(1914), 《종교와
그 진리》(1919) 등을 잇따라 출간해 문장가로 명성을 얻고 있었다.

그러나 남궁벽이 왜 무슨 마음으로 야나기를 직접 찾아갔는지에
대해서는 기록이 없어 구체적으로는 알 수 없다. 다만 남궁벽이
1921년 1월 《폐허》 동인지 통권 2호에 남긴 〈폐허잡기〉에서 간접
적으로나마 사연을 추리해 볼 수 있다. 남궁벽은 이 글에서 "저 유
명한 일본 '시라카바파(白樺派)' 동인이 문단에 새로운 이념을 깃발

19) 나카미 마리는 1920년 2월 2일 방문했다고 주장.

로 내걸고 나온 지 10여 년. 그들이 받은 냉대와 조소에 대해 알고 있는 사람은 그리 많지 않다. 하지만 그들의 부단한 열성과 노력이 열매를 맺어, 오늘날에는 누구도 일본 문단에서 '시라카바파'의 공적과 존재를 무시할 수 없게 됐다"고 평하고 있다.

이처럼 남궁벽은 야나기를 만나기 전부터 《시라카바》를 애독하며 그 동인들의 활동을 높이 사고 있었음을 알 수 있다. 특히 야나기가 추구하던 '심미·예술 지상주의'는 조국을 잃은 남궁벽에게 정치적 강박감에서 벗어나 종교나 예술 쪽으로 관심을 돌릴 수 있는 퇴로를 열어준 셈이었다. 그런 '시라카바' 동인의 한 사람인 야나기가 총칼이 난무하는 비상시에 완곡하게나마 조선총독부의 무단통치를 비판하고 나섰으니, 식민지 조선 청년들이 호감을 갖게 된 것은 어찌 보면 자연스러운 일이었을는지도 모른다. 이들이 만나 서로 나눈 관심사는 야나기가 서울로 출발하기 전인 1920년 4월, '시라카바' 동인들에게 보낸 〈음악회취지서〉에서 어느 정도는 감지할 수 있다. 야나기 부부 연명으로 쓴 〈음악회취지서〉를 우리말로 옮겨보면 다음과 같다.

우리들은 지금 조선의 일에 마음이 끌리고 있다. 그곳에서 고통을 받고 있는 사람들의 심정이나 운명을 생각할 때마다 서글픈 감정에 사로잡힌다. 원래부터 인종적으로나 지리적으로 가까운 혈연 사이인 일본과 조선은 좀더 진정한 벗이 되어야 한다. 지금은 본의 아니게 둘 사이가 서로를 미워하며 거부하고 있다. 정치력이 두 나라를 결합시키는 데 어느 정도 성공할지는 잘 모른다. 하지만 이 세상에 진정한 평화와 우정을 마음속으로부터 우러나오게 할 수 있는 길은 오로지 종교와 예술이라 믿고 있다. 어떻게 해서든 이런 길을 통해 서로 사랑을 일깨웠으면 한다.

우리는 조선 사람들이 예술적 감성에 우수함을 역사를 통해 잘 알고 있다. 우리 부부는 조선 사람들에 대한 거듭된 신뢰와 정애의 표시로 곧 조선으로 건너가 음악회를 열어 그들에게 바칠 계획이다. 또 일선인(日鮮人) 협력으로 문예나 학예 잡지를 운영하고 싶은 뜻도 갖고 있다. 이런 일은 두 쪽의 마음이 서로 평화로 나아가는 의미 깊은 최초의 한걸음이라고 믿고 있다.

우리 부부는 이 계획을 실행하기 위한 자금을 모으고자 처음으로 국내 각지에서 음악회를 열고 오시는 분들의 성금을 받으려 한다. 많은 분들이 언제나 정애의 편임을 믿고 있다. 우리는 일본이 조선에 대해 정(情)의 일본이기를 바라고 있다. 정애를 통해 한 나라로 굳게 맺어지면 그것은 곧 미래 동양문화의 새 틀을 만드는 아름답고 커다란 동인이 되리라 확신한다.

이 글에서 조선인 협력자는 '폐허' 동인을 뜻한다. 따라서 남궁벽과 야나기는 문예·학술 잡지를 공동으로 출판하는 문제까지 논의했음을 확인할 수 있다. 물론 야나기의 계획은 완전하게 실행되지는 못했다. 그렇지만 '폐허' 동인들은 1920년 5월 4일부터 서울에서 열리기 시작한 야나기 부부의 음악회와 강연회 활동을 적극 밀어줌으로써, 결과적으로 야나기의 '조선인 교화' 활동을 돕는 후원자가 된 셈이었다.

여기서 한 가지 짚고 넘어가야 할 일은 야나기가 일본 경찰의 미행을 당했다고 주장한 점이다. 야나기의 아내 가네코는 미즈오 히로시와 인터뷰를 하면서 이런 사실을 털어놓았는데, 마치 남편이 쓴 글의 내용이 문제가 되어 경찰에게 미행당한 듯한 뉘앙스를 풍기고 있다. 일본의 일부 학자들은 이 점을 강조하며, 야나기가 조선의 독립운동을 도운 인물이라고 미화하고 있다. 그러나 이는 지나친 비약이다. 경찰이 야나기를 미행한 것은, 글이 문제가 된 것이 아니라 그가 조선인 유학생들과 접촉했기 때문이었다. 당시 조선인 유학생들은 일본 경찰의 감시 대상 1호였다. 그런 거동 수상자들이 야나기 집을 드나들었으니 경찰의 감시망이 쳐진 것은 너무도 당연한 일이 아니겠는가.

야나기 무네요시는 그의 글에서도 밝혔듯이, 3·1운동 이후 분노로 가득한 조선 민심을 수습하는 데 온힘을 다했다. 《시라카바》의 편집인이면서 미술평론가로, 그리고 종교철학자로 왕성한 활동을 벌이던 야나기가, 본업을 뒤로하고 우리 민족의 마음을 애써 달래려 한 까닭은 무엇이었을까. 과연 우리 민족의 뛰어난 예술성을 사랑하는 순수한 마음에서 우러나온 것일까. 그의 마음속으로 한 발자국 더 들어가 보기로 하자.

조선인 교화 구상의 실상과 허상

야나기는 조선인의 응어리를 풀고 대일(對日) 적대 감정을 순화하는 방안으로 세 가지를 생각해 냈다. 첫째는, 민중의 울분을 가라앉히는 데 도움이 되는 '음악회' 였다. 둘째로는, 정치적 관심을 예술과 종교로 이끌기 위한 '강연회' 개최를 꼽을 수 있다. 마지막 한 가지는 '조선민족미술관' 을 설립해 조선의 우수한 예술품을 전시하는 일이었다. 이는 사회적 관심을 예술에 잡아두고 민족 자존심을 충족시킬 '한풀이 마당' 을 마련해, 결과적으로 민족저항 의식을 희석해 보자는 의도에서 나온 묘안이라고 해석할 수 있다.

야나기의 이런 구상은 그의 아내 가네코가 서양음악을 전공한

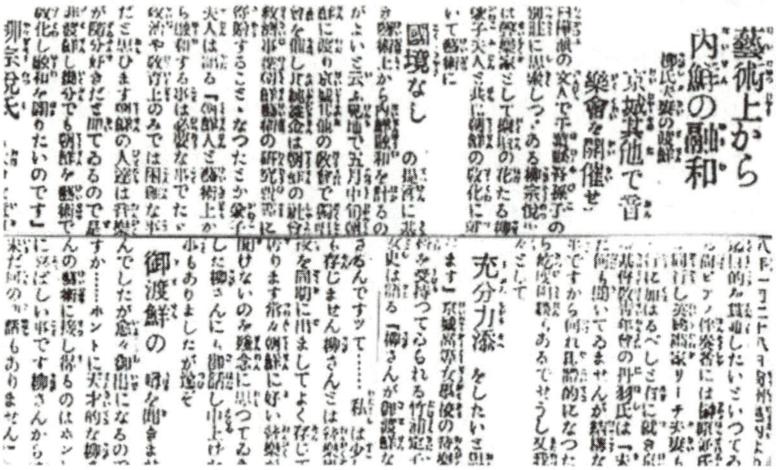

야나기 무네요시의 '조선인 교화' 사실을 최초로 보도한 1920년 2월 3일자 《경성일보》 5면.

성악가인데다 야나기 자신 역시 종교와 예술을 넘나드는 심리학자라는 장점이 크게 작용했을 것으로 보인다. 야나기 스스로도 마음의 상처를 달래줄 수 있는 정신치료사로는 자신들만한 적임자가 없다고 판단했으리라 생각된다. '조선민족미술관' 설립도 조선총독부 농공상부 산림과 임업시험장 고용원으로 서울에 살며 조선예술을 연구하는 아사카와 다쿠미(淺川巧, 1891~1931)의 도움을 받을 수 있어 그리 어려운 문제가 아니었다.

야나기 무네요시의 이 같은 '조선인 교화' 구상은, 조선총독부 기관지 《경성일보》가 다른 신문에 앞서 1920년 2월 3일자에 〈예술로 내선(內鮮)융화, 야나기 씨 부부 도선(渡鮮), 경성 등지에서 음악회를 열다〉는 제목으로 보도함으로써, 실체가 드러나게 됐다. 《경성일보》는 " '시라카바파' 문인으로 아비코 별장에서 사색하고 있는 야나기 무네요시 씨는 성악가로 음악계의 꽃인 야나기 가네코 부인과 함께 예술에 국경 없다는 제언에 따라 예술로 조선을 교화하기 위해 5월 중순 조선에 건너와 경성 등지 교회에서 독창회를 가질 예정이다. 독창회 수익금은 조선 사회 구제사업과 조선예술 연구비 등으로 내놓는다고 한다. 가네코 부인은 '조선인 교화는 정치와 교육만으로는 어려우므로 예술로 융화하는 것이 필요하다고 생각합니다. 조선 사람들은 음악을 아주 좋아한다고 듣고 있습니다. 꼭 조선에 건너가 음악으로 교화해 두 민족의 융화를 다소나마 돕고자 합니다' 라고 각오를 털어놓았다. 야나기씨도 큰 의미를 부여하며 늦어도 5월 중에는 조선으로 건너가 반드시 목적을 관철하고 싶다고 밝혔다. 야나기 부부의 이번 여행에는 피아노 반주자와 영국 화가 버나드 리치도 동행하게 된다"고 보도했다.

그러나 야나기는 '교화' 라는 말이 싫었던 모양이다. 그는 즉각 《경성일보》측에 정정보도 서한을 보냈다. 《경성일보》는 2월 28일자에 야나기 부부의 조선여행 확정사실을 보도하면서 "야나기 씨는 '우리가 마치 조선 교화를 위해 도선(渡鮮)하는 것처럼 신문은 보도하고 있으나 그건 전혀 오해입니다. 나는 교화하려는 생각이 싫습니다. 이번의 음악회는 조선인에 대한 나의 정애와 경념(敬念)의 표현이자 조선인에게 바치는 선물이지 교화는 아닙니다' 라고 이번 여행이 교화목적이 아님을 강조했다"고 해명했다. 그렇지만 야나기의 본심은 시간이 흐르면서 하나씩 드러난다.

남궁벽은 이와 때를 맞추어 그 해 이른 봄 '폐허' 동인 염상섭을 야나기에게 소개했다. 3·1 운동 때 오사카 텐노지 (天王寺) 공원에서 시위

확정된 야나기 무네요시의 조선 활동 일정을 보도하면서, 이번 활동이 '교화' 가 아니라는 사실을 해명한 1920년 2월 28일자 《경성일보》 기사.

를 하려다 붙잡혔다가 간신히 풀려난 염상섭은 창간(1920년 4월 1
일)을 앞둔 《동아일보》 기자로 내정되어 귀국을 앞두고 있던 참이
었다. 남궁벽의 소개로 도쿄에서 공부하던 '폐허' 동인들을 모두 알
게 된 야나기는 4월 초 변영로, 오상순 등과 함께 남궁벽의 도쿄 하
숙집을 방문, 관심사를 이야기하는 등 '폐허' 동인들과 자주 만나
서울에서 열 음악회와 강연회 계획을 빈틈없이 짜나갔다.

　이렇듯 '조선인 교화' 계획을 구상한 야나기는 '폐허' 동인들과
접촉하면서 "일본과 조선 사이에는 여전히 불행한 사태가 계속되
고 있다"며 "지식인들에게는 이런 부자연스러운 관계를 행복하고
자연스러운 상태로 되돌려 놓을 의무가 있다"고 강조하곤 했다. 그
런 발언이 정말 순수한 마음에서 우러나왔다고 믿는다면, 조선의
민심 수습을 자임(自任)하고 나선 야나기의 처신을 이해할 수 없는
것은 아니지만, 정국(政局)은 그리 간단치 않아 그의 교화 활동은 총
독부가 병(病) 준 데에 약을 처방하는 꼴이었다.

한일합방 논리 '일선동조론(日鮮同祖論)'을 옹호하고

　일제 정부는 1919년 8월 12일 3·1독립만세운동의 책임을 물어
하세가와 요시미치(長谷川好道) 총독과 야마가타 이사부로(山縣伊三
郎) 정무총감을 해임하고 사이토 마코토(齋藤實)를 신임 총독으로,
미즈노 렌타로(水野鍊太郎)를 정무총감으로 각각 발령했다.

　사이토는 당시 정권을 잡고 있던 하라 다카시 수상과 같은 이와
테(岩手)현 출신이었다. 두 번이나 조선총독을 지낸 사이토는 그때
예비역 해군대장이었으나 현역으로 복직되는 영예도 안았다. 1880
년 해군병학교를 졸업하고 소위로 임관된 그는 1884년부터 주미

일본 공사관 무관으로 4년 동안 워싱턴에서 근무했으며, 귀국 후 해군성 군무국장, 함정본부장, 교육본부장, 해군성 차관 등을 거쳐 1905년 제1차 사이온지(西園寺) 내각의 해군대신으로 발탁됐다. 그 뒤 9년 동안 5대 내각에 걸쳐 해군대신을 지냈으나 1914년 해군 수뢰사건에 연루되어 군복을 벗었다.

3·1운동 후 '문화정치'로 민심을 수습하려 했던 사이토 마코토 3대, 5대 조선 총독.

미즈노는 데라우치 내각에서 내무대신을 지낸 인물이다. 1919년 9월 2일 사이토 총독과 함께 부임하면서 이날 오후 5시 남대문역에서 애국지사 강우규(姜宇奎, 1855~1920)로부터 폭탄 세례를 받은 데 앙심을 품은 그는 1923년 관동 대지진이 일어나자 조선인이 일본인에게 복수하기 위해 폭동을 일으켰다는 헛소문을 퍼뜨려 많은 조선인을 죽음에 이르게 한 장본인이다. 1945년 일본 패전 후 전범(戰犯)으로 지목되기도 했다.

사이토는 부임하자마자 '문화정치'를 표방하고 민심수습에 나서는 척했다. 우선 1920년 3월 5일 예종석의 태정친목회에 《조선일보》를, 같은 해 4월 1일 박영효에게 《동아일보》를, 민원식의 국민협회에 《시사신문》을 발행하도록 각각 허가해 주었다. 비록 총독부의 사전 검열을 받아야 하는 조건부였지만, 출판·집회·결사의 자유가 허용된 점은 만세운동에서 거둔 성과로, 무단통치 아래서는 생각할 수 없는 일이었다.

교단에서 각급 학교 교사들이 차던 칼을 치우게 하고 보통학교 수업 연한도 일본과 같이 4년에서 6년으로 늘렸다. 총독부에 종교과를 신설해 종교행정과 조사업무를 담당케 하고 선교사와 항상 연락하게 했다. 교회당, 설교소, 강의소 설립을 허가제에서 신고제로 바꾸고 기독교계 사립학교의 성서 강의를 허용해 선교사들의 환심을 사기도 했다.

그러나 이런 유화 조치는 겉으로만 그럴 듯하게 포장한 말 그대로 생색에 지나지 않았다. 사이토의 '문화정치' 역시 최대 목표는 일선(日鮮)동화에 있었다. 조선 민족 고유문화인 전통 풍습과 이름, 가족제도, 나중에는 말마저 말살하려 들었다. 독립운동을 막기 위한 병력도 '헌병경찰' 이란 이름만 지웠을 뿐 숫자는 종전보다 훨씬 더 늘어났다.

일제가 패망 전까지도 미련을 버리지 못한 일선동화정책은 조선(사람)은 일본(사람)보다 열등하다는 멸시사상에 근거를 두고 있었다. 이를 이론화한 일등 공신은 《조선사(朝鮮史)》를 쓴 아오야기 쓰나다로(靑柳綱太郎, 1877~1932)와 《조선문화사론(朝鮮文化史論)》을 펴낸 호소이 하지메(細井肇) 등 어용 조선사 학자들이었다.

아오야기는 "조선 민족이란 대륙의 생존경쟁에서 패배한 결과 쫓기고 쫓겨 마침내 조선반도에까지 내려온 열등민족이다. 이런 열등민족은 우수한 야마토(大和)민족에게 통치를 받아 마땅하다"고 결론짓고 있었다. 《조선독립소요(騷擾)사론》(1921) · 《조선통치론》(1923) · 《조선문화사》(1924) 등의 책을 내기도 한 그는 3 · 1운동 때 미국 선교사들에게 "종교가는 시위를 선동해서는 안 된다. 하루빨리 종교가의 본분으로 돌아가라" 고 협박해 비웃음을 사기도 했다.

또 호소이는 "반도에 관한 역사서를 펼쳐보면, 지금의 상황을 수긍하지 않을 수 없다. 반도의 정치는 창부의 심술에 가깝고, 반도의 문학은 모방에 지나지 않는다. 독창적인 발명도 없고, 신앙도 오로지 미신일 뿐이다. 위정자가 권력과 허영, 음모, 수다스러움을 좋아해 외척이 발호하고 유림의 재앙이 계속되었다. 백성은 늘 호랑이보다 무서운 가혹한 정치에 억눌렸으며, 왕족도 관료도 양반도 상민도 모두 생명을 보장받거나 재산을 보호받지 못했다. 이와 같은 나쁜 전통이 분노와 고통을 드러내지 않고 비굴하게 참는 민족성을 만들었다. 겁에 질린 교활한 동물이 겨우 목숨을 이어가는 듯한 운명은 오늘날에도 계속되고 있다"고 주장했다.

야나기는 또 그가 다니던 가쿠슈인 고등과에서 동양사를 가르치던 시라토리 구라키치(白鳥庫吉, 1865~1942)에게도 큰 영향을 받았다. 이들 어용학자들의 논리는 곧 당시 일본인의 전형적인 조선관(朝鮮観)이었다.

야나기의 조선에 대한 인식 역시 이와 크게 다르지 않았다. 그가 〈조선인을 생각하다〉를 쓰기 전 읽었다고 밝힌 두세 권의 조선사는 바로 이들이 쓴 책이었다. 야나기는 "일본인과 조선인은 역사적으로도, 지리적으로도, 인종적으로도, 언어적으로도 진정 육친의 형제라고 생각한다"며 일선동조론(同祖論)을 옹호했다. 이는 음악회 개최 취지서에도 잘 드러나 있다.

앞에서 설명했듯이 일선동조론은 '일본인과 조선인은 원래 조상이 같은 뿌리이며, 동일한 민족끼리 나라를 통합하는 것은 지극히 당연한 일이므로 일한병합과 동화정책도 정당하다'는 이론으로 둔갑한 이데올로기의 모태였다. 야나기가 "일본의 형제인 조선은 일본의 노예여서는 안 된다. 이는 조선에게 명예롭지 못한 일이라기보다는 일본에게 치욕이다"고 한 발언도 여기에 바탕을 두고 있다. 야나기는 '한일합방'에 대해서도 "그때 조선 민족에게 약간의 자각만 있었다면 중국이나 러시아 또는 일본에게 기회를 주는 일이 없었을 것이다. 따라서 그 결과에 대해 조선도 반은 책임을 져야 한다"고 말하며 정치적으로 '병합'이 어쩔 수 없는 방법이었음을 시인하고 있다.

첫 교화활동의 대성공

'조선인 교화' 계획을 반년가량 준비해 온 야나기는 만세운동 여진(餘震)이 계속되던 1920년 5월 2일 마침내 어머니 카쓰코, 아내 가네코, 도예가 버나드 리치 등과 함께 부산 땅을 밟았다. 그리고 다음날인 3일 아침 서울에 도착했다. 역에는 일본에서 공부하던 화가 나혜석(羅蕙錫)과 허영숙(許英肅) 등이 마중 나왔다. 그날 밤에는 '폐허' 동인의 환영회가 열렸다. '폐허' 동인들은 고풍스러운 음악과 맛있는 음식으로 야나기 일행을 극진히 대접했다.

가네코는 10여 일 동안 서울에 머물면서 모두 7차례 무대에 섰다. 청중도 매회 200~300명을 넘었다. 그 가운데는 당시 조선무용의 대가(大家)로 인정받은 최승희(崔承喜)도 들어 있었다. 음악회는 《동아일보》, 경성기독교청년회, 악우회(樂友會), 《폐허》 동인 등 각 단체가 주관했다. 야나기는 20여 일 동안 머무르며 〈종교와 예술에 의거하라〉, 〈조선에 온 감상〉 등을 주제로 네 차례 강연했다. '폐허' 동인 민태원은 《폐허》 통권 2호에 〈음악회〉란 제목으로 야나기 부부의 조선 내 활동을 소설화하기도 했다.

이처럼 야나기의 첫 번째 교화활동은 그야말로 대성공이었다. 이에 힘을 얻은 야나기는 '조선민족미술관' 설립에도 박차를 가했다. 야나기는 1920년 11월 말께 아비코 집을 방문한 아사카와 다쿠미와 머리를 맞댔다. 이론에는 밝았지만 현지 사정을 모르는 야나기로서는 조선에서 살며 도자기를 연구하던 아사카와의 도움이 절대적으로 필요했다. 야나기가 한참 뒤[20]에 밝힌 "나는 이 일을 함으로써 싸움터인 경성에 새로운 평화의 집 하나를 세울 수 있다고 믿는다"는 다짐에는 미술관 설립을 위한 그의 열정이 담겨 있었다. 아사카와와 뜻을 모은 야나기는 자신의 이름으로 《시라카바》 1921년 1월호에 〈조선민족미술관 설립에 관하여〉라는 다음과 같은 글을 발표하기에 이른다.

　　독자들 가운데 우리 집을 찾아온 적이 있는 사람은 방안 여기저기서 조선 예술품을 보았을 것이다. 나는 최근 5년 동안 날마다 그들과 함께 살았다. 더러 일에 지쳤을 때는 그 아름다움과 우수함에 마음을 달랠 수 있었다. 내가 방에 들어서면 그들도 은근히 나를 반긴다. 우리는 밤에도, 이른 새벽에도 친근한 벗이 되고 있다. 저 말없는 기물과 천에 마음이 없다고 누가 감히 말할 수 있겠는가. 거기에는 민족의 맥박과 따뜻한 피가 지금도 여전히 흐르고 있다. 특히 정을 담은 친숙한 작품들은 보는 이의 마음을 기쁘게 한다. 나는 언제나 조용한 그들과 격의 없이 이야기를 나눈다. 흐르는 듯한 선과 쓸쓸한 자태에서 그들을 낳게 한 자연과 인정을 읽을 수 있다. 언제나 그들은 내게 아름다움을 선사하고 대신 나는 마음을 준다. 내 마음이 그 모습에 강하게 끌릴 때 작품들을 통해 이를 만든 민족이 무엇을 요구하고 호소하는가를 들을 수 있다. 가끔 눈물을 흘리며 엉겁결에 그들을 내 손으로 감싸 들어 올린다.

　　어느 나라의 인정을 이해하려면 그 나라 예술을 찾는 것이 가장 좋다고 늘 생각한다. 일본과 조선의 관계가 순조롭지 않은 오늘날, 이 점을 더욱 의식하지 않을 수 없다. 생각에 빠져 있는 아름다운 미륵상과 쓸쓸한 선으로 흐르고 있는 고려자기를 감상한 자가 어떻게 조선

---

20) 《시라카바》 1921년 9월호.

민족을 냉대할 수 있겠는가. 조선예술을 좀더 깊이 이해하게 되면 일본은 따뜻한 조선의 벗이 될 수 있을 것이다. 예술은 언제나 국경을 넘고 마음의 차별을 뛰어넘는다. 나는 내가 갖고 있는 작품들을 모든 사람들에게 돌려주고 싶다. 아름다움에 마음을 빼앗길 때 어디서 싸울 생각이 나겠는가. 나는 지금 조선의 예술과 사람들이 좀더 가까워질 수 있도록 해야 한다는 의무감을 느끼고 있다. 일본의 감정이 예술에 대해서는 특히 예민하다는 사실을 잘 알고 있다. 조선 민족의 우수한 작품이 우리의 마음과 깊이 교류하는 날이 머지않았음을 조금도 의심치 않는다. 그리하여 그들을 만든 민족이 우리 마음의 벗이 되리라는 것도 확신한다. 나는 그런 희망과 신념을 실현하기 위해 '조선민족미술관' 설립을 마침내 계획했다.

우선 조선의 풍치가 스며 있는 민족예술(folk art) 작품을 모으려 한다. 어떻게 해서든 이 미술관을 통해 사람들에게 조선의 미를 전하고 싶다. 그리고 거기에 나타난 민족의 인정을 똑똑히 확인시키고 싶다. 뿐만이 아니라 사라지려는 민족예술을 영구히 보존하고 부활하게 하는 계기를 마련하고 싶다. 수가 적은 조선 예술품은 아마 10년 뒤에는 뿔뿔이 흩어지는 슬픔을 맛볼지도 모른다. 조선 사람들은 지금 눈앞에 벌어지는 일 때문에 자신을 돌볼 여유가 없다. 그러나 지금처럼 내버려두면 언젠가는 그 작품들에 대한 슬픈 추억을 더듬을 것임이 분명하다. 그런 불행한 사태를 미리 막기 위해서도 이 계획을 꼭 실천에 옮길 생각이다. 일을 서두르지 않으면 기회를 잃고 마침내 민족 고유의 아름다움마저 역사 속에 묻혀버릴 수 있다.

여러 생각 끝에 미술관을 도쿄가 아닌 경성에 세우려 한다. 예술품은 그것을 낳은 민족이나 자연과 밀접한 장소에 보존하지 않으면 안 된다. 그 땅에서 생겨나고 만들어진 것은 그 땅으로 돌려주는 것이 마땅하다. 수집과 보관의 편의를 위해서라도 경성은 선택된 땅이라 생각된다. 북한산은 수도를 지키며 예술을 영원히 간직하고 싶어 할 것이다.

작품 수집에만 목적을 두지는 않는다. 연구 자료로 이용하는 일도 잊지 않고 있다. 앞으로 그 미술관에서 조선민족미술사를 편찬하게 되기를 바란다. 또 미술관 이름으로 엄선된 사진 작품집이 발간되기를 기대한다. 이들 자료와 연구가 미래의 제작 열을 불러일으키는 원동력이 되도록 주의를 기울이지 않으면 안 된다고 생각한다. 구미 물질문명의 이입(移入)으로 동양의 귀중한 수공예(handicraft)는 점차 사라져가는 비운을 맞고 있다. 이 미술관이 과거 아름다운 기억을 사람들에게 선물하고 새 작품 창작의 산실이 되기를 기대한다.

그리고 냉랭한 느낌으로 가득한 진열장으로 만들어서도 안 된다. 방의 배치와 조명도 조선의 미를 손상하지 않도록 충분히 고려했으면 한다. 사람들이 마지못해 보러 가는 곳이 아니라 친숙해지기 위해 가는 장소로 만들고 싶다. 따라서 일본 사람과 조선 사람이 친숙하게 만나고 거리낌 없이 회합하는 장소로도 이용할 수 있게 할 것이다. 지금까지 우리는 그런 만남의 장소를 거의 갖지 못했다. 그러나 예술의 영역으로 들어가면 서로는 틀림없이 좋은 마음의 벗이 될 터이다. 이 미술관이 이런 친밀한 교류의 좋은 장소가 되기를 희망한다. 조선을 방문하는 사람들은 잊지 말고 이 미술관을 찾아야 한다.

나는 이 계획으로 조선에 대한 존경심과 정애를 거듭 피력하고자 한다. 하지만 이는 결코 나 개인만의 일은 아니다. 시대가 요구하는 자연스러운 일이라 생각한다. 경성에 있는 친구가 의지를 보여 결심을 굳힐 수 있었다. 조선에 대한 깊은 동정과 조선예술에 대한 깊은 이해를 가진 그들이 이 일을 성사시키는 데 많은 힘을 주었음을 여기에 밝혀둔다.

이 일을 반드시 실행에 옮기기 위해 일반인들의 이해와 도움을 얻고 싶다. 나를 믿고 또 내가 아끼는 친구들을 믿는 분들로부터 얼마간의 성금을 받을 수 있다면 진심으로 고맙겠다. 방법에는 특별한 규정이 없고 또 정한 금액도 없다. 여유 있는 한도에서 가능한 한 많이 기탁해 주기 바란다. 한 번이 아니라 여러 번 나누어 보내도 상관없다. 나와 나의 벗에게 기쁜 소식이 오기를 마음으로 기다린다. 보낼 곳은 '지바현 아비코 읍'이나 '조선 경성 서대문구 아현'에 '아사카와 다쿠미 앞'으로 하면 된다.

이 글에서 확인할 수 있듯이, 야나기는 '예술품은 그 민족이 낳은 밀접한 장소에 보존해야 된다'며 조선민족미술관을 경성에 세울 것을 다짐하고 있다. 그러나 이는 프랑스 나폴레옹의 선례를 본뜬 '오리엔탈리즘'적 발상이라고 설명할 수 있다.[21] 1789년부터 1801년까지 이집트 원정에 나선 나폴레옹은 1798년 7월 22일 카이로를 함락한 뒤 그곳에 '이집트협회(Institut d'Égypte)[22]'를 설립했다. 이 협회는 이집트를 종합적으로 연구하기 위한 학술기관이었다.

지인들 성금으로 미술관은 열었으나

호소문이 발표되자 성금이 밀려들었다. 시가 나오야 등 '시라카바' 동인들은 물론, 도쿄에서 독립운동을 하던 백남훈·김준연·백관수 등도 성금을 보내왔다. 야나기 가네코는 1921년 5월 조선에서 연 음악회 수입 3,300엔을 내놓았다고 한다. 야나기 자신도 199엔을 보냈다. 1922년 10월 22일까지 성금은 모두 9,480엔에 이르렀다.

---

21) 야나기의 오리엔탈리즘적 성향에 관해서는 이 책의 3장에서 본격적으로 다룬다.
22) 이집트를 종합적으로 연구하기 위해 프랑스가 1798년에 카이로에 세운 연구기관. 나폴레옹은 화학자·역사학자·생물학자·고고학자·외과의사·고미술 수집가 등 각 분야의 전문가를 원정군에 포함시켜 이집트를 샅샅이 연구하도록 했다. 이들 학자들은 1809년부터 1828년까지 현지조사 등을 통한 연구결과를 23권의 《이집트지(Description de l'Égypte)》로 묶어냈다.

1921년부터 야나기는 미술관 설립 관계로 서울을 자주 오갔다. 그해 1월 11일 서울에 다시 온 야나기는 사이토 총독을 만나 미술관으로 사용할 건물을 구해 달라고 요청했다. 미술관 설립이 민심 수습에 큰 도움이 되리라 판단한 사이토는 경복궁 신무문(神武門) 밖에 있던 관풍루(觀豊樓)를 무료로 빌려 주겠다고 선선히 약속했다. 사이토 총독은 앞에서 설명한 것처럼 해군 소장을 지낸 아버지 나라요시의 후배로 전부터 잘 아는 사이였다. 게다가 그때 내무국장으로 근무하던 야나기의 매제 이마무라는 사이토의 같은 고향 후배였다. 그래서 이마무라도 적극 거들었다.

사이토 총독으로부터 조선민족미술관 장소를 확약 받은 야나기는 일본으로 돌아가 도쿄로 이사한 뒤 5월 말 다시 서울을 찾았다. 이번에도 아내 가네코가 피아노 반주자 마에다 미네코(前田美根子)를 데리고 함께 왔다. 마에다는 그때 17세로 공연도, 조선 여행도 처음이었다. 가네코는 서울에서만이 아니라 개성과 평양, 진남포 등지를 돌며 8회에 걸쳐 독창회를 열었다. 야나기도 함께 다니며 여덟 번이나 강연을 했다. 야나기는 바쁜 가운데도 틈을 내 아사카와 다쿠미, 아카바네 오로(赤羽王郎) 등과 미술관에 진열할 작품을 찾아 7월 15일까지 서울 거리를 돌아다녔다. 그 결과 300여 점을 모을 수 있었다.

7월 하순 도쿄로 돌아간 야나기는 8월 2일 누이동생 이마무라 지에코를 문병하기 위해 다시 서울을 방문했다. 그러나 지에코는 4일 그의 4살 난 아들과 함께 숨을 거두고 말았다. 야나기는 총독부가 빌려주기로 한 관풍루는 전시공간이 비좁을 것으로 생각되어 새 건물을 짓기로 하고, 6일 동생 장례를 치른 뒤 아사카와 다쿠미와 함께 남대문 부근에 많은 땅을 갖고 있던 후쿠나가 마사지로(福永政治

郎)를 만나러 부산으로 갔으나, 뜻을 이루지는 못하고 귀국했다. 야나기는 1922년 1월 1일 다시 서울을 찾았다. 미술관 설립 장소를 마무리 짓고 '조선민족미술관' 이름으로 '블레이크[23] 전시회'를 열기 위한 목적이었다. 전시회 개막에 앞서 1월 5일에는 아사카와와 관악산 가마터를 둘러봤다. 전시회는 14~15일 이틀 동안 열렸다. 야나기는 개

조선민족미술관으로 사용된 경복궁 집경당(緝敬堂) 내부 모습.

막식에서 〈블레이크의 회화〉를 주제로 강연했다. 16일에는 김만수, 오상순, 변영로, 염상섭 등과 남궁벽의 묘지를 참배하고 남궁벽의 아버지 남궁훈을 찾아 인사하기도 했다.

그해 9월 15일 서울에 일곱 번째로 온 야나기는 10월 5일부터 7일까지 황금정(黃金町; 지금의 을지로 4가) 조선귀족회관에서 '조선시대 도자기 전시회'를 열었다. 이 전시회에는 청화백자 진사 연꽃무늬 항아리와 청화백자 철사 포도 다람쥐무늬 항아리[鐵砂染付葡萄栗鼠紋壺] 등 400여 점이 전시돼 많은 관심을 끌었다. 1,200여 명의

---

23) 이 책 181쪽부터 시작되는 '블레이크에 빠지다' 참조.

관람객 가운데 3분의 2가 조선인이었다. 사이토 총독도 전시회를 관람하고 미술관 기금으로 150엔을 내놓았다. 야나기는 개막식에서 〈도자기 색의 조화〉를 주제로 특강을 했고, 조선총독부 회의실에서도 강연했다. 전시회가 열리기 전 아사카와, 아카바네, 지리학자 오다우치 미치토시(小田內通敏), 민속학자 곤 가즈지로(今和次郎) 등과 함께 경기도 광주 분원(分院)가마터를 답사하기도 했다.[24]

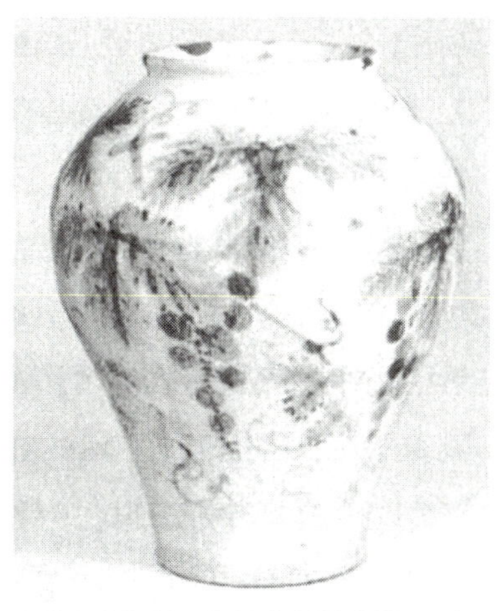

1922년 10월 5일부터 7일까지 서울 황금정 조선 귀족회관에서 열린 '조선시대 도자기 전시회'에서 눈길을 끌었던 철사염부포도다람쥐무늬항아리(鐵砂染付葡萄栗鼠紋壺).

'대화의 장'은 말뿐, 전시회도 형식에 그쳐

이런 노력 끝에 조선민족미술관은 조선총독부로부터 경복궁 안의 집경당(緝慶堂)을 전시실로 빌려 1924년 4월 9일에야 문을 열 수 있었다. 미술관 명칭은 민족이라는 말이 거슬리므로 빼라는 총독부 권유를 뿌리치고 야나기가 고집한 '조선민족미술관'으로 확정됐다. 그가 설립 계획을 발표한 지 3년 3개월 만이었다. 그러나 집경당은 원래 고종 황제가 외국 사신이나 신하들을 접견하던 곳으로 한적해 일반 사람들이 찾기에는 부적합했다. 전시공간도 비좁아 서쪽으로 이어져 있던 함화당(咸和堂)이 미술관 사무실로 쓰였다. 그래서

---

24) 아사카와 다쿠미, 《조선의 흙이 된 일본인》, 草風館.

첫 전시회도 그로부터 1년 뒤인 1925년 4월에 열렸다. 전시품은 야나기, 아사카와 등이 그동안 모은 모쿠지키(木喰) 불상[25], 도자기, 기와 조각 등이 전부였다.

조선민족미술관은 1년에 봄과 가을에 한 번씩만 문을 열었다. 평상시는 문을 잠가두고, 관람 희망자가 찾아오면 아사카와 다쿠미가 안내했다. 예술품 수집, 연구 활용, 조선민족미술사 편찬, 도록 발간, 조선인과 일본인의 대화 장소 제공 등 당초 내세웠던 거창한 설립 취지에 미치지 못했다. 아사카와 다쿠미가 1931년 4월 2일 급성 폐렴으로 세상을 떠난 뒤에는 그의 형 노리다카가 열쇠를 맡았다. 청소나 환기, 가끔 찾아오는 관람객에게 다과를 내놓는 일은 노리다카의 딸 마키에와 미에코, 그리고 다쿠미의 딸 소노에의 몫이었다. 조선공예회 회원들이 청소를 거들기도 했다. 조선민족미술관 소장품은 한국전쟁 뒤 국립민속박물관에 옮겨졌다가 국립중앙박물관에 흡수됐다고 기록은 전한다.

야나기의 의도야 어찌됐건 "총독부는 별다른 취미 없이 정치에 열을 올리는 조선인의 관심을 돌리기 위해 주기적으로 미술전시회를 열었다"는 당시 정무총감 미즈노의 고백에서도 알 수 있듯이, 조선민족미술관도 그런 테두리를 벗어나지 못했다. 야나기 부부는 1940년 10월 말까지 매년 한두 차례씩 조선을 찾아와 음악회와 강연회를 계속했다.

25) 주58 '모쿠지키' 참조(261쪽).

'유혈혁명은 안 된다'

검열 당한 '유혈혁명 불가론'

〈조선인을 생각하다〉는 글이 기대 이상으로 큰 반응을 일으킨 데 자극받은 야나기 무네요시는 '폐허' 동인들과 서울 방문을 추진하면서 조선 지식인들의 마음을 잡기 위한 또 한 편의 글을 발표했다. 편지 형식의 〈조선의 벗에게 드리는 글〉이 그것이다.

이 글은 그의 조선에 관한 네 번째 언급이자 '조선예술론'의 원전(原典)이기도 하다. 조선통치 방법으로 '정과 종교'를 강조하고 우리 역사와 예술을 왜곡한 〈조선인을 생각하다〉의 논리를 야나기 나름대로 진전시킨 이 글은 한마디로 '조선인은 피를 흘리는 혁명적 방법으로 독립운동을 해서는 안 된다'는 '유혈(流血)혁명 불가론'이라고 해도 지나친 말이 아니다.

우선 야나기가 전하고자 한 요점부터 들어보고 이야기를 계속하기로 하자.

……여기서 한 가지 반성할 일을 지적한다. 일본이 칼로 여러분의 피부를 조금이라도 상하게 하는 짓이 절대적 죄악이듯이 여러분들도 피를 흘리는 방법에 따라 혁명을 일으켜서는 안 된다. 서로 죽이다니 어디 말이나 될 소린가. 이는 천명을 거스르고 인륜에 위배되는 일임을 명확하게 알아둘 필요가 있다. 그것은 비단 참혹할 뿐만 아니라 가장 부자연스러운 행위이다. 그것은 결코 화합에 이르는 현명한 길은 될 수 없다. 살육이 어떻게 평화를 가져올 수 있겠는가. 우리는 항상 자연스러운 인정(人情)의 소리에만 귀를 기울이지 않으면 안 된다. 서로 사랑하고 싶다고 인정은 말하고 있지 않는가. 왜 우리는 인정대로 살 수가 없는 것일까. 자연에 거역하면서까지 싸우다니, 어떤 마음에서 그러는 걸까. 자연의 깊이를 꿰뚫고 있던 노자(老子)는 '부정(不淨)의 덕(德)'을 예리하게 설명했다.

나는 여러분들에게 다시 한 번 반성을 촉구한다. **무력 다툼이나 증오의 정치가 불순한 것이라면 조선도 또한 이러한 힘 위에 존재(存在, 국가를 뜻함)를 건설해서는 안 된다. 그것은 나라와 나라를 맺어주지 못한다. 사람과 사람을 가깝게 해 주지도 않는다.** 예로부터 이러한 방법을 통해 마음속으로부터 서로 사랑한 나라가 어디에 있는가. 정치나 군사력이 지배하는 평화는 억지로 강요된 평화이거나 이해(利害)관계에서 일시적으로 유지되는 평화에 지나지 않는다. 나는 진정으로 조선과 내 조국이 이런 관계로 끝나기를 바라지 않는다. 여러분도 여러분의 무력이나 정치를 믿어서는 안 된다. 이런 힘은 어느 나라건 인간의 마음을 따뜻하게 해주지 못한다. 한 나라의 명예를 유구(悠久)히 영속(永續)시킬 수 있게 하는 것은 무력도 아니고 정치도 아니다. 오직 종교와 예술 그리고 철학뿐이다. 세상에서 믿을 수 있는 정치란 플라톤이나 공자가 설파(說破)한 그런 정치를 말한다. 불행하게도 현대는 이런 성현의 말을 사용하기를 두려워하고 있다. 하지만 우리는 이러한 위대한 옛사람들의 가르침이 우리를 속이지 않는다는 사실을 믿어야 한다. 여러분들은 이런 정신세계 위에 조선의 존재를 평안히 구축하기를 간절히 바란다.

여러분들은 지금의 정치가들에게 틀림없이 절망을 느낄 것이다. 그러나 인간 그 자체까지 절망해서는 안 된다. 참된 사랑이나 평화를 바라는 마음은 인간 안에 여전히 따뜻하게 스며 있다. 그것은 자연의 의지에 따라 반드시 되살아날 것이다. 아무리 세상이 춥더라도 풀은 언제나 차디 찬 땅속에서 싹틔울 준비를 하고 있지 않은가. 설령 무력으로 공격을 당하는 일이 있을지라도 인간 자체가 조선의 운명을 굳게 보호하리라 확신한다. 아니, 나는 언젠가 조선이 인정으로 가장 따뜻해질 나라들 가운데 하나가 되리라 절실히 느끼고 있다. 세상이 아무리 살벌해지더라도 인정은 지구상에서 사라지지 않을 것이다. 여러분들은 과거의 괴로운 역사로 말미암아 이제 어떤 인간도 믿을 수 없다고 말할 것인가. **나를 보고 또 거짓말하는 일본인인가 하며 거부할 것인가.** 그러기 전에 쓸쓸한 목소리로나마 다시 한 번 인간을 불러보기 바란다. 오오, 그때 나는 여러분에게로 달려가리라. 여기 여러분들의 손을 잡고 싶은 한 인간이 있다고 말하면서 나아가리라. 나는 성심(誠心)으로 이제까지의 일본인이 아닌 그 뭔가를 내 얼굴에 나타내기까지 여러분들 앞에서 물러나지 않겠다. 나는 여러분이 진정으로 인간을 그리워하는 분들임을 믿는다. 나에게 성심이 있다면, 우리는 틀림없이 가까워질 것이다. 만약 가까워질 수 없다면, 그것은 여러분의 죄가 아니라 나의 성심이 여전히 모자라기 때문이다. 나는 다시 한 번 나를 깨끗하게 가다듬고 새 출발하려다 ……

야나기는 이 글이 1920년 5월로 예정된 서울에서 첫 음악회와 강연회가 시작되기 전에 활자화하기를 바랐다. 그래서 그해 4월 10일 원고를 마무리하고 갓 출발한 《동아일보》와 월간 잡지 《가이조(改造)》에 넘겼다. 《동아일보》는 이를 우리말로 옮겨 4월 19, 20일

이틀 동안 2면에 〈朝鮮(조선) 벗에게 묻(정)하는 書(서)〉라는 제목으로 실었다. 그러나 일부 내용을 문제 삼아 두 번 만에 연재가 중단되고 말았다. 야나기 말에 따르면 "《동아일보》는 이를 모두 번역하여 계속 실을 계획이었으나 당국의 발표금지로 뜻을 이루지 못했다"고 한다. 그런 탓인지 《가이조》는 일본 경찰청 경보국(警保局)에서 검열이 늦어져 6월호에야 기사를 실을 수 있었다. 따라서 서울 강연회에 앞서 조선 지식인들에게 이 기사를 읽게 함으로써 독립 의지의 기를 꺾으려던 야나기의 당초 '교화' 전략은 예상을 빗나갔다.

시국에 대란 반성으로 반전(反轉)효과 기대

이 〈조선의 벗에게 드리는 글〉은 1, 2부로 이뤄져 있다. 내용을 요약하면 '독립만세운동을 무력으로 진압한 일본의 행동도 물론 나쁘지만, 조선의 유혈혁명 기도(企圖) 역시 천명과 인륜에 위배되는 행위이므로 그런 피를 흘리는 방법을 버리고, 뛰어난 전통예술에 더욱 정진해 국가의 위신을 되살려야 한다'는 논리이다.

야나기는 글의 전반 머리 부분에서 이 글을 쓰지 않을 수 없었던 심정을 호소하며 지배민족과 피지배민족으로 갈라져 있는 대립·항쟁의 현실을 개탄하고 있다. 이와 함께 일본의 잘못을 비판하고 일본인 가운데는 자기와 같은 선량한 인간도 많이 있다는 사실을 강조하며 상호 이해의 필요성을 외치고 있다. 그러나 당시 민주주의 사상의 미성숙과 언론통제 시국을 감안하더라도, 제국주의의 침략과 이에 항거하는 독립항쟁을 '양비론(兩非論)'으로 피지배민족의 정당한 독립운동을 부정함으로써, 글의 의도가 불순하다는 비난아나기 무네요시의 〈조선의 벗에게 드리는 글〉을 우리말로 옮겨 〈조선의 벗에게 정(呈)하는 서(書)〉라는 제목으로 실은 1920년 4월 19일자 《동아일보》 기사. 총독부의 지시로 연재가 2회 만에 중단됐다.

을 피할 수 없다.

《가이조》에 실린 기사는 2백자 원고지 70장가량으로 꽤 긴 편이다. 원래는 80여 장 분량이었으나 10장 정도가 검열 과정에서 삭제됐다. 잘러 나간 부분도 34곳이나 된다. 특히 《동아일보》가 4월 20일자에 실었던 두 번째 기사는 전체의 3분의 1가량을 싣지 못했다. 검열 당국이 《동아일보》를 읽고 시국안정에 도움이 되지 않으리라 판단해 이를 뺀 것으로 짐작된다.

《동아일보》에 보도되고도 《가이조》에는 실리지 못한 내용[26]은 승자의 패자에 대한 동정이자 자기반성이기도 하다. 앞과 뒤를 자

---

26) "조선은 지금 외롭고 쓸쓸하게 고통 받고 있다. 파문(巴紋. 태극기를 의미함)의 깃발은 높이 휘날리지 못하고 봄이 와도 배나무는 영원히 꽃망울을 맺지 못할 모양이다. 고유한 문화는 생겨난 고장에서 하루하루 멀리 사라져 간다. 뛰어난 수많은 문명 사적은 오직 과거의 고사(古史)로만 읽히고 있다. 거리에 오가는 사람들의 고개는 꺾이고 괴로움과 원한이 두 눈썹 사이에 그려져 있다. 이제는 말하는 소리조차 작아졌고 백성은 햇빛을 꺼려 어두운 그늘로 모이는 형국이다.

르고 이 부분만 읽는다면 야나기는 분명 조선의 편이라고 할 수 있다. 하지만 전체 맥락으로 보면 '유혈 혁명은 안 된다'는 결론을 끌어내기 위한 수사(修辭)에 지나지 않는다. 그는 이를 위해 전반부에서 자신의 심정을 장황하게 늘어놓으며 조선통치의 과오를 비판하고, 후반부에서는 조선예술의 우수성을 치켜세워 조선인의 관심을 예술로 돌리려 하고 있다.

통치 잘못에 대한 비판의 강도(强度)도 상당히 세다. 당시 정치지도층을 '부자연스러운 세력', '추한 세력', '정복자', '부자연스러운 힘' 등으로 표현하고 있다. 이는 '반전(反轉)' 효과로 글의 설득력을 높여 조선 지식인들에게 '유혈 독립운동은 안 된다'는 인식을 공감시키기 위한 고도의 책략이 아니었을까.

이러한 야나기의 숨은 뜻을 제대로 헤아리지 못한 검열당국은 이런 표현을 가차 없이 잘라냈다. 야나기는 1922년 9월 그동안 조선에 관해 썼던 글을 모아 《조선과 그 예술》이라는 책으로 내면서 검열에서 삭제된 부분을 처음 썼던 대로 되살려 놓았다.

조선독립엔 입 닫은 《가이조》가 야나기에 주목한 까닭은?

그렇다면 야나기는 왜 검열당국의 눈치까지 보아가며 이 글을

어떤 세력이 여러분을 이렇게 만들어버렸는가. 나는 여러분의 몸과 마음이 암담한 기분에 휩싸여 있는가를 살피지 않을 수가 없다. 여러분은 아마 피눈물을 흘리고 있을 것이다. 사람은 웬만한 고통은 참고 견딜 수 있다. 그러나 사랑과 자유가 없는 곳에서는 아무래도 살 수가 없는 것이다. 어찌 여러분들뿐이리오. 사랑과 자유를 찾아 고향까지 버리고 정처 없이 방황하는 사람이 얼마나 많은가. 모든 사람은 자유로운 공기를 원하고 따뜻한 인정을 그리워한다. 이런저런 생각으로 여러분에게 억누를 길 없는 동정을 느낀다."

《가이조》에 실으려 했을까. 이는, 앞에서도 설명했듯이, 조선 지식
인들을 무장독립투쟁으로부터 떼어 놓기 위한 '조선인 교화' 전략
의 일환이었다. 그때 시국상황은 독립만세운동에 대한 무력 탄압이
심해지자, 시위는 무기를 갖추고 대항하는 '무장독립항쟁' 양상으
로 치닫고 있었다. 국내에는 지하단체가 조직되고 만주와 시베리
아, 미국, 일본 등지에서도 비밀독립운동단체가 크게 늘어 일본 군
경과 충돌하는 일이 더욱 잦아졌다. 특히 1919년 9월 2일 남대문
역에서 새 총독으로 부임하던 사이토 일행에게 수류탄을 던져 34명
을 죽거나 다치게 한 강우규의 의거는 일본 사회를 뒤흔들어 놓았
다. 사이토 총독은 그때 수류탄 파편이 혁대에 맞아 화를 면했다고
한다. 사이토를 따라 함께 부임하던 미즈노 정무총감은 큰 부상을
당했다.

　일본의 신문들은 이 의거를 날마다 크게 보도하며 사설을 통해
사건 발생 배경과 의의 등을 심층 분석했다. 《도쿄니치니치》는 사
설 〈조선총독의 위화〉에서 "3월 이래 반일독립운동이 무력으로 탄
압되자 '방침을 일변, 암살단을 조직해 고관을 암살함으로써 목적
을 달성하려고 하는 전술 전환'이 그 배경이다"고 설명했다. 《오사
카아사히》는 〈경성의 흉변〉에서 "조선의 일이 좀처럼 쉽지 않으리
라는 점을 생각하며 불령(不逞) 도배의 무모한 행동이 조선을 더욱
위태롭게 할 우려가 있음을 안타깝게 생각해 마지않는다. '센징(鮮
人)'의 태도가 그와 같은 상태로 있다면 조선을 망치는 것은 결국
그들 자신이 될 것이다"고 경고했다. 《요로즈초호》는 〈신 총독에
투탄〉이란 사설에서 "조선인들이 한 일은 비겁한 수단으로 이로써
그들은 아직도 제도(濟度)하기 어려운 국민임을 보여준 것"이라며
"이런 종류의 사건을 일소할 수는 없을 것"이라고 장래의 조선통치

에 대한 우려를 표시하기도 했다. 《지지신보》는 〈경성의 폭탄소동〉
이란 사설에서 "일본 신문들이 보도하는 총독 비판 기사가 '센징의
심리에 끼치는 영향' 이 크므로 언동을 신중히 하여 될 수 있는 대
로 총독을 후원하는 것이 국가를 위한 득책(得策)" 이라며 언론계가
총독정치 비판을 신중히 하자고 제의했다. 《야마토신문(大和新聞)》
은 〈총독 조난〉을 통해 "어차피 비난당했던 헌병제도를 비밀리에
존속시키고, 증원군을 계속 주둔시키는 조치도 나쁘지 않다. 없애
기로 한 위병(衛兵)과 관리들이 차던 칼을 부활하는 것 또한 묘미가
있다. 정당 지원 아래 새 총독에게 공공연히 위압정치를 행하도록
해야 한다"고 탄압정책의 강행을 촉구하기도 했다.

　이상을 종합해 보면, 일본 신문들은 사건의 원인이 평화 시위운
동의 무력진압에 대한 조선민족의 참을 수 없는 반일감정의 폭발에
있다는 점을 애써 외면하고, '문화정치를 얕잡아보는 일부 불령(不
逞)분자의 난폭한 행동' 으로 규정하거나 민족성을 탓하는 데 그치
고 있다.

　《가이조》도 이들 일간신문과 조금도 다르지 않았다. 비뚤어진 조
선 역사관, 우리민족에 대한 멸시, 비하 등은 일간지보다 오히려 더
욱 심했다. 《가이조》는 독립만세운동이 한창이던 1919년 5월 첫선
을 보였다. 노동자계급과 민중을 독자층으로 겨냥하고 사회주의자
들의 글도 더러 실었지만, 조선통치 문제만은 신문보다 오히려 보수
우익 편향이었다. 창간호는 '사론(社論)' 으로 〈조선 통치방침 경신
(更新)〉 문제를 다루었다. 세 쪽이 채 안 되는 이 평론은 일본 지배층
의 견해나 다를 바 없었다. 그 가운데 일부를 인용해 보면 이렇다.

　…… 조선인은 자기 자신의 역량을 깊이 생각해 볼 일이다. '센징' 이

생각하는 것처럼 이상론이나 서생론(書生論)이 통하는 세상은 아니다. 그릇된 전래(傳來) 국가관이나 지식이 얕고 미숙한 학생들의 선동에 놀아나 경거망동할 지경이면 행복이라 생각했던 일도 불행으로 바뀌고, 가혹한 압제 세상으로 다시 돌아가는 일이 없다고 보장할 수는 없다. …… 메이지 43년(1910년) 8월 이전 조선인의 내치외교에 대한 고민, 일상생활에서 받은 박해와 고통 등을 지금과 비교하며 앞날을 조용히 생각해 보는 것이 좋을 것이다. ……

《가이조》는 그 뒤(1923년 6월호)에도 사노 마나부(佐野學)의 〈약소민족 해방론〉을 다루면서 유럽과 중동, 서남아시아에 대해서만 초점을 맞추고 조선민족 해방문제에 대해서는 전혀 언급하지 않았다. 또 관동 대지진에 대한 반성으로 기획한 〈학살자와 그 곡비자(曲庇者; 힘을 다해 도와준 자)·찬미자〉(1923년 10월호)란 제목의 특집에서도 일본 자경단(自警團)이 저지른 1만 명 가까운 조선인 학살은 굳게 입을 다물었다.

'조선인을 사랑한다'는 야나기는 다키이 고사쿠(瀧井孝作)를 통해 《가이조》에 글을 쓰게 된 것으로 추측된다. 《가이조》는 그때 '시라카바' 담당기자를 배치할 정도로 이른바 '다이쇼 데모크라시' 사상에 편승해 새바람을 일으키던 '시라카바' 동인들의 실험정신에 매료되어 있었다. 담당기자는 나중 소설가로 이름을 날리게 된 다키이였다. 그는 날마다 '시라카바' 동인들이 살고 있던 아비코를 찾아가 시가 나오야 등과 이야기를 나누며 잡지에 실을 원고를 부탁했다. 야나기는 이 글 말고도 〈그의 조선행〉, 〈적화(赤化)에 대하여〉(1920년 10월), 〈없어지려는 한 조선건축을 위하여〉(1922년 9월) 등 세 편의 글을 《가이조》에 발표했다.

《그의 조선행》, 타율성 사관의 동어반복

야나기 무네요시는 〈조선의 벗에게 드리는 글〉의 검열이 늦어지고 기사 내용이 많이 잘린 데 대한 불만을 〈그의 조선행〉에 털어놓고 있다.

그는 이 글에서 "조선으로 가기 전 활자로 〈조선의 벗에게 드리는 글〉을 보고 싶었지만 희망은 끝내 이루어지지 않았다. 《가이조》가 호의를 갖고 책 첫 부분에 싣겠다며 당국과 여러 차례 교섭을 벌였으나 지나치게 엄격한 검열로 발표가 늦어졌다. 게다가 본문의 주요 대목은 불온하다는 이유로 대부분 삭제됐다"며 글이 나오기까지의 배경을 설명하고, "보고에 따르면, 내 글이 헌법을 문란하게 했다고 하나, 그건 몰라도 너무 모르는 소리다. 그와는 정반대로 평화와 사랑, 그리고 질서를 간절히 바라는 마음에서 쓴 글이다. 일본과 조선의 화합을 도모하려는데 무엇이 불온하단 말인가. 아마 내가 조선의 편을 들어 일본에 반기를 드는 줄 알았던 모양이나 두 나라가 서로 진리 속에 살 때 참다운 평화를 누릴 수 있다는 사실을 강조하려는 목적이 있었다"고 밝혔다.

그는 이어 "진리를 사랑한다는 이유로 내가 벌을 받게 된다면 나에게는 명예가 될 것이다. 글의 많은 부분이 잘린 것은 내가 비열했기 때문도, 그릇되어서도 아니다. 이런 검열 삭제는 진리를 행하기 두려워하는 자들의 부자연스러운 소행에 지나지 않는다. 나는 이 일로 더욱 신앙을 보전하고 두 나라의 진정한 화합을 위해 끊임없이 노력할 것이므로 믿어주기 바란다"고 조선 지식인들에게 호소했다. 그렇다면 검열에서 삭제될 게 뻔한데 왜 그런 일본 군국주의자들의 비위에 거슬린 표현을 썼을까. 어쨌든 조선인의 환심을 사기 위한 〈그의 조선행〉의 속이 들여다보인다.

야나기 무네요시의 '읍소작전'은 후반부 들어 더욱 간절하다. 그러나 조선 역사를 '고난의 역사'라고 규정하고, 주체적인 역량보다 역사의 불운, 슬픔, 고민 등이 훌륭한 예술을 낳게 했다고 보는 역사인식은 일제 어용학자들의 타율성 사관과 조금도 다를 바 없다. 다만 "일본은 일찍이 조선의 예술이나 종교를 통해 최초의 문명을 낳았다. 조선의 예술은 그 자체가 위대한 아름다움이다. 세계 어느 곳에도 견줄 수 없는 조선 고유의 미이다"고 조선예술의 우수성과 독자성을 인정한 점은 높이 살 만하다. 이해를 돕기 위해 후반부를 옮긴다. 글 가운데 〈조선인을 생각하다〉, 〈음악회 취지서〉 등에 중복된 내용은 생략했다.

조선예술만큼 사랑을 기다리는 예술은 없다고 생각한다. 그것은 인정을 그리워하며 사랑에 살고 싶어 하는 마음의 예술이었다. 오랜 세월 가혹하고 쓰라린 조선역사는 예술에 남모르는 쓸쓸함과 슬픔을 안게 했다. 거기에는 항상 슬픔의 아름다움이 있다. 눈물이 흘러넘치는 쓸쓸함이 배어 있다. 그것을 보면 가슴이 메어지는 감정을 가눌 길이 없다. 이렇게 슬픈 아름다움이 어디에 또 있을까. 그것은 사람이 가까이 오도록 마음을 열어놓고 있다. 따뜻한 마음을 애타게 기다리고 있다. 여러분의 지난날 운명이나 사상은 어떤 것이었는가. 지리나 이웃 나라와의 관계에서 오는 피할 수 없는 환경 때문에 온화하고 평화로운 역사는 오래 유지하기 어려웠을 것이다. 하물며 동양의 조용한 피가 흐르고 불타(佛陀)의 가르침으로 자란 마음에는 세상살이가 얼마나 덧없이 여겨졌을까. 여러분들은 조용한 숲 속이나 인적이 드문 깊은 산속에 마음의 사원을 세웠다. 참으로 수도하기에 적합한 장소였다. 쓸쓸함만이 쓸쓸함을 위로해주는 법이다. 말없이 조용히 서 있는 자비심 깊은 관음(觀音)은 여러분이 사랑하는 모습이었다. 고려 도자기는 날마다 사람들의 마음에 친밀감을 주기 위한 그릇이었다. 고대(古代)에 뿐만이 아니다. 조선시대에 와서도 일상의 모든 용품에까지 그런 마음을 깊이 스며들게 했다. 이루고 행함과는 달리, 보고 만지는 일에 여러분은 그 조용하고 쓸쓸한 마음을 반영시켰다. 날마다 눈길에 닿는 그 세간, 그릇, 연장들의 쓸쓸한 모습은 분명 여러분 마음의 벗이었을 것이다. 서로 위로하고 위로받으면서 나날을 보냈음에 틀림없다. 그것은 정으로 빚어진 온화한 작품이었다. 나는 지금 그 작품들을 마음속에 뚜렷이 떠올리고 있다. 흐르는 듯이 길게 늘어뜨린 곡선은 한없이 계속 호소하는 마음의 상징이다. 말할 수 없는 온갖 원한과 슬픔과 그리움이 얼마나 은밀하게 그 선을 타고 흐르고 있는가. 여러분 조상은 바르게도 선의 숨은 뜻에 마음을 담아냈다. 형태도 아니고 색도 아닌 선이야말로 정을 호소하기에 가장 적합한 방법이었다. 외인들은 선의 비밀을 풀지 못하면 조선의 마음에 들어갈 수가 없다. 선에는 인생에 대한 비애감이나 고민의 역사가 똑똑히 기록돼 있다. 조용한 내면에 숨겨져 들어 있는 아름다움에는 조선의 마음이 지금도 전해지고 있다. 내 책상 위에 놓여있는 자기(磁器)를 바라볼 때마다 쓸쓸한 눈물이 조용한 유약(釉藥) 속에 떠돌고 있는 듯한 생각이 든다.

이따금 작품들은 나에게 이렇게 말을 걸어온다. '인생은 언제나 외롭고 쓸쓸해 보인다. 오랜 기간 우리 민족은 고통스러운 역사를 이어왔다. 그러나 아무도 고민을 헤아려 주지 않는다. 아무데도 마음을 털어놓을 만한 벗도 없다. 그래서 어쩔 수 없이 그릇들에 정을 쏟은 것이다. 이 물건들만은 우리를 속이지 않는 일상의 벗이었다. 앞으로 태어날 사람들이여, 바라건대 이 물건들을 곁에 가까이 두어라. 이들은 말은 없어도 언제나 인정을 그리워하고 있다. 이들을 즐겨 사용하여 우리의 마음을 따뜻하게 해다오. 따스함을 느끼려고 우리는 이 작품들을 만든 것이다.' 오오, 이러한 소리가 그릇 밑바닥에서 우러나올 때, 그것을 만져보지 않고는 배길 수 없게 된다. 비참한 운명에 시달린 조선은 예술의 미에서는 군왕의 위치에 서 있다. 어느 누구도 유구한 미를 함부로 대할 수가 없다. 인생은 짧고 예술은 길다고 시인은 읊고 있다. 그러나 예술에 나타난 조선의 생명이야말로 무한하고, 절대적이다. 거기에는 깊은 아름다움이 있다. 아름다움 자체에 깊이가 있다. 조용하게 안으로 파고드는 신비로운 마음이 있다. 신전(神殿)을 장식하기에 충분한 예술이다. 조선은 비록 국력은 약하지만 안의 예술에서는 강한 나라이다. 엄연히 스스로 홀로 설 수 있는 조선이다. 어떤 사람은 중국 영향을 빼고 나면 조선예술은 없다는 듯이 말한다. 중국의 위대함에 견주어 미의 특색으로 인정할 만한 게 없다는 주장이다. 실제로 전문적 교양을 갖춘 사람조차 때로는 이런 견해를 피력한다. 그러나 이런 생각은 참으로 독단적이며, 이해가 부족한 그릇된 견해라고 말할 수밖에 없다. 일본에서와 마찬가지로 거기에 중국의 영향이 있음을 부정하지는 않는다. 하지만 중국의 감정이 어떻게 그대로 조선의 감정이 될 수 있겠는가. 특히 명확한 내면적 경험과 직관적 아름다움을 갖고 있는 조선이 어째서 중국 작품을 그대로 모방했겠는가. 비록 외면이나 역사적으로 관계가 있을지라도 마음과 표현 방법에서는 분명한 차이가 있다고 나는 이해한다.

조선에는 민족 고유의 내면적 감정이 있고, 역사 경험이 독특함에 따라 예술 또한 참으로 독보적이다. 비판적인 역사가는 조선의 국시(國是)를 '사대주의'라고 한다. 그러나 적어도 예술에서는 그렇지 않다. 조선의 예술 자체가 위대한 아름다움이다. 어디에 이보다 더 섬길 만한 위대한 예술이 있었겠는가. 오늘날 호류지(法隆寺)의 유메도노[27](夢殿)에 남아 있는 백제 관음이 중국의 어느 작품에 뒤지는가. 또 어느 작품의 모방일 수 있겠는가. 이들은 일본의 국보로 불리고 있지만 정녕 조선의 국보라

---

27) 6세기 스이코 왕이었던 쇼토쿠태자를 기린 불당.

해야 마땅하리라. 경주 석불사 조각을 예로 들어 보자. 이는 틀림없이 당(唐)나라 작품과 관계가 있다. 그렇다고 당나라 시대의 어느 작품을 본 뜨고 섬긴 흔적이 보이는가. 거기에는 참으로 움직일 수 없는 조선 고유의 아름다움이 나타나 있지 않는가.

예술이 위대하다는 말은 곧 그 민족이 미에 대한 놀라운 직관을 소유하고 있다는 뜻이다. 더욱이 그것은 거칠고 천박한 미에 있는 것도 아니고 강대한 특질에 있는 것도 아니다. 그것은 실로 섬세한 감각의 작품이다. 미에 대한 조선 민족의 날카로움에 대해서는 조금도 의심을 품지 않는다. 나는 그 예술을 통해 깊은 존경의 마음을 조선에 바치지 않을 수 없다. 이는 누구나 마땅히 품지 않으면 안 될 경탄이다. 이 명예야말로 오래오래 깊이 존중되어야 할 일이다. 그렇건만 어찌 된 일인가. 예술적 소질이 풍부한 국민이 '추한 세력' 때문에 고유의 특질을 포기하도록 강요당하고 있다. 나는 그 세계의 손실에 대해 방관하고 있을 수 없다. 예술에 대한 존경이야말로 나라와 나라를 가깝게 해주는 것이다. 세계를 아름다움으로까지 끌어올리는 것이다. 일본은 일찍이 조선의 예술이나 종교를 통해 그 최초의 문명을 낳았다. 오늘날 이 사실은 감사의 마음으로 기억되어야 한다. 나는 유구한 조선의 예술적 사명을 경외하는 일이 일본이 취해야 할 정당한 태도라고 생각한다. 세계 예술에서 독특한 위치를 차지하고 조선예술의 명예는 앞으로도 더욱 영속되어야만 한다. 민족이 사라지지 않는 한 이러한 예술은 몇 번이고 되살아날 것이다. 한 나라의 예술, 또는 예술을 낳은 그 마음을 파괴하고 억압하는 것은 죄악 중의 죄악이다.

우리들 사이에 조선작품이 칭찬받은 뒤로 긴 세월이 흘렀다. 오늘날 조선작품은 매우 값비싼 귀중품이 됐다. 그러나 이를 전문적으로 연구하는 학자들조차 아름다운 내면의 미를 이해하고 민족 고유 가치를 찾아내려는 사람은 전혀 없는 것 같다. 왜 조선의 예술을 칭찬하면서 이를 만든 민족은 인정하지 않는 것일까. 옛 시대는 지나갔을지라도 민족의 피까지 바뀔 리는 없다. 비록 사정은 바뀌더라도 소질까지 부인할 수는 없다. 오늘날 조선에 예술이 나타나지 않는 까닭은 단지 이를 만들 마음의 여유가 주어지지 않아서다. 우리에게 책임이 더 무겁다. 나는 조선이 아름다운 예술을 다시 낳기를 바란다. 요즘 두세 사람의 벗을 알게 되면서 그런 희망을 더욱 강하게 느낀다. 우리는 지금 미술관에 옛 예술품을 보존하는 좋은 일을 하고 있다. 그러면서 미래의 예술 작가를 존경하는 일은 왜 우리의 임무에서 제외해 버렸는가. 과거의 조선을 사랑하고 미래의 조선을 존경하지 않는 것은 과거의 조선에 대한 모욕이다. 과거에 대한 존경은 미래에 대한 신뢰를 바탕으로 해야 한다. 나는 지난날의 조선이 뛰어난 예술을 보여줌으로써 지금의 조선에 대해서도 깊은 희망을 갖도록 해준데 감사하고 있다.

조선을 잘 이해하지 못하는 까닭은 무엇보다 종교나 예술에 대한 교양이 전혀 없기 때문이다. 무력이나 정치를 통해 완벽하게 합해질 수 있는 나라와 나라는 없을 것이다. 이 세상에 진정한 이해나 평화를 가져오게 하는 매개체는 믿음을 보여주는 종교이며, 아름다움으로 생동하는 예술이다. 이런 것만이 근본이 된다. 사람은 가장 기초적인 것에서 참다운 고향을 발견한다. 믿음이나 미의 세계에는 증오가 없고 반역이 없다. 싸움이란 불행을 영원히 없애려면 종교나 예술로 서로를 이어야 한다. 이런 힘이 곧 참된 애정과 이해의 길을 가르쳐준다. 이런 생각을 이상에 지나지 않는다고 비웃을 것인가. 하지만 이것만이 유일하고도 가장 적합한 교류의 길임을 진정으로 깨달아야 한다. 조선의 벗이여, 본 적도 없는 많은 벗이여, 나 같은 사람을 예외라고 생각해서는 안 된다. 정신으로 살아가는 나의 많은 지우(知友)가 정의와 정애를 따르는 마음에 충실하다는 점을 믿어주기 바란다. 젊은 일본 사람들은 진리 왕국의 수호를 결코 잊지 않는다.

우리는 여러분을 가까운 벗으로서 이해할 준비를 게을리 하지 않을 것이다. 여러분과 우리의 결합은 참으로 자연 자체의 의지라고 생각한다. 미래의 문화는 결합된 동양에 힘입는 바가 클 것이다. 동양의 진리가 서양에 보탬이 되게 하기 위해서도, 또 완전한 동서(東西) 결합을 위해서도 동양의 여러 나라는 친밀한 사이가 되지 않으면 안 된다. 더구나 혈통이 가까운 조선과 일본 사이에는 더욱더 친근감과 정애가 짙어져야 한다. 우리는 이런 우애를 언젠가 중국과 인도와도 맺지 않으면 안 된다. 이러한 결합이 미래 문명에 커다란 의의를 갖는다는 것을 여러분도 이해하리라 믿는다. 이는 단순한 몽상이 아니다. 자연에서 솟아나는 깊은 소리 바로 그것이다.

나의 따뜻한 마음을 바다 건너 여러분들에게 보낸다. 여러분이 이 마음을 받아 주리라 의심치 않는다. 다 같이 우리는 자연의 마음으로 돌아가야만 한다. 자연스러운 인정에서 서로를 살려내야 한다. 정애에만 참다운 평화가 있고 행복이 있다. 진리는 거기에 굳건하게 보존되고 따뜻한 미가 유지되는 법이다. 나는 여러분을 사랑한다. 운명을 생각하고 충정(忠情)을 생각한다. 이 편지를 여러분에게 바친다. 이를 통해 내 마음이 여러분에게 닿을 수 있다면 이 세상 기쁨이 하나 더 더해지는 셈이다. 나아가 여러분이 이 마음을 찾아준다면 이중(二重)으로 행복을 느끼게 될 것이다. 알지 못하는 힘이 그렇게 되게 해주기를 마음속으로 빌겠다. 여러분들에게 축복이 내리기를 기원하며 붓을 놓을까 한다.

'정과 종교, 예술' 만이 정국안정의 길

교화교본의 결정판, 〈그의 조선행〉

야나기 무네요시가 조선인들의 격앙된 마음을 위무(慰撫)하기 위해 되풀이 강조한 '교화' 논리의 주안점은 정(情)과 종교, 그리고 예술이었다. 바꿔 말하면 그는 정과 믿음으로 조선인들을 설복(說服)하고, 조선예술의 우수성을 내세워 민족적 긍지를 높임으로써 독립운동의 불씨를 잠재울 수 있다고 생각했다. 그래서 그는 정과 종교, 예술을 주제로 한 말(강연)과 글을 쉴 새 없이 쏟아냈다. 특히 그가 조선의 시국문제를 다룬 글은 거의 모두가 이 세 가지 착안점을 빼고 나면 논리가 서지 않을 정도로 이야기의 중심을 이루고 있다. 조선에 관한 그의 최초의 글 〈조선인을 생각하다〉가 그렇고, 〈조선의 벗에게 드리는 글〉, 〈그의 조선행〉, 〈적화에 대하여〉, 〈사라지려 하는 한 조선건축을 위하여〉 등도 예외가 아니다. 그 가운데서도 〈조선인을 생각하다〉와 〈조선의 벗에게 드리는 글〉이 교화 방법의 기

본 요령이라면 〈그의 조선행〉은 교화 교본(敎本)의 결정판이라고
해도 손색이 없다.

〈그의 조선행〉은 야나기가 서른한 살 때 서울에서 20여 일 동안
머무르며 처음 시도한 음악회와 강연회를 마치고 귀국한 뒤 《가이
조》 1920년 10월에 발표한 서울방문기이다. 기행문 형식을 빌린 이
글은 주인공을 3인칭 '그'로 설정하고 있지만 실은 야나기 자신의
이야기이다. 〈그의 조선행〉은 '단편(斷片)'이라는 부제가 말해주듯
이 서울여행을 계획하게 된 동기, 조선 친구들의 호의와 환대, 음악
회와 강연회 성과, 남대문과 동대문·경복궁·광화문·서소문·종
로거리·왕궁박물관 관람 소감, 서울과 인천을 관광하며 겪었던
일, 〈조선의 벗에게 드리는 글〉의 발표지연 사유 등을 15편으로 나
누어 담고 있다. 글의 분량도 《조선과 그 예술》에 27쪽을 차지할 만
큼 많은 편이다. 그러나 이 글 역시 그동안 발표한 〈음악회취지서〉
와 〈조선인을 생각하다〉 등의 내용과 겹친다. 그럼에도 야나기는
이런 문제가 그만큼 중요하기 때문에 반복하고 있는 것이라고 설명
한다.

얼어붙은 양국 관계를 푸는 열쇠, '정(情)'

야나기는 먼저 조선인 교화 활동에 나서게 된 동기를 세 편에 걸
쳐 비교적 자세히 설명하고 있다. 그는 여기서 조선인을 정으로 대
하면 통하지 않을 리 만무하다고 강조한다. 〈그의 조선행〉에 나타
난 그의 정에 대한 주장을 정리해 보면 다음과 같다.

이번 서울여행은 거의 전적으로 마음의 정이 가라고 명령했기 때문

이다. 사람들은 물어볼지도 모른다. '많은 사람들이 조선을 다스리느라 노력하고 있으나 별로 성과가 없는데, 하물며 혼자서 무슨 일을 해낼 수 있겠는가' 라고. 하지만 그 사람들은 단 한 번도 조선인의 마음을 따뜻하게 해 주지 못했다. 어떤 변명을 한다 해도 지금까지의 정치가 일본과 조선을 가깝게 하지 못했다는 사실만은 부인할 수가 없다. 심지어 거의 영원한 반감이 노력의 대가로 되돌아오고 있다는 사실을 누구나 알고 있다. 그러나 그는 정의 나라를 믿고 있었다. 정이 맑고 깨끗하다면 서로 사귈 수 있는 마음과 마음이 있음을 믿고 있었다. 정으로 살아가려는 마음에 미운 마음을 갖는 친구가 있을 수 없음을 믿었다. 자신의 마음을 일깨운 정애가 너무나 강렬해 그런 진리를 믿지 않을 수 없었다. 만약 조선에 들어가 증오의 칼을 받는다면 그것은 그의 감정이 아직도 불순하기 때문이라고 생각했다. 그는 정애로 이 세상의 융합이 가능함을 믿는 사람 가운데 하나다. 정치에 대해서는 어떤 형태이든 그다지 믿지 않는다. 세상에는 사랑으로 다스리는 정치가 있을 수 없음을 잘 알고 있었다. 그러나 다른 행복한 세계도 있으리라 믿고 있었다. 조선을 여행함으로써 그런 세계를 스스로 맛보려 했다.

조선 사람들은 일본이라고 하면 정도 없는 폭력의 나라라고 생각할 것이다. 이런 평은 당연한 결과라고 생각하고 있었다. 하지만 일본의 젊은이들은 진리의 수호자로 노력하고 있다. 그들은 오늘날 영토나 권력 문제에 마음을 쓰기보다는 민주주의 사상이나 평화, 또는 신(神)의 문제 등에 더 강하게 끌리고 있다. 일본이 정치나 군대로 대표되는 나라로 알려져 유감스럽다. 조선여행을 통해 그렇지 않은 면을 사람들에게 전하고 싶었다.

이와 같이 야나기의 글에는 자신이 앞장서 일제의 3·1운동에 대한 무력 진압으로 얼어붙은 양국 관계를 정으로 풀어보겠다는 강한 집념이 담겨 있다. 그 가운데서도 마지막 문단에서 피력한 솔직한 표현은 야나기가 조선 지식인들의 격앙된 마음을 교화(敎化)하기 위해 얼마나 노력했는지를 엿볼 수 있다. 물론 이 글은 조선인 교화를 위한 그의 첫 서울나들이가 좋은 성과를 거두지 못했다면 생각할 수 없는 내용이다. 야나기는 그의 표현대로 서울에서 조선인의 정을 흠뻑 맛보았다.

그는 "서울에 머무는 동안 여러 단체로부터 네 번이나 정중한 식사 초대를 받았으며, 고풍스러운 음악이 흐르는 가운데 갖가지 맛있는 요리를 앞에 두고 조선 사람들과 터놓고 이야기할 수 있는 기회를 가졌다"고 자랑한다. 그러면서 그는 "이번 조선여행을 통해 바야흐로 부풀어 오르려하는 문예운동과 종교적 신념에 대한 요구가 깊이 감돌고 있음을 직감할 수 있었다. 감정이 높아진 지금의 상황에서 사람들이 무엇을 요구하고 있는가에 대해서도 한층 더 깊이 깨달았다. 때로는 흥분하기도 하고, 또 때로는 억누를 수 없는 친근감을 가지고 사람들의 말을 귀담아 들었다. 모든 사람들이 감추고 있던 마음을 열어주는 것 같았다. 이 사람들의 운명에 대해 자신이 해야 할 일 앞에 경건한 마음으로 무릎을 꿇었다. 스무날 동안의 경성 체류는 눈물과 기쁨, 그리고 감격의 나날이었다"고 술회하고, "마음속에 두고 있던 두세 가지를 이야기함으로써 더욱 명확하게 뜻을 전달하려 한다"며 다음과 같은 일화를 상기(想起)했다.

어느 날 인천으로 구경 갈 때의 일이다. 조선 어린이들과 한 찻간에 타게 됐다. 그들은 모두 열두세 살가량으로 보이는 여자아이들이었다. 소풍이라도 가는 길인지, 대여섯 명이 한데 어울려 한 시간 내내 즐겁게 재잘거리고 있었다. 차가 도착하자 아이들은 무엇을 발견했는지 플랫폼으로 우르르 뛰어나갔다. 뒤따라 차에서 내렸을 때 눈앞에는 별안간 낯선 아름다운 광경이 벌어졌다. 한 젊은 일본 여선생이 아이들을 껴안으며 어루만져 주고 있었다. 어린이들은 "선생님! 선생님!" 하며 여선생의 두 팔에 매달렸다. 여선생은 거의 걸을 수 없을 정도로 전후좌우에서 어린이들의 고사리 손에 옷을 단단히 붙잡힌 채 천천히 역 밖으로 나가는 것이었다. 갑자기 두 눈에서 눈물이 주르르 흘렀다. 오오, 세상에 이처럼 아름다운 모습이 또 어디에 있단 말인가. 선생도 학생들도 기쁨으로 모든 것을 잊고 있는 것 같았다. 인천 앞바다에 배를 띄우고 놀면서도 그 모습은 영영 지워지지 않았다.

만일 사람마다 어머니 같은 사랑을 갖고, 또 어린이 같은 순수한 정이 있다면, 이 세상은 얼마나 기쁨에 찬 세상이 되겠는가. 조선과 일본 사이에 서로 미움의 칼날을 보이지 않는 날이 없는 오늘날, 이 따뜻한 광경을 누가 상상이나 할 수 있겠는가. 모든 문제가 이처럼 풀릴 수 있지 않을까 하는 생각이 들었다. 착잡한 싸움의 소용돌이에서 이런 기쁨을 맛본다는 것은 큰 은총이요, 희망이요, 또 놀라운 사건이다. 하루 종일 어린 아이들처럼 행복감에 젖었다. 그날을 돌이켜 생각할 때마다 마음이 행복해지지 않을 때가 없다.

"정으로 사귈 때 모든 어려움은 사라진다"

이 이야기는 야나기가 그리던 이상향이었다. 조선에 나와 있는 모든 일본인들이 이 여선생처럼 정으로 사람을 대하면 머지않아 평화를 되찾으리라는 생각이다. 야나기는 이어 "앞의 이야기와는 다른 내용이지만 잊을 수 없는 일이므로 덧붙여 둘까 한다"며 또 다른 예를 들었다.

어느 조선인들의 모임에서 강연을 해 달라는 부탁을 받았다. 조선인들 속에서 자신을 발견하고 그들로부터 정당한 이해를 얻을 수 있는 절호의 기회다 싶어 부탁을 기꺼이 받아들였다. 또한 초대하는 그들의 호의에 큰 기쁨을 느꼈다.

비 오는 저녁 무렵이었다. 문을 열고 강연장에 들어서자 이미 200여 명에 가까운 사람들이 자리를 차지하고 있었다. 당국은 물론 이런 모임을 위험하게 생각하고 있었다. 몇 명의 경찰이 모여든 사람들을 감시하고 있었다. 전에 이런 분위기를 경험한 적이 없어 왠지 답답한 느낌이 들었다. 조선인들이 끊임없이 이런 감시를 받는다고 생각하니 마음이 어두워졌다. 이날 주제는 '조선의 동조자로서의 젊은 일본 사람들'에 관한 이야기였다. 다시 말하면 진리와 평화, 그리고 정애로 살아가려는 일본 젊은이들의 신사조(新思潮)를 전하고자 하는 것이 주된 요지였다. 그런 정신이 조선의 운명에 긍정적인 영향을 미칠 수 있다고 믿었기 때문이다. 대기실에서 기다리고 있는 동안 홀에서는 찬송가가 흘러나왔다. 잠시 뒤 조용한 기도 소리가 무거운 공기를 가르고 있음을 깨달았다. 고향을 떠나 쓸쓸한 이역(異域)에서 그들은 하느님을 향해 무엇을 호소하고 무엇을 기도하는 것일까. 마음속으로 그들의 쓸쓸한 소망을 들어주소서라고 기도하지 않을 수 없었다.

문이 열리는 소리에 묵상은 깨어졌고, 강연을 시작할 때가 됐음을 알았다. 박수소리를 들으며 일어서서 사람들 사이를 헤치고 연단으로 가려고 하는 순간, 어깨를 가만히 잡아당기면서 귀에 대고 빠른 말로 속삭이는 조선 사람이 있었다. "오늘 밤엔 선생님에게까지 경찰의 감시가 심한 모양입니다. 속기사까지 두 사람 와 있을 정도이니 아무쪼록 주의해서 말씀해 주십시오. 선생님의 신상에 만일 일이라도 생긴다면 저희가 죄송스러우니까요."

이 말에 얼마나 감격했는지 모른다. 낯선 사람으로부터 이런 따뜻한 귓속말을 들었을 때의 기분을 어떻게 표현해야 좋을지 몰랐다. 정신 없이 연단에 올랐다. 서로가 서로를 배려해 주는 순간이 가슴속에 영원히 사라지지 않는 기억으로 남았다. 이런 인정어린 모습에 얼마나 깊은 감동을 받았는지 모른다. 일본 사람에게 조선의 편이 되어 주기를 바라던 그때, 조선 사람이 일본인에게 마치 자기편을 걱정하는 듯한 행동을 보인 것이다.

어떤 정치가 두 나라의 문제를 해결해 줄지 사람들은 모른다. 그러나 정으로 사귈 때 모순은 풀릴 수 있다고 믿는다. 그가 조선 사람들을 위하고 지금처럼 조선 사람들이 그를 배려하듯이 말이다. 행복은 두 사람 사이를 흐르고 있다. 무엇 때문에 두 나라가 싸우고 있는 것일까. 세계의 마음은 애정을 찾고 있지 않는가. 이 단순한 우리의 감정에 바로 평화의 왕국이 숨어 있다. 모든 언짢은 문제는 그 속에서 끝장나게 될 것이다. 왜 모든 부자연스러운 세력을 떨쳐버리고 인정 그대로 살 수가 없단 말인가. 이날 저녁의 '짤막한 사건'으로 자신의 신념을 더욱 굳힐 수 있었다. 이는 물론 하찮은 에피소드에 지나지 않는다. 그러나 이런 사소한 일에 정말 크나큰 진리가 있다는 것을 어떻게 부인할 수 있겠는가.

이처럼 민족감정 순화에 정의 중요성을 거듭 강조한 야나기는 서울에 살며 조선 도자기를 연구하고 있는 아사카와 다쿠미를 정과 종교, 예술로 일시동인(一視同仁)을 실천하는 모범사례로 꼽았다. 야나기는 아사카와로부터 받은 편지를 소개하며 "거의 모든 일본인이 미움의 대상일 때에도 아사카와만은 동네 조선 사람들의 흠모와 사랑을 독차지해 그의 이름을 모르는 사람이 없을 정도다. 나는 이 친구에게 사랑과 경의를 느끼고 있다. 이 친구를 만나는 일도 이번 여행에서 얻을 기쁨 가운데 하나였다"고 자랑했다. 야나기가 인용한 아사카와의 편지 내용은 바로 야나기가 평소 강조해 온 주장이기도 하다.

일본인과 조선인이 서로 신뢰하는 참다운 평화는 종교적으로 깨닫고 서로 이해하는 길밖에 없다는 것을 절실히 느꼈습니다. ……처음 조선에 도착했을 때, 조선에서 산다는 것이 겸연쩍었고 또 조선인에게 미안한 느낌이 들어 몇 번이나 일본으로 돌아가려고 했습니다. 조선에 와서 조선 사람에게 아직 친근감을 깊이 느끼지 못할 무렵, 나의 쓸쓸한 마음을 위로해 주고 조선 사람의 마음을 이야기해 준 것은 역시 조선의 예술이었습니다. 늘 기도하면서 "제가 조선에 머무르는 것이 언젠가 쓸모 있게 해 주옵소서" 하고 덧붙임으로써 쓸쓸한 마음에 희망을 주고 있습니다.

일본인들의 무례를 꾸짖기도

야나기의 정에 관한 이야기는 이에 그치지 않는다. 그는 심지어 자신이 전차 안에서 겪었던 일본인의 오만한 행동을 공개하며 "조선인들의 감정을 크게 상하게 하는 이런 무례한 짓이 곧 일본을 배척하는 원흉이므로 더욱 경계해야 할 일"이라고 일본인을 질타하기도 했다.

늘 하던 산책을 끝내고 종로에서 남대문으로 가는 전차를 탔다. 전차는 어느 때보다 붐볐다. 그러나 다행히 자리가 비어 앉을 수 있었다. 맞은편에 나이 많은 노파가 가느다란 지팡이를 손에 쥔 채 흰 보따리를 안고 있었다. 그 오른쪽에는 양반으로 보이는 고상한 차림의 노인이 상중(喪中) 애도(哀悼)를 표시하는 흰 갓을 쓰고 똑바른 자세로 점잖게 앉아 있었다.

전차를 갈아타는 황금정에서 전차는 거의 만원을 이루었다. 두 사람의 일본인이 새로 탔다. 전차가 출발하자 그들은 큰소리로 잡담을 하기 시작했다. 이야기를 들어보니 한 사람은 경성에서 오래 지낸 장사꾼 같았고 다른 한 명은 서울에 갓 온 사람으로 아마도 장사꾼의 안내(案內)로 서울 시내 구경을 하고 있는 것 같았다. 바로 가까이서 무심코 그들을 보았을 때, 장사꾼으로 보이는 쪽이 느닷없이 오른쪽에 앉아 있던 점잖은 노인의 갓을 손으로 움켜쥐고는 다른 사람에게 이렇게 말했다.

"꽤 잘 만들어진 모자지? 말총으로 만든 거야. 자세히 봐, 얼마 전에 죽은 임금의 상중이라고 해서 지금은 색깔이 희지만 평상시에는 이게 검정이야. 촉감이 꽤 좋은데"

"모양이 묘하군 그래. 나라가 다르면 풍물도 다르다더니."

울화통이 치밀었다. 참다못해 대뜸 장사꾼을 노려보았다. 이 무례한 행동에 노인은 마음이 편할 리 없었다. 노인의 얼굴은 몹시 괴로운 표정으로 일그러졌다. 그러나 꾹 참고 갓을 다시 고쳐 쓴 뒤 눈길을 옆으로 돌렸다. 몹쓸 짓을 당하고도 참아야 하는 조선인의 심정을 생각하니 마음이 어두워졌다. 그래서 대신 사과라도 하듯이 노인을 향해 '용서해 주십시오' 라고 중얼거렸다.

이제까지 이런 무례하고 당치 않는 우월감이 얼마나 조선인들의 반감을 샀을 것인가. '일본인이 조선인을 어떻게 대하는지 알고 싶으면 조선 옷을 입고 거리를 걸어보면 안다' 는 말을 친구들로부터 들은 적이 있었다. 지금 이 말이 틀림없이 사실이라는 것을 믿지 않을 수 없게 됐다. 이것이 무식한 장사꾼의 예외적인 행동거지에 불과하다고 말할 수 있겠는가.

불행하게도 경성에 와서 이러한 일본인들의 무례한 행동이 일상생활에 깊숙이 뿌리박고 있음을 알고 얼마나 마음이 괴로웠는지 모른다. 그는 일찍이 그가 만난 주요 지위에 있는 인사들로부터 조선에 대한 애정의 말을 단 한마디도 들어본 적이 없었다. 풍속과 습관이 다르다는 것은 놀림거리로 등장하는 화제일 뿐이다.

만약 외국인이 일본인에 대해 이런 태도를 취했다면 일본인들의 감정은 어떨까. 가령 도쿄의 전차 안에서 이와 똑같은 일이 있었다고 치

자. 그 오만한 행동에 격분하지 않을 일본인이 어디 있겠는가. 반감이
생기는 것은 너무도 당연한 일이다. 추악한 우월감으로 우쭐대면서
반감을 예상치 않는다는 것은 모순이다. 이런 생각에 하루 종일 불쾌
해 견딜 수 없었다.

야나기가 이런 '훈훈한 이야기'와 '일본인의 오만한 행동'을 예
로 들어가며 두 나라 국민 사이의 정을 누누이 강조하고 있는 것은
말할 필요도 없이 일본 국민의 각성을 촉구하려는 데 첫째 목적이
있었다. 하지만 다른 한편에는 조선 지식인들에게 독립운동에 가담
할 생각을 버리고 평화 분위기 조성에 함께하기를 바라는 마음을
전하려는 뜻도 담겨 있었다.

그가 예술론에 집착한 까닭은?

야나기의 조선인 교화를 위한 예술론은 더욱 집요하다. '서울에
머무는 동안 여러 가지 조선예술을 감상하면서 행복한 시간을 보냈
다'는 야나기는 〈그의 조선행〉에 예술에 관한 두 편의 글을 담고
있다. 그 가운데 서울에 사는 그의 친구가 수집한 45.5cm 크기의
조선시대 청화자기에 대한 느낌은 다분히 정치적이다.
그는 "어떤 도공이 이 작품을 빚어냈단 말인가. 수백 년 내려온
조선의 사상을 그대로 그려낸 듯하다. 시정(詩情)이 풍부한 사람은
이 항아리를 보고 뛰어난 시인이 될 것이다. 끝없는 명상의 미가 우
리를 놀라게 한다. 나도 없고, 그도 없고, 모두가 하나로 흐르는 삼
매경으로 돌아간 느낌이다"며 조선과 일본이 융화하기를 바라는
마음을 드러내 놓는다.

"남대문은 500년 동안 얼마나 많은 사람들을 맞아들이고 보냈던 것일까. 어느 때는 군주를, 혹은 승리로 우쭐해진 장병들을 맞아들였으리라. 때로는 외국의 사신을, 그리고 의분에 떠는 사람들도 지나가게 했을 것이다. 도움을 찾아오는 모든 사람들이 이 문을 지나갔으리라. 한때는 몰려오는 적군에 문턱이 더럽혀지기도 했다. 지금은 누가 이 문을 지나가는가. 조선을 사랑하는 사람들인가. 조선을 생각하는 사람들인가. 아니면 괴로움에 쓸쓸히 고개 숙인 사람들인가. 문은 영원히 입을 다물고 괴로움도 기쁨도 말하지 않는다. 그 문은 지금 어떤 마음으로 그의 일행을 맞아들이는 것일까"라고 쓴 남대문에 대한 감상은 지금 읽어도 우리들에게 시사하는 점이 적지 않다.

예술로 조선인의 꼬인 감정을 풀 수 있다고 장담한 야나기는 조선예술의 찬미와 부흥에 모든 것을 거는 느낌이다. 예술은 과연 그런 힘을 발휘할 수 있는 것일까. 그가 예술에 집착하는 까닭은 이렇다.

진실로 예술세계에서는 마음과 마음이 서로 통하는 법이다. 만일 일본 사람이 단순히 연구하는 태도를 버리고 조선의 예술에 진정한 사랑을 느낀다면 그는 틀림없이 마음이 바뀔 것이다. 예술은 언제나 정으로 서로를 이어줌으로써 우리에게 행복을 가져다준다. 우리는 어떻게 사랑해야 하는가를 알게 될 때, 어떻게 존경해야 하는가도 알게 되는 것이다. 서로 아끼고 존경할 때만이 진정한 우정이 싹트게 된다. 경애(敬愛)하는 마음 없이 어떻게 일본이 조선의 벗이 될 수 있겠는가?

예술의 아름다움(美)에는 국경도, 거리도 없다. 마음과 마음이 가까이 만나는 것이다. 예술에는 언제나 화합의 세계가 있다. 정치나 군도

(軍刀)는 배타적이 아닌 경우가 없다. 이 땅에서 평화를 바란다면 언젠가는 그런 길을 넘어 예술이나 종교에까지 마음을 깊이 쓰지 않으면 안 된다. 그런 나라에만 사랑의 기쁨이 있는 것이다. 특히 조선의 예술에는 인정이 넘쳐흐르고 있다. 만일 누군가 조선예술을 가까이 하는 일이라도 생기면, 사랑하지 않고는 배길 수 없는 세계가 그 앞에 전개된다. 마치 고대 일본이 조선예술의 덕으로 문명의 첫걸음을 내딛었듯이, 지금의 일본이 이를 뒤돌아봄으로써 마음을 키울 수 있을 것이다. 미적 심성이 풍부한 일본은 이미 이러한 진리를 받아들일 준비가 되어 있다. 이 일을 생각할 때, 조선예술의 소개가 젊은 일본인들에게는 새로운 놀라움이 되리라는 것을 믿어 의심치 않는다.

어느 나라의 예술을 아는 것이 곧 그 나라의 인정을 이해하고 사랑을 일깨우며, 존경심을 갖게 하는 길이 아닌가. 이리하여 사람들이 그런 인정을 사랑할 때, 자기 스스로 그 인정에 사랑 받고 있음을 발견하게 되는 것이다. 예술을 이해하는 자는 적막한 언덕이나 조용히 흐르는 강물에서도 그 나라의 마음을 알게 될 것이다. 한 나라의 문화는 그 나라 자연이나 풍토에서 완전히 떼어 놓을 수는 없다. 인정도, 풍속도, 습성도, 공예도, 건축도, 의복도, 기구도, 산도, 강도, 나무도, 꽃도 모두 떼려야 뗄 수 없는 하나의 유기체이다. 그러한 밀의(密意)를 깨닫는 자는 정으로 가득 찬 조선의 선을 어디에서나 볼 수 있을 것이다. 민족이 경험한 갖은 슬픔이나 외로움 또는 마음의 아름다움을 어디에서나 발견할 수 있을 것이다. 이러한 모습이 눈에 비칠 때, 그 나라와 국민에게 사랑을 느끼지 않을 수 없을 것이다. 사랑한다면 끝내는 사랑 받고야 말 것이다. 조선의 아름다움[美]은 사랑으로 가득 차고, 사랑에 굶주린 아름다움이 아닌가. 사람들은 예술을 통해 조선에 접근하는 자가 얼마나 진심으로 조선에 대해 사랑을 느끼고 있는지를 알게 될 것이다. 또 이런 눈으로 조선을 가까이할 때, 조선 사람들은 그의 마음을 사랑으로 받아들일 것이다.

야나기는 앞서 설명한 대로 예술 교류를 통해 두 민족을 동화하기 위해 '조선민족미술관'을 설립하고 전시회도 자주 열었다. 1921년 5월 7일부터 11일까지 도쿄 간다(神田) 류이쓰소(流逸莊)에서 열린 '조선민족미술전시회'도 조선민족미술관 설립기금 모금이 목표였지만, 관람객에게 조선예술을 이해시켜 조선과 일본 사이의 긴장관계를 푸는 데 다소나마 도움이 되도록 하기 위한 속셈이었다.

야나기가 그해 《요미우리신문》 5월 9~10일자에 기고한 〈조선민족미술전람회에 즈음하여〉에 그의 마음이 잘 드러나 있다. 일본인들에게는 조선인들을 문화민족으로 인정하고, 조선인들에게는 독립투쟁을 할 생각을 버리고 정과 종교, 예술을 통해 서로 화합하자는 취지이다.

나는 작고 아름다운 전시회를 당신들에게 선물하려 한다. 낯설고 기이한 작품이 많이 출품되리라 생각할지도 모르겠다. 그러나 여러분들이 전시실을 돌며 조용히 바라볼 시간을 갖게 된다면, 소리 없는 작품들이 따뜻한 마음으로 여러분에게 다가갈 거라고 생각한다. 만약 여러분들 가운데 누가 순수하게 귀를 기울인다면, 뜻밖에도 그들은 여러분과 피를 나눈 형제의 소리라는 사실을 깨달을 것이다. 그것이 곧 여러분의 기쁨이 아니고 무엇이겠는가. 넓지 않은 전시실에서 여러분은 나라와 나라의 거리감을 잊을 수 있을 것이다. 아름다움을 대할 때 사람은 서로를 생각하게 되는 법이다. 그래서 전시회를 마련한 것이 더욱 기쁘다.

지금처럼 조선과 일본의 절박한 관계는 불행하고 부자연스러운 추세이다. 싸움을 사랑하는 자는 아무도 없을 것이다. 그렇지만 우리들에게는 이런 사태를 행복과 자연스러움으로 되돌릴 임무가 지워져 있다고 생각한다. 지금 수천만의 운명이 이 문제와 직결돼 있다. 나는 가만히 있을 수 없다는 생각이 든다. 이에 대한 나의 답은 극히 간단하고 명료하다. 단순하다고 해도 이를 거부해서는 안 된다. 올바른 진리는 언제나 평이하다고 생각한다. 이를 어려운 진리로 치부해 버리는 것은 아마 우리의 마음이 비뚤어져 있기 때문일 것이다. 나에게 따뜻한 삶이란 정(情)으로 사는 삶일 뿐 그밖에 다른 의미는 없다. 인정은 절대로 싸우라고는 하지 않는다. 자연스러운 정을 따르지 않은 탓으로 얼마나 많은 사람들이 스스로 불행에 빠져 있는가. 인정이 왜곡된 탓에 마음이 냉담하게 된다. 그러나 예로부터 끊임없이 인간을 정의 세계로 되돌리려 하고 거칠어진 마음을 순화시키는 두 가지 길이 있다. 종교의 믿음과 예술의 미가 바로 그것이다. 실제로 이 길들을 활용하는 길 말고는 인간이 온전한 자신을 발견할 수 있는 길은 없을 것이다. 나는 이 점을 확실히 믿는 사람들 가운데 하나다. 인간에게 행복과 평화를 주고 인간의 운명을 보증하는 것은 이 두 가지밖에 없다고 나는 믿는다. 그래서 이 전시회가 이 세상에 좋은 의지를 심어주길 희망한다. 아무튼 이 전시회를 통해 아름다움(美)과 진실을 선물함으로써 그리운 조선을 여러분에게 소개하고자 한다.

지난번 나라(奈良)를 방문했을 때 호루지에서 놀랄 만한 옛 예술품을 볼 수 있었다. 모두가 국보나 황실 소장품이라고 했다. 그러나 대부분이 조선의 작품이라는 사실을 부정할 수는 없었다. 얼마 전 행한 쇼토쿠(聖德) 태자 1300주기 마쓰리(祭)는 실로 조선에 대한 예찬이었다. 조선 민족이 위대한 예술의 민족이라는 사실이 나를 자극하고 고무하여 억누를 수 없는 장래 희망을 품게 했다. 예술의 나라 일본은 같은 예술의 나라인 조선에 친근감을 느낄 것이다. 이 전시회가 여러분에게 조선을 생각하게 하는 좋은 기회가 되기를 희망한다.

지금 우리는 서구 예술과 친숙하지만 언젠가는 자신의 고향인 동양 예술을 회고할 날이 올 것이다. 그렇듯 자연스럽게 이루어진다면 틀림없이 조선의 작품과 친숙해질 날도 올 것이다. 불가사의하게도 오늘날 조선 작품들은 대부분 관심을 끌지 못하고 묻혀버렸다. 그러나 그 작품들이 정당한 가치를 인정받게 된다면, 조선에 대한 사람들의 인식은 현저히 달라질 것이다. 나는 이런 희망을 버릴 수 없다. 경성에 '조선민족미술관'을 설립하려는 것도 오로지 이런 신념에서 비롯된 것이다. 도쿄에서 조선민족미술전시회를 갖는 것은 그 전초전이다.

이번 전시회에 내놓은 작품은 나와 나의 벗들이 그동안 개인적으로 모은 것이어서 양이나 값어치 면에서는 얼마 되지 않는다. 그러나 수집 방법에 방향이 있고, 또 모은 물건에도 반드시 특별한 아름다움이 있다는 점에서 결코 질까지 떨어지지는 않는다. 이제까지 미술 애호가들의 관심을 끌지 못했다고 생각되는 조선시대의 작품을 주로 모았다. 대부분 조선 민족이 날마다 친숙하게 사용하는 기구와 가구이다. 희귀한 물건은 아니지만 거기에는 그 민족의 마음이 충분히 나타나 있다. 전시품 가운데는 조선시대 도자기는 물론 신라와 고려 시대 청자도 들어 있다. 그 밖에 민족미술로 주목되는 회화, 자수, 금속공예품, 반닫이 장도 곁들었다.

전람회는 5월 7일부터 11일까지 5일 동안 간다 오가와 거리의 류이쓰소에서 열린다. 많은 분들이 찾아와 친근한 조선의 물품들을 지켜볼 기회를 갖기 바란다. 여러분이 전시회장을 방문해도 무익하지만은 않을 것이다.

"조선인은 모두가 정치인이다"

그러나 야나기의 이런 호소는 일본인들에게는 극히 냉소적으로 들렸다. 게다가 그가 《경성일보》 1921년 12월 7~9일자 〈현상 소설 모집에 대하여〉라는 글에서 "지금 조선 사람들은 남녀노소 할 것

없이 모두가 정치가이다. 예술의 영원함을 믿고 예술의 아름다움으로 조선을 지키려는 사람은 드물다"며 조선 정국을 나름대로 분석하였음을 보면, 그의 이런 외침도 조선인의 심리를 역이용한 정치적인 제스처로 해석할 수밖에 없다.

'독립은 시기상조'

야나기 무네요시의 조선에 관한 글을 종합해 보면, 그는 3·1운동이 일어나던 당시부터 조선이 스스로 독립하기에는 시기상 이르다는 생각이었다. 따라서 조선의 독립운동에 대한 인식도 극히 부정적이었다. 그는 특히 조선의 독립운동이 해를 거듭할수록 무장항일투쟁으로 번져 가고 있는 점을 크게 우려하며 '식민통치 훈수꾼' 다운 본색을 노골적으로 드러내기 시작했다. 그가 1922년 5월 미국인 알렉산더 파월(Alexander Powell)의 〈일본의 조선통치정책을 평하다〉를 읽고 《세계의 비판》 37호에 기고한 〈비평〉은 그 극치를 보여주고 있다.

파월의 글은 이토 히로부미 초대 한국통감을 '조선의 진정한 친구'라고 치켜세우며 국가상태로 보나 국제정세로 판단해도 일본의 조선지배가 필연이라는 주장을 했다. 이 글은 처음 미국의 한 잡지에 실렸으나 일본 언론들이 앞 다퉈 일본어로 옮겨 실어 자국에 널리 알려지게 됐다. 야나기는 〈비평〉에서 "파웰의 글은 지금까지 나온 조선 문제에 관한 평론 가운데 가장 오류가 적고 공평한 최상의 이론"으로 극찬하며, "조선 사람들이여, 쓸데없이 독립을 부르짖기 전에 위대한 과학자와 예술가를 길러라. 불평의 시간을 줄이고 면학의 시간을 늘려라"고 충고하고 있다. 아울러 일본인들에게도 "칼로 일어선 자는 칼로 망한다. 군국주의를 빨리 포기하라. 인류를 짓밟는다면 일본은 세계의 적이 되고, 망하는 것은 조선이 아니라 일본이다"며 지혜로운 식민통치를 촉구하는 '승자다운 경고'도 잊지 않았다.

야나기 연구가 다카사키 소지(高崎宗司)는 이에 대해 "야나기는 이 〈비평〉을 통해 파웰의 논문을 절찬함으로써 조선식민지화의 상징이라고 할 수 있는 이토 히로부미를 미화하고, 조선의 '완전 독립'을 부정하는 입장에 서게 됐으며, 그동안 '대중의 분노〔公憤〕'에 바탕을 두어 써왔던 글도 1923년 9월 《국제지식》에 기고한 〈일선(日鮮)문제의 어려움에 대하여〉를 끝으로 종지부를 찍고 '예술에 대한 사모(思慕)'를 기초로 한 글을 전면에 내세우게 된 계기가 됐다"고 설명했다. 또 '일본민예관(日本民藝館)'에서 한때 야나기의 일을 도왔던 미즈오 히로시는 〈일본의 조선통치정책을 평하다〉의 〈비평〉만큼 야나기의 생각을 명확히 표현한 글도 드물다고 밝혔다. 이쯤 되면 야나기가 왜 공들여 조선 지식인들의 마음을 사려했는지 자명해 진다. 그럼 야나기가 〈비평〉에서 개진한 논리를 보기로 하자. 여기에는 우리가 반성할 점도 적지 않다.

조선문제에 관한 평론을 많이 읽었지만 이만큼 오류가 적고, 공명

(公明)한 평론을 본 적이 없다. 아마 이런 유(類)의 글로는 지금까지 발표된 것 가운데 최상이라고 생각한다. 일본과 조선 두 국민이 이 글을 숙독하고 깊이 반성하기를 간절히 바란다. 이 글은 원래 정치적 논문으로 내면적 사상문제에는 깊이 파고들지 않았다. 그러나 밖으로 드러난 현상(現狀)의 참모습을 비평한 것으로는 이보다 간명(簡明)하고 공평한 입론(立論)을 기대하기는 어려우리라 생각한다.

필자는 비평가로 가져야 할 조건을 충분히 갖추고 있다. 첫째, 매우 공평(公平)하다. 이런 유의 평론은 어쨌든 선입관에 사로잡혀 한쪽으로 치우쳐서는 곤란하다. 어떤 일을 변호할 경우는 결점을 문제 삼지 않는 게 보통이다. 공격할 때에도 서로 유별나게 다른 점을 고려하지 않는다. 그러나 파웰은 장점과 단점을 모두 잘 꿰뚫어 보고 있다. 그래서 그 어느 쪽에도 치우치지 않는다. 둘째로, 짧은 글이지만 두 나라에 대한 동정심을 갖고 쓰고 있다. 공평하더라도 동정이 결여되면 가치는 반감한다. 그러나 그는 양쪽 처지를 두루 고려해 사실을 안으로부터 보려했다. 우리는 이 평론에서 따뜻한 충고를 들을 수 있다. 셋째로, 지적한 사실이 객관적인 근거를 갖고 있다. 필자는 일찍이 스스로 두 나라 국민과 친숙하게 지낸 경험이 있을 뿐만 아니라 공표된 객관적인 사실에 논거를 두려 했다. 이것은 논리가 독단으로 흐르지 않기 위한 필수조건이다. 없어서는 안 될 이 세 가지 요건을 갖추고 있다는 점은, 곧 이 평론이 충분히 믿을 만하다는 사실을 알리는 것이 아닐까. 신뢰할 만한 논리에는 당연히 귀를 기울이지 않으면 안 된다. 거기에 드러나 있는 주안점을 잘 음미한다면 일본인이나 조선인에게도 얻을 점이 매우 많으리라 생각한다.

나도 조선 말기의 역사를 숙독했는데 그 정도로 어두운 역사는 세계에 드물다고 생각한다. 정치는 나라를 지키고 발전시키기 위해서가 아니라 거의 개인적인 야심을 채우기 위해 이루어졌다. 따라서 당파 싸움이 판을 치고, 암살은 암살을 거듭했다. 나는 그 역사를 읽으며 피비린내에 치를 떨었다. 특히 곡물 조세 징수가 지나쳐 백성들은 도탄의 고통을 맛보아야 했다. 학술은 거의 버려졌고, 승려는 전혀 사회적 지위를 갖지 못했다. 국가는 정신적으로나 물질적으로 빈사상태였다. 늘 생각하고 있지만 그때 조선 민족에게 다소나마 자각이 있었더라면 중국이나 러시아 또는 일본이 넘볼 수는 없었을 것이다. 일본은 중국과 러시아와 각각 싸워 이겼고, 그 결과 마침내 조선을 손안에 넣었다. 원래 이런 일은 도덕적으로는 용납할 수 없는 행위이다. 그러나 정치적으로는 어쩔 수 없는 일이었을 것이다. 불행하게도 오늘의 정치는 아직 도덕의 단계에 이르지 못했다. 따라서 도덕적 측면에서는 일본이 비난받아 마땅하지만, 일한병합이라는 결과에 대해서는 조선 스스로도 절반은 책임을 져야 한다고 생각한다. 그때 조선이 스스로 국가의 독립을 지킬 수 있는 튼튼한 힘을 지니고 있었더라면 일본 등 주변국에 간섭 받지 않았을 것이다.

어쨌거나 정치적 사정은 오늘과 같은 결과를 가져왔다. 약자는 어디에서나 불행하다. 강자는 어디에서나 횡포를 부린다. 그래서 사회는 원한과 압박 사이에서 끊임없이 갈등을 일으킨다. 세계는 몇 천 년 동안 이 당연한 결과를 위해 비참하고 부정한 경험을 되풀이하고 있지 않는가. 이 불행한 추세를 바로잡기 위해서는 두 가지 길밖에 없다고 생각한다. 첫째, 약자는 강자를 원망하기 전에 왜 이런 처지가 되었는지를 스스로 반성하지 않으면 안 된다. 둘째, 강자는 약자를 학대하기 전에 과연 이러한 행위가 정당한지를 숙고하지 않으면 안 된다. 일본과 조선 상호간에 이러한 각성이 있다면 사정은 크게 달라지리라 확신한다.

조선에 필요한 것은 자각이다. 일본에 필요한 것은 우의(友誼)이다. 조선 사람들이여, 독립을 갈망하기 전에 인격자의 출현을 앙망(仰望)하라. 위대한 과학자를 내고 위대한 예술가를 낳아라. 될 수 있는 대로 불평의 시간을 줄이고, 면학의 시간을 많이 가져라. 지금은 대단히 중요한 때이다. 민족의 운명을 영원한 기초 위에 놓도록 하라. 참고 견디며 자포자기하지 말라. 여러분은 예수가 한 말씀을 알고 있을 것이다. 끝까지 인내하는 자는 구원 받는다. 슬퍼하는 자는 위로 받는다. 세계는 여러분의 적이 아니다.

일본 동포여, 칼로써 일어선 자는 칼로 망한다. 군국주의를 빨리 버려라. 약자를 학대하는 짓은 일본의 명예가 아니다. 그들의 정신을 존중하고 육체를 보호하는 일이 우의임을 깊이 깨달아라. 사랑하는 친구를 갖는 것은 우리의 환희이다. 그렇지만 비천한 노예를 갖는 것은 우리의 치욕이다. 타인을 멸시하고, 비하하고, 학대하는 일에 조금이라도 시간을 보내지 말라. 약자에 대해 갖는 우월의 쾌감은 동물에게 맡겨라. 우리는 인간답게 살아야 하지 않겠는가. 스스로의 자유를 존중하듯이 타인의 자유도 존중해야 하지 않겠는가. 만약 이 자명한 인륜을 짓밟는다면 세계는 일본의 적이 될 것이다. 그렇게 되면 망하는 것은 조선이 아니라 일본이다.

이 글을 조선의 '독립운동 포기권유서' 라고 하면 지나친 해석일까. 실제로 나카미 마리는 "당시 상황에서 '조선 사람들이여, 독립을 갈망하기 전에 인격자의 출현을 앙망하라…… 세계는 여러분의 적이 아니다' 는 부분만 읽었다면, 조선인에게 실력이 없기 때문에 독립운동은 그만두라고 받아들여졌을지 모른다"고 이를 시인한다. 그러면서도 "야나기가 조선의 고유성을 인정하고도 독립운동에 적극적인 자세를 보이지 않았던 것은 독립성의 진실한 근거를 정치가 아니라 과학과 종교, 그리고 예술에서 찾으려 했기 때문이었다"고 야나기를 두둔하고 있다.

그러나 야나기는 조선의 독립운동을 돕는 데에 소극적이었던 게 아니라 처음부터 독립항쟁의 불씨를 끄는 데 정신이 팔려 있었다.

그런 야나기에게서 어떻게 조선의 독립운동을 돕는 노력을 기대할
수 있었겠는가.

독립운동 비꼰 〈적화에 대하여〉

조선인의 독립운동에 대한 야나기의 비뚤어진 시각을 그의 글에
서 찾아내기란 그리 어렵지 않다. 《가이조》 1920년 12월호에 실린
〈적화(赤化)에 대하여〉란 글도 그 좋은 예에 속한다. 그는 이 글에
서 독립운동을 과격행위로 규정하고 "여러분이 싸우기 위한 깃발
을 내걸지 않는다면 우리도 칼을 버리겠다"며 독립운동의 포기를
종용하고 있다.

이 글은 《가이조》가 조선 독립운동의 과격화 방지를 위해 마련
한 특집 〈조선 적화대책〉 가운데 한 편이다. 《가이조》는 이 특집에
스에히로 시게오(末廣重雄)의 〈과격주의와 조선의 자결성(自決性)〉,
노가미 도시오(野上俊夫)의 〈조선인상(像)의 단편〉, 노보루 쇼무(昇
曙夢)의 〈극동 과격파의 현재와 미래〉, 야마가와 기쿠에(山川菊榮)의
〈시베리아의 과격파를 어찌할 것인가〉, 오바 가코(大庭柯公)의 〈재
만(在滿)노령(露領)의 선인(鮮人)해방〉 등 당시 일본 저명인사의 글 6
편을 실었다.

〈적화에 대하여〉는 글의 형식도 독특하다. 야나기는 여기서 한
사람의 과격파(갑)와 다른 한 사람의 군국주의자(을)를 가상으로 내
세워 서로의 주의 주장을 대화 형식으로 펼쳐나간다. 그는 과격파
를 극단적인 민주주의자, 또는 러시아 국민을 대표하고, 군국주의
자는 일본인을 대표한다고 보면 한층 재미있는 이야기가 될 것이라
고 설명하고 있지만, 여기에는 조선인의 무장 항쟁을 꼬집으려는

의도가 숨어 있다.

대화 내용이 아무리 좋은 결론을 이끌어내기 위한 가정(假定)이라 할지라도 "일본은 인륜을 범한 적이 없다. 전쟁은 모두 정의를 위한 것이다. 천황을 암살하거나 순수한 민중을 괴롭히는 행위는 아직 일본에는 없다"는 주장은 말도 되지 않는 소리이다.

또 그는 '을'의 입을 통해 제암리 교회 학살사건은 몇 사람의 잘못으로 일어난 사고이지 일본의 본뜻은 아니라고 진실을 왜곡한다. 그가 진정으로 조선인을 사랑했다면 도저히 입에 담을 수 없는 말이다. 바로 그의 이중성을 그대로 드러낸 징표이다.

야나기는 '병'과 '정'이라는 양쪽 온건주의자를 또 다른 토론자로 끌어들여 이야기를 계속한 뒤 "여러분도 싸우기 위해 깃발을 내걸지 말라. 그러면 나도 칼을 버리겠다. 평화에는 그런 것이 필요 없다. 서로가 힘에 의지한다면 틀림없이 여러분도 망하고 우리도 망할 것이다"며 독립운동을 포기토록 하는 결론을 도출해 내고 있다. 〈적화에 대하여〉를 우리말로 요약하면 다음과 같다.

을 : 과격사상이란 인도(人道)를 무시하고 피비린내 나는 폭력 수단으로 욕구를 해결하려는 전율할 만한 주장이다. 수많은 사람을 참혹하게 죽이고, 강간하고, 물건을 약탈하고, 파괴하는 것은 인류에 대한 반역이다. 과격주의로는 세상을 구제할 수 없으며 무질서로 빠져들게 할 뿐이다. 이제까지 과격파만큼 무서운 사상을 인간이 지녔던 역사는 없었다고 생각한다. 인륜을 거스르는 여러분의 주장에 대항하는 일이야말로 우리의 임무이다. 사회에 널리 퍼져 있는 적화사상은 결코 묵인할 수 없다.

갑 : 우리 처지에서 보면 일본의 분위기야말로 정말 혐오스럽다. 모두가 관료적이고 군국주의적이며 침략적이다. 민중의 힘을 무시하고,

군비 확장에만 세금을 낭비하며, 영토를 늘리는 일에만 열중하니 말이다. 약소민족을 학대함으로써 우월감을 느끼는 풍조는 문명세계에서 가장 무서운 적이다. 어쩌면 시대에 뒤지는 야만행위라고 평하는 쪽이 적절할는지 모르겠다. 오만한 자본가가 노동자들을 노예처럼 부리는 짓을 추하다고 생각하지 않는가. 부당하다고 생각지 않는가. 우리는 이런 제국주의와 군국주의의 병폐를 밑바탕부터 고치려고 일어섰다. 여러분은 우리를 두려워하고 있다. 세계가 완전히 적화된다면 여러분의 설 땅이 없어지기 때문에 적화가 일본의 위기라고 생각하고 있다. 그러나 이런 위기야말로 일본을 구제할 수 있는 지름길이라는 것이 우리의 신념이다.

을 : 여러분은 일본을 질책하면서도 자신의 죄악에 대해서는 반성하지 않고 있다. 일본이 언제 인륜을 범한 적이 있느냐. 전쟁은 모두 정의를 위한 것이다. 일본이 겨우 50년 사이에 문명을 이룬 것은 순전히 군사력의 위광(威光)과 관료통치가 있었기 때문이다. 천황을 암살하거나 순수한 민중을 괴롭히는 행위는 아직 일본에서는 없었다. 얼마 전 여러분의 동료는 니콜라예프스크에서 어떤 행위를 지질렀나. (러시아 혁명 후 1920년 3월부터 5월 사이에 시베리아에 출병한 일본군이 니콜라예프스크에서 러시아 과격파군에게 살해된 사건이 있었다.[28]) 하늘에 부끄럽고 스스로에게도 수치스러운 일을 저지른 것은 아닌지. 수백 명의 일본 동포들이 여러분의 악랄한 공격에 죽었다. 그런 행위에 대해 변명할 여지가 있다면 들어보겠다. 그 무시무시한 행위는 인간의 역사를 추하게 만드는 씻을 수 없는 과오이다.

갑 : 여러분은 나더러 대들보 위의 먼지를 보지 않는다고 공격하지만 나는 여러분이 그렇게 호언장담하는 태도를 몹시 불쾌하게 생각한다. 여러분은 니콜라예프스크의 일로 우리를 책망하고 있다. 그러나

---

28) 원주. 니콜라예프스크사건을 말함.

여러분도 같은 행위를 ○○[29]서 ○○명에게 행하지 않았나. 그때 50~60명의 무고한 민간인을 교회당에 몰아넣고 불을 지르고, 창문으로 나오는 사람들을 찔러 죽인 일을 어떻게 변명할 것인가. 영국인은 바로 얼마 전 인도에서 수백 명의 토착민을 충분한 이유도 없이 사살했다. 1차 세계대전에서 독일이 야만적인 행위를 했다고 연합국이 규탄하고 있지만, 그 역시 정도의 차이이다. 군인이 사람을 죽이는 게 참혹하기는 모두 마찬가지이다. 니콜라예프스크사건은 무력정치에 대한 징벌이다. 군인만 없었다면 그런 일은 없었을 것이다. 군국주의, 침략주의의 일본은 러시아를 힐책할 자격이 없다.

을 : ○○의 일은 불과 몇 사람의 잘못으로 일어났다. 따라서 일본의 본뜻은 아니다. 니콜라예프스크사건은 완전히 계획된 살육이다.

갑 : 그렇다면 마찬가지로 니콜라예프스크의 일도 소수의 잘못된 사람들의 행위로서, 사람을 죽이는 것은 과격파의 근본 목표는 아니다. 과격파는 평화를 목적으로 하고 있다. 일본처럼 계획적으로 영토를 침략하는 일은 가장 부도덕하다고 생각한다. 그와 같은 부정한 나라를 지구상에서 제거하려고 우리는 일어섰다. 일본이 우리를 두려워하는 것도 무리가 아니다. 그런 의미에서 과격파는 정말 일본의 적일 수 있다. 일본은 세계의 적이라는 사실을 더 한층 기억해 두기 바란다.

을 : 나는 당신의 무례한 말을 더 이상 듣고 싶지 않다. 무리하게 사회질서를 어지럽히거나 피를 흘리는 일로써 개혁을 하려 해서는 진정한 평화를 바랄 수 없다. 과격주의는 일본의 국시를 위협한다. 제도에 위배된다. 우리는 단연코 만주와 조선에서 적기(赤旗)를 없앨 것이다. 그것은 자기 수호이며 동시에 세계에 대한 일본의 임무이다. 인도(人道)를 무시하는 행위로써 인도가 수호될 리 없다. 세계의 대세는 그렇게 흐르지 않는다. 그런 폭력이 존재하게 되면 군사력을 양성해야 한

---

29) 검열에서 삭제된 부분으로 제암리 교회 방화 학살사건을 말함.

다는 자각이 더욱더 강해진다. 말은 도움이 되지 않는다. 이제부터 당신들에게 전쟁을 선포한다.

(이렇게 되면 이야기가 벽에 부딪쳐버린다는 것을 독자들은 느낄 것이다. 서로 자신의 죄는 반성하지 않고 남의 결점만 들춰내어 자신에게 유리하도록 생각을 전개하고 있다. 전쟁은 언제나 정의의 이름으로 일어나고 있지만 그것은 자기미화에 지나지 않는다. 이기심과 배타심이 작용하지 않은 전쟁은 없다. 만약 서로 이와 같은 입장을 고수하여 전쟁을 일으킨다면 과연 행복이 동양에 찾아들 것인가. 갑은 악행을 통해 이 땅에 평화를 가져올 수 있다고 생각하는가. 또 을은 세계 추세를 거스르며 민본사상을 타파할 수 있는가. 인정에 위배되는 행위가 인간의 존경을 받을 수 있다고 생각하는가. 군사력의 위세가 두 사람 사이에 사랑을 놓을 수 있다고 생각하는가. 군사력과 관료의 일본은 영원히 번영할 수 있을까. 어쨌거나 두 개의 다른 마음이 지금 서로를 없애려고 잔뜩 벼르고 있다. 우리는 어떻게 이 위기를 넘겨야 좋을까. 본인은 또 다른 두 사람의 대화를 상상하고 있다. 만약 다음과 같은 이야기를 나눈다면 우리는 행복한 결과를 가져오지 않을까.)

병 : 여러분은 '과격파' 라는 말로 이미 우리를 공포에 떨게 했다. 그러나 실은 '다수파' 이다. 만약 두려워하고 증오해야 할 일밖에 다른 뜻이 없다면, 우리의 주장에 어떻게 수백만의 사람을 끌어들일 힘이 나왔겠는가. 많은 사람들이 우리를 따르고 있는 까닭은 우리의 주장에 범할 수 없는 진리가 있기 때문이다. 지금의 문명은 갖가지 불순하고 부자연스러운 결과를 낳았고, 소수를 위해 다수가 학대 받는 생활을 하고 있다. 여러분도 그것을 반성해 주기 바란다. 우리는 지금 행복을 더 널리, 더 깊이 만민이 공유할 수 있도록 노력하고 있다.

정 : 우리는 여러분의 운동으로 많은 점을 반성하고 있다. 그것이 문명의 질병을 치유하는 가장 효험이 큰 약이라 느끼고 있다. 그러나 여러분이 자행하고 있는 갖가지 악행은 우리의 마음을 무겁게 한다.

우리는 이렇듯 가공할 만한 수단까지 정당하다고 생각하지 않는다. 아무튼 여러분이 한 걸음 더 나아가 깊이 책임을 느끼고, 인류의 운명이나 진리에 한층 깊이 이해하기를 진심으로 바라고 있다.

병 : 귀측의 주의에 감사한다. 엉겁결에 많은 영령들에게 죄를 지은 사람들이 우리 사이에서 나온 것을 미안하게 느끼고 있다. 우리는 더욱 반성하여 인도를 순수하게 수호하는 사상과 행위에 유의하려 한다. 우리는 정말 여러분의 적이 아니다. 결코 인륜을 파괴하고 질서를 어지럽히는 일을 본의로 하지 않는다. 그러한 일이 없도록 앞으로 더욱 주의하려 한다. 여러분도 우리의 참뜻을 이해하고 여러분 자신의 군국주의와 민중을 학대하는 사조(思潮)에서 일본을 구제해 주기 바란다. 우리는 진리와 미의 일본에는 항상 머리 숙일 용의가 있다. 붉은 깃발이 만연하기 전에 어떻게든 일본의 아름답고 온화한 햇살 가득한 깃발을 걸어주기 바란다. 위압을 앞세우거나 백성의 힘을 거스른다면, 우리는 하는 수 없이 우리의 깃발을 내걸고 전진하기를 주저하지 않을 것이다. 그러나 그것이 우리의 바람은 아니다. 일본을 진리의 일본으로 맞이할 것을 우리는 한없이 희망하고 있다.

정 : 우리도 여러분의 마음을 이해할 용의가 있다. 여러분은 가공할 행위와 사상이 여러분의 본뜻이 아니라는 것을 나에게 알려주었다. 게다가 그것을 부끄럽게 여겨 앞으로 그러한 일에서 자신을 구제하려 노력할 것임을 분명히 했다. 나는 그렇게 되기를 마음으로 기원하고 있다. 여러분도 앞으로 일본을 단지 군사력과 자기 본위의 나라로 생각하지 말아주기를 바란다. 우리 사이에 있는 이런 폐해를 지금 국민들이 반성하고 있다는 사실을 알아주기 바란다. 젊은 일본인들은 지금 조국을 진리의 나라로 만들려고 노력하고 있다. 진리와 미와 지극한 선에 대해 젊은이들은 결코 냉담하지 않을 것이다. 진리와 미와 선 위에 일본이 놓일 때 영원한 일본이 존재한다는 사실을 잘 알고 있다. 일본은 스스로 가까운 시일 안에 자국의 운명을 새로운 단계로 나아

가게 할 것이다.

병 : 일본의 그런 일은 상상만으로도 기쁨이다. 우리는 서로 자기의 죄를 깊이 깨닫고, 타인의 장점을 깊이 이해하며, 한 마음으로 진리를 지키려 하고 있다. 그런 때가 온다면 우리 사이에 싸울 일이 뭐가 있겠나. 그러한 날이 하루빨리 오기를 기원해 달라. 부디.

정 : 우리는 지금 싸우고 있을 때가 아니다. 남을 배제하고 자기를 내세우려는 마음을 버리고, 서로 남을 받아들여 도와가면서 자기를 살리려 하지 않으면 안 된다고 생각한다. 이 믿음을 좀더 돈독히 한다면 하나의 땅에서 서로 싸워 두 개의 깃발을 세우는 일은 없을 것이라 생각한다. 귀측도 싸우기 위해 깃발을 내걸지 말라. 그러면 우리 측도 칼을 버리겠다. 평화에는 그런 것이 필요 없다. 만약 그런 힘에 의지한다면 틀림없이 귀측도, 우리 측도 망할 것이다. 지금처럼 계속한다면 여러분은 번영하지 못할 것이다. 또한 나의 생명도 영원하지 않을 것이다.

병 : 나는 귀하의 말이 정당하다는 것을 기쁜 마음으로 믿고 싶다. 나는 귀하를 만나게 된 것을 기쁘게 생각한다. 미래의 일본이 축복받기를 마음으로 기원한다.

정 : 우리 두 사람이 함께 진리의 길을 걸을 때, 신의 가호가 있을 것이다.

(독자는 만약 이런 이야기가 있었다면 어떻게 생각할까. 나는 이런 방식 이상의 더 좋은 해결법은 없다고 생각한다. 서로가 서로를 적대시한다면 결과야 어찌 됐건 서로 좋은 운명을 맞이할 수는 없다고 생각한다. 적화에 대한 질문이 있었으므로 느낌만을 썼을 뿐이다.)

조선발언 묶어 한 권의 책으로

이와 같이 야나기는 조선독립운동을 저지하기 위해 그 뒤에도 글쓰기를 계속한다. 그가 〈조선인을 생각하다〉를 시작으로 3년 동안 쓴 조선에 관한 글은 20여 편에 이른다. 그는 1922년 9월 이를 한데 모아 《조선과 그 예술》이라는 이름의 책을 펴냈다. 앞서 이미 설명한 〈조선인을 생각하다〉, 〈조선의 벗에게 드리는 글〉, 〈그의 조선행〉을 비롯하여 〈석불사(石佛寺)의 조각에 대하여〉(《예술》 1919년 6월호), 〈도자기의 아름다움〉(《신초(新潮)》 1921년 1월호), 〈조선의 미술〉(《신초》 1922년 1월호) 등이 망라되어 있다.

그는 당초 책이름을 《조선인을 생각하다》로 할 생각이었으나 출판사의 뜻에 따라 《조선과 그 예술》로 정하게 되었다고 설명한다. 조선의 예술을 다룬 부분이 많기 때문이었다. 그동안 쓴 글을 단순히 한데 묶은 것이어서 내용은 중복이 많다. 야나기 자신도 이 점을 인정하고 있다. 그러나 반복된 부분은 자신이 강조하여 말하고자 하는 철학이라고 해명한다.

그는 《조선과 그 예술》의 머리말에서 "조선에 대해 일본인이 공개한 문헌은 아직 빈약하기 그지없다. 역사학에서 다소 볼 만한 연구가 있기는 하지만 그도 미완성 상태이다. 하물며 사상계에서 통찰력 있는 이해가 공표된 적은 거의 없다. 그렇다고 이 책으로 세상에 자랑할 만한 지식을 줄 수 있는 것은 아니다. 거의 대부분이 잠자코 있을 수 없는 감정으로 쓴 단편들이다. 공분을 느끼거나 쓸쓸하고 괴로울 때 혹은 기쁠 때나 미에 도취했을 때 붓을 들었던 것이다. 하지만 그 점은 책의 유래를 순수하게 만들었으면 만들었지 가치를 떨어뜨리지는 않으리라 생각한다. 3년 전 그 무서운 사건[30]이 일어나지 않았던들 이런 글은 쓰지 못했을 것이다. 따라서 책도 생

---

30) 3·1운동.

거나지 않았을지 모른다. 눈앞에서 벌어지고 있는 조선과 일본의
사정은 이런 단편적인 글이나마 세상에 내놓을 것을 요구하고 있
다. 그만큼 해야 할 말을 다하지 못하고, 하고 싶은 말이 있어도 허
용되지 않는 상황이다. 발언의 자유를 갖지 못한 많은 조선 사람들
을 대신하여 몇 가지 진실을 말하려는 데 목적이 있다"고 출판 배
경을 설명하고 있다.

그는 또 "사람들은 나에게 왜 조선문제에 간여하게 되었는지를
묻는다. 그러나 나는 그런 한가로운 질문을 답답하게 생각하고 있
다. 냉정한 학술연구자라고 해서 시국문제와 관계가 없다고 누가
장담할 수 있겠는가. 생명과 운명에 대한 문제가 그가 맞닥뜨리는
가장 중요한 문제이다. 그런 문제가 눈앞에 현실로 나타나고 있다.
어떻게 잠자코 있을 수 있는가. 사색은 살아가는 문제에서 한층 더
깊어지는 것이다. 더구나 조선에 있는 수많은 예술이 마음을 끌고
있는데, 어떻게 발언을 포기하고 잠자코 있을 수 있는가. 조선의 특
질을 인식하지 못하는 사람은 조선에 대해 이야기할 자격이 없다.
결점을 모르는 사람은 어리석다. 특질에 대해 눈이 어두운 사람은
몇 배 더 어리석다. 조선의 특질을 공개적으로 변호하는 일본인을
본 적이 없다. 일본인에게만 이런 일을 할 수 있는 특권이 주어져 있
다고 생각한다. 만약 조선 사람이 자기들 장점을 자랑한다면 애국심
에서 우러나온 변호라고 생각할 수 있을 것이다. 애국심에는 편견이
따르기 마련이다. 외국인이 조선을 옹호할 경우는 한층 더 불순하
다. 왜냐하면 그것은 일본을 비방하거나 자신들을 이롭게 하기 위한
변명에 지나지 않기 때문이다. 그러므로 일본에서 조선의 진정한 벗
이 나타나야 한다고 믿는다. 하물며 혈연으로 보더라도 일본은 조선
과 가장 가깝지 않은가. 그렇건만 일본인은 일본인에게 주어진 특권

을 누리려 하지 않는다"며 자신이 조선 민심 수습에 앞장서고 있는
이유를 길게 설명하고 있다.

그는 "이 책의 독자들 가운데는 반드시 조선인도 있을 것이므로
그들에게 전에 피력했던 생각을 대강 적어 솔직한 마음을 전달할까
한다"며 다음과 같은 논리로 독립운동을 중단하기를 다시 한 번 강조
했다.

'자유·정의, 그리고 일본 젊은이들의 선의를 믿고 기다리라'

지난 어느 날 모임에 초대를 받아 조선에 관한 강연을 마쳤을 때,
청중 속의 한 사람이 일본의 조선 압박에 대해 격한 어조로 질문을 했
다. 실로 변명의 여지가 하나도 없음을 느끼고 가슴이 미어지는 듯했
다. 설사 그 모든 것이 사실이 아니라 할지라도 아직 불완전한 일본인
의 한 사람으로 변명할 자격이 없다는 점을 반성했다. 그런데 그 사람
의 얼굴이 흥분하여 고통으로 어두워지는 모습을 보고 엉겁결에 견해
를 밝히지 않을 수 없었다.

"나는 한마디 변명할 자격도 없고 그럴 의사도 없다. 여러분의 말
이 사실이라면 앞으로 올바른 일본이 되도록 더욱 노력하겠다. 여러
분은 일본을 의심할지 모르나 나는 미래의 일본을 믿는다. 그리고 여
러분의 암울한 마음에 밝은 빛이 들 날이 오리라 믿는다. 설복하기 위
한 빈말이 아니다. 세 가지 확실한 이유로 반드시 그날이 올 것임을
믿는다.

첫째는, 자유에 대한 사모와 확립이다. 이는 현대 세계 사조의 본류
로 강력한 흐름으로 존재한다. 인간에게 허용된 올바른 이상(理想)이
므로 결코 사멸하는 법은 없을 것이다. 몇몇 세력이 이에 항거하고 있

지만 날로 무너져가고 있다. 경제나 군사력에 의한 지배는 이제 옛날처럼 힘을 발휘할 수 없게 될 것이다. 일본 홀로 제아무리 그런 추세를 막아보려 해 보았자 헛수고에 지나지 않는다. 일본이 세계 사조에 뒤떨어지는 그런 어리석음을 범하리라고는 생각지 않는다. 올바른 세계 사조보다 더 강한 힘을 가지고 있는 나라는 없다. 칼도 물론 힘이지만 진리는 그보다 더욱 강하다. 여러분은 설령 일본을 믿지 않더라도 인류의 사상은 믿을 것이다. 그런 신념이 여러분의 절망을 희망으로 바꾸는 힘이 아닐까. 분하다고 자신을 죽여서는 안 된다. 오히려 실속 있게 자신을 키워 인류와 함께 미래의 왕국을 건설해야 한다. 이 점은 우리나 여러분에게 마찬가지이다.

둘째로, 일본의 젊은이들에 대한 믿음이다. 여러분은 느낄 수 없을지 모르지만 지금은 사상이 격변하고 있다. 정치로 대표되는 일본과 젊은 사상의 일본과는 분명한 차이가 있다. 여러분이 미워하는 것은 전자이다. 하지만 그런 일본만이 일본의 전부라고 생각한다면 그것은 대단한 착각이다. 머지않아 시간은 지금의 여러분 처지를 바꿔 놓을 것이다. 매우 많은 일본의 젊은이들이 조선의 벗임을 알고 있다. 나를 단지 한 사람의 예외라고 생각해서는 안 된다. 우리는 타고나면서부터 여러분을 증오한 것은 아니다. 우리는 정치적인 일본이 일본을 대표하는 것처럼 인식되고 있는 데에 괴로움을 느낀다. 일본인과 여러분의 적을 동일시해서는 안 된다. 젊은이들은 여러분을 이해할 준비를 하고 있다. 그것은 이제 시간문제일 뿐이다. 이 점을 깨닫는다면 불행한 증오로 귀중한 시간을 낭비하는 일은 줄어들 것이다.

세 번째, 정의(正義)를 믿어야 한다. 나는 진리 자체가 모든 운명을 결정한다고 믿는다. 만약 여러분이 말하듯이 일본이 정말 나쁘다면 언젠가는 멸망한다. 악은 최후의 승리자가 될 힘을 갖지 못한다. 정의의 힘이 일본의 오류를 바로 잡지 않고는 그냥 두지 않을 것이다. 악은 정의를 이기지 못한다. 이는 도덕계의 도태(淘汰) 법칙이다. 그것이

진화의 원칙이 아니겠는가. 나는 도덕률을 의심할 수가 없다. 법칙을 깰 수 있는 일본의 존재란 허용되지 않는다. 그렇다면 여러분의 운명을 죽일 수 있는 일본이 어디에 있단 말인가. 일본은 의심해도 도덕률까지 의심해서는 안 된다. 나는 영속되는 악은 없다고 확신한다. 일본의 젊은이들은 일본을 진리의 나라로 바꾸려고 노력하고 있다. 일본에서 태어난 한 사람으로 악 때문에 망해가는 일본을 보고 있을 수는 없다. 정의를 토대로 일본이 태평해질 날이 오기를 열망한다. 만약 일본이 죄를 범하고 있다고 비난한다면 그에 대해 귀를 기울이겠다. 지난 일 때문에 일본과 조선의 미래가 절망적이라 속단할 수는 없다. 진리가 모든 것을 밝히는 최후의 힘이라고 굳게 믿는다. 우리에게도 당신들에게도 지금은 위기이다. 서로가 스스로 한 발씩 물러나 진리에 대한 신념을 잃지 않도록 하자. 비하(卑下)나 증오 때문에 서로를 죽이지 말고 생명의 가치를 서로 확립하도록 하자. 그런 희망이 조금도 없다면 세계는 암흑이다. 그렇지만 암흑이라고 판단하기에는 앞에서 말한 세 가지 근거가 너무나 강력하고 확실하지 않은가.

동양은 결합해야 한다. 그러나 결합과 정복에 의한 통일을 혼동해서는 안 된다. 서로 개성을 인정함으로써, 존경과 이해와 정애가 솟는 법이다. 서로 사이의 사랑이 융화의 기초이다. 이와 반대로 배척과 정복은 증오의 기초이다. 이 변변치 못한 저서가 일본과 조선이 결합의 장으로 나아가도록 유도하는 실마리가 되기를 간절히 바란다(《조선과 그 예술》의 머리말 가운데)."

야나기는 이런 노력에도 두 나라 관계가 좀처럼 나아질 기미를 보이지 않자, 1923년 9월 《국제지식》에 〈일선(日鮮)문제의 어려움에 대하여〉라는 제목의 글을 기고, "일선문제가 어려운 것은 아니다. 일본이 택하고 있는 도덕이 모든 문제를 곤란하게 만들고 있다. 정치가 도덕의 영역에 이르지 못한 점이 잘못의 원인이다. 조선인은 불온하지 않다. 일본의 통치가 잔학한 것도 아니다. 총독부에는 교양을 갖춘 사람들이 수없이 많고 그들은 될 수 있는 대로 선정(善政)을 베풀려고 열성적이다. 그러나 이는 오히려 지엽적인 문제이다. 일본이 정치를 도덕에 종속시킬 용기를 갖지 않고 국가라는 이름 아래 도덕을 속이기 때문에 어려움을 일으키게 된다"며 이기심을 버리고 '도(道)'로써 다스리라고 조언하는 데 머무르고 만다.

*3*장　오리엔탈리즘

시라카바(白樺) 도령

퇴역 해군소장의 아들로 태어나다

야나기는 1889년(메이지 22년) 3월 21일, 도쿄 아자부구 이치헤에쵸 2정목 13번지에서 태어났다. 아버지 나라요시는 해군소장으로 그때 나이 쉰여섯 살, 어머니 카쓰코는 서른세 살이었다. 미즈오 히로시에 따르면, 야나기의 집은 5,200평 부지에 침실 수만도 스무 칸이나 되는 대저택이었다. 부엌도 두 개나 딸려 있었다. 잘 다듬어진 정원에는 희귀한 관상수는 물론 복숭아·밤·감·배·포도·은행·귤·무화과같은 유실수들이 빽빽이 들어차 마치 옛 서양 제후의 별장을 연상케 했다. 집 뒤편에는 집 안을 청소하며 관리하는 정원사 집도 따로 있었다. 야나기 저택은 무네요시가 태어나던 해 화재가 나 수많은 장서와 골동품이 대부분 소실됐다. 그럼에도 복구에는 전혀 지장을 받지 않은 부자였다.

'무네요시'라는 이름은 그의 아버지 나라요시가 자신의 이름

‘요시(悅)’자를 따서 지어주었다고 한다. 그러나 친구들 사이에는
한자 발음대로 ‘소에쓰’라 불린 경우가 많았다. 무네요시 스스로도
‘소에쓰’를 아호처럼 불러주기를 바랐다. 그가 쓴 책이나 영국 친
구 버나드 리치에게 보낸 영문 편지에도 ‘소에쓰 야나기(Soetsu
Yanagi)’를 흔히 사용했다.

무네요시의 사상은 메이지 이전 일본의 전통사회와 깊게 관련되
어 있다. 아버지 나라요시와 어머니 카쓰코의 가계(家系)를 보면 그
의 정신세계를 짐작할 수 있다. 나라요시는 성(姓)이 우리말로 유
(柳)씨여서 조선이나 중국에서 건너간 귀화인쯤으로 생각될지 모르
지만, 그의 조상 5대가 1627년께부터 대대로 에도(江戶; 지금의 도
쿄)와 쓰번(津藩, 미에(三重)현 현청 소재지)을 오가며 살아온 순수
일본인이다.

아버지 나라요시는 수학의 귀재

아버지 나라요시는 메이지유신 정변 때 도쿠가와 막부(幕府)군 총
사령관으로 에도성을 그대로 내주어 유신정부에서 출세한 카쓰 가
이슈(勝海舟, 1823~1899)와 에노모토 다케아키(榎本武揚, 1836~1908)
등과 함께 1872년 병부성 해군부를 창설, 초대 수로(水路)국장을 맡
은 해군의 핵심 구성원이었다. 그가 입안한 〈해군창립에 관한 건의
서〉는 일본 해군 창설의 지침이었다. 나라요시는 해군 수로국장으
로 근무하면서 일본 연안을 샅샅이 측량, 이를 한눈에 볼 수 있는 수
로도(水路圖)를 완성했다. 이어《양지괄요(量地括要)》,《타이완수로지
(臺灣水路誌)》,《남도수로지(南島水路誌)》등의 책을 잇따라 내놓았다.

나라요시는 수학의 귀재이기도 했다. 18세 때(1850년) 이미《신

교산법(新巧算法)》과 《산법원리전(算法圓理箋)》이라는 수학에 관한 책을 펴낼 정도로 수리에 밝았다. 이런 재능은 바다로 이어져 미국의 페리함대가 일본 우라가항(浦賀港)에 들어온 1853년에는 이세만(伊勢湾) 연안을 측량하고 《측량고(測量稿)》라는 지도를 만들었다. 그는 도쿠가와 막부로부터 실력을 인정받아 1855년 나가사키에 설치된 해군전습소의 첫 훈련생으로 뽑혀 이곳에서 3년 동안 조

야나기 무네요시의 아버지 나라요시. 일본 해군 소장과 귀족원 의원 등을 역임했다.

선학(造船學), 운용술, 항해술, 포술, 선구술(船具術), 측량술, 수학 등을 배웠다. 그가 메이지 신정부에 등용된 것도 이런 재능이 참작됐음은 말할 필요도 없다.

아버지 나라요시는 사회활동도 활발했다. 해군 안에 '수로학회'를 만들고, '대일본수산회(大日本水産會)'를 조직했으며, 천문관측을 위한 기상대 창설에도 참여했다. '도쿄수학회(東京數學會)'도 그가 창립을 주도한 동아리 모임이다. 나라요시는 이밖에도 수산물, 식물, 요리, 시가(詩歌), 민속학 등에도 조예가 깊었다.

그러나 나라요시의 결혼생활은 상당히 기구했다. 그는 결혼을 세 번이나 했다. 미에현 출신이란 사실만 알고 미처 이름도 몰랐던 맨 처음의 아내와는 1873년 딸 이토코(糸子)를 얻은 뒤 곧바로 이혼했다. 두 번째 아내는 쓰번 번사(藩士; 번의 무사)의 셋째 딸 치카코(周子)로 1875년 1월 결혼, 아들 하루오(懇雄)와 딸 엔코(燕子)를 낳았으나 아들은 1877년 11월 3일에, 딸은 그해 12월 15일 각각 죽었다. 치카코도 그 영향으로 폐병에 걸려 1879년 7월 6일 31세의 젊

은 나이에 세상을 등졌다.

나라요시는 1880년 스물세 살이나 어려 딸 같기도 한 가노 카쓰코(嘉納勝子)를 세 번째 아내로 맞이했다. 카쓰코의 아버지 가노 지로사쿠는 서양에서 철선을 일본에 들여와 도쿄와 고베·오사카 사이에 최초로 정기 여객선을 운항했던 해운가였다. 카쓰 가이슈가 막부시대 고베 해군조련소(海軍調練所) 소장으로 고베항을 비롯한 전략 요충지에 포대를 만들 때는 공사 책임자로 일했다. 가노는 특히 카쓰와 절친했다. 카쓰코란 이름도 카쓰 가이슈가 가노의 집을 방문했을 때 태어나 카쓰(勝) 성을 따서 짓게 했다고 한다. 나라요시와 카쓰코의 결혼은 이런 인연이 만들어낸 맺어짐이었다.

나라요시와 카쓰코는 슬하에 3남 3여를 두었다. 1880년 12월 21일에 태어난 첫째 스에코는 화족(華族)여학교를 졸업하고 앞에서 설명한 대로 1903년 인천총영사 가토 모토시로와 결혼했다. 그녀는 러일전쟁 때 인천 앞바다에서 부상한 러시아 병사를 간호해 주어 러시아 황제로부터 감사장과 훈장을 받기도 했다. 둘째 역시 딸이었으나 어릴 때 죽었다.

셋째 요시사와(悅多)는 1882년생으로 수산 강습소를 나와 원양어업에 종사했다. 무네요시에게 맏형 격인 그는 다이쇼 초기 일본 최초로 엔진을 탑재한 어선 '오도리(鳳)'와 '사치마루(幸智丸)'를 자력으로 건조하고 바다물고기에 관한 연구도 했다. 요시사와는 그의 아버지로부터 상속 받은 재산을 이런 사업에 모두 써버렸다. 요시사와는 결국 그의 외숙부 가노 지고로(嘉納治五郎) 밑에서 유도를 배운 뒤 지바현 야스보(安房) 중학교에서 학생들을 가르치게 됐다. 그러나 1923년 9월 1일 체육관에서 수업 도중 관동대지진을 만나 학생들을 대피시킨 뒤 자신은 빠져 나오지 못하고 무너져 내린 건물더미에 깔려 숨졌다.

1887년 넷째로 태어난 나라다카(楢喬)는 도쿄대학 법과를 졸업하고 검사와 변호사를 거쳐 은행에 들어갔다가 사업을 하겠다며 미국으로 건너갔다. 그는 미국에서 '오토역차'라는 자동차를 발명하기도 했으나 1920년 1월 25일 스페인에서 감기로 사망했다. 막내 지에코(千枝子)는 1891년 아버지가 죽은 그해 7월 4일 유복자로 태어나 화족여학교를 졸업하고 앞서 설명했듯이 조선총독부 사무관 이마무라 다케시와 결혼했다. 나라요시에게는 이밖에도 요시시게(悅重)와 요시마로(悅麿)라는 두 명의 양자가 있었으나 둘 다 나라요시가 죽기 전 분가하여 독립했다.

메이지 정부에서 공을 세운 아버지 나라요시는 1890년 국회 개원과 함께 귀족원 의원으로 임명됐다. 그러나 그해 겨울에 걸린 감기가 폐렴으로 악화되어, 결국 이듬 해 1월 14일 58세로 생애를 마감했다. 무네요시는 그때 나이 두 살이었다. 따라서 아버지에 대한 기억이 있을 리 없었다. 무네요시가 성장한 뒤 쓴 《야나기 나라요시 소전(柳楢悅 小傳)》도 객관적 사적(事蹟)을 근거로 할 수밖에 없었다. 그러나 아버지 나라요시가 무네요시에게 끼친 영향은 이루 말로 다할 수 없을 만큼 매우 컸다. 미즈오 히로시는 "무네요시의 정력적인 학구열, 주도면밀한 계획과 조사, 쉴 새 없는 메모와 저술, 왕성한 수집벽, 그리고 남을 감동시키는 감화력과 지도력 등은 그의 아버지를 꼭 빼어 닮았다"고 설명하고 있다.

화족 자제들의 교육기관 가쿠슈인에 입학

한참 재롱부릴 나이에 아버지를 잃은 야나기 무네요시는 청일전쟁이 끝난 1895년 9월 가쿠슈인(學習院) 초등과에 입학했다. 가쿠슈인은 메이지정부가 이른바 '화족(華族)' 자제들을 '황실의 울타리'로 양성하기 위해 1877년에 세운 특수학교였다.

화족이란 메이지유신 이전 일본을 지배했던 다이묘(大名)[31]와 고케이(公卿)[32], 그리고 메이지유신에 공이 큰 사람들 가운데 귀족 칭호를 받은 사람들을 말한다. 메이지유신 주체세력은 혁명 성공 후 권좌에서 쫓겨난 막부시대 상급무사들의 불만을 해소하기 위한 방편으로 1869년 이 제도를 도입했다. 이에 따라 혁명 당시 '불충의 역적'으로 낙인찍혀 쫓겨났던 도쿠가와쇼군(德川將軍)을 비롯, 사쓰마(薩摩), 죠슈(長州), 도사(土佐), 히젠(肥前) 등 큰 번의 번주(藩主)들은 모두 화족 칭호와 함께 귀족 대우를 받게 됐다. 유신정부는 혁명 주체세력에게도 막부시대 신분에 얽매이지 않고 활동할 수 있도록 다이묘·고케이 출신과 똑같이 화족 칭호를 주었다. 이들이 바로 신화족(新華族)이다. 화족제도는 유신정부가 1884년 들어 국가유공자들을 공적(功績)에 따라 공작·후작·백작·자작·남작 등 5개 등급으로 나누어 작위를 수여하는 화족령(華族令)을 제정, 실시함에 따라 확실히 뿌리를 내리게 됐다. 이로써 정계와 재계의 실력자들도 화족이 될 수 있는 길이 열렸다.

가쿠슈인은 처음 초등과 6년, 중등과 6년, 고등과 3년 등 모두 15년 과정으로 설립됐다. 관리 감독도 문부성이 아니라 왕실을 관리하는 궁내성(宮內省)이 직접 맡았다. 가쿠슈인에 입학한 화족 자제들에게는 수업료 면제의 특혜가 주어졌다. 가쿠슈인은 사속(士

---

31) 도쿠가와 막부시대 쇼군(將軍)의 참모로 연 1만 석 이상의 녹봉을 받던 무사층.
32) 막부 조정에서 종삼품 이상의 벼슬을 한 귀족. 쿠교라고도 함.

族)³³⁾과 평민의 자제들에게도 문호가 열려 있었지만 화족과 연고가 없는 사람은 입학이 어려워 실제 입학생은 극소수였다. 게다가 사족과 평민 출신은 수업료도 내야 했다. 학생들 사이에 겉으로 드러난 차별은 없었으나 학적부에는 화족, 사족, 평민의 족적(族籍)이 기재됐다.

가쿠슈인의 특색은 무엇보다 자유스러운 교풍이었다. "스스로 믿는 바를 끝까지 밀고나가되 의(義) 앞에서만 머리를 숙여라. 귀족인 체 해서는 안 되지만 귀족처럼 행동하라"는 계율이 가쿠슈인의 위상을 단적으로 말해 준다.

무네요시의 어머니 카쓰코는 야나기가(柳家)가 구화족도, 그렇다고 신화족도 아니었으나 아들의 가쿠슈인 입학을 너무나 당연히 생각했다. 해군 창설에 공이 큰 아버지 나라요시가 좀더 오래 살았더라면 작위를 받고 화족으로 추대됐을 것이 틀림없었기 때문이다. 실제로 나라요시와 함께 창군(創軍)에 참여했던 동료들은 그때 모두 귀족 칭호를 받고 있었다.

다재다능한 야나기와 핫토리 선생

야나기 무네요시는 공부를 좋아하는 학생이었다. 글재주는 물론이고 그림과 조각, 음악 등 예술에 대한 감각도 보통이 아니었다. 중학교 1학년 때(13살) 벌써 《글 숲(文の林)》과 《시금석(試金石)》이라는 두 가지 교내 회람잡지³⁴⁾를 만들어 친구들에게 돌려보도록 할

---

33) 메이지유신 이후의 무사 계급.
34) 동아리 회원들의 원고를 한데 모아 잡지형태로 만들어 돌려 보는 책.

정도였다. 그가 만든 잡지 가운데 《글 숲》은 제2호가, 《시금석》은 제3호와 5호가 각각 일본민예관에 보관되어 있다. 《글 숲》에는 그가 쓴 〈매화나무 전설(梅の說)〉, 〈해국(海國) 남아의 본령(本領)〉, 〈난선(難船)〉이라는 제목의 글 3편이 자신이 그려 제목을 붙인 〈동물원〉, 〈사람〉, 〈돼지〉라는 그림과 함께 실려 있다.

그의 글은 물론 어른들의 '국가주의'를 그대로 흉내 내고 있다. 〈해국 남아의 본령〉을 예로 들면 그는 청일전쟁에서 일본이 타이완을 빼앗은 것을 '야마토다마시(大和魂)[35]'의 발휘라고 평가하고, "노랑머리, 파란 눈의 무리들을 눈이 휘둥그레지게 놀라게 하는 것이 해상국가 남아의 본분"이라고 으스댔다.

그럼에도 무네요시는 자신의 특기를 살리는 화가나 문인의 길을 걷지 않았다. 중등과 2학년 때 담임 핫토리 다노스케(服部他之助)의 영향 때문이었다고 한다. 핫토리는 그리스도교도로 식물학이 전공이었으나 영어를 가르쳤다. 핫토리는 학생들을 자기 집으로 불러 밀턴이나 에머슨을 강독(講讀)하며 내용을 익히도록 했다. 문법보다는 서로 이야기가 통할 수 있도록 회화 중심으로 가르쳤다. 핫토리는 영어뿐만 아니라 종교와 도덕으로 학생들의 감성을 사로잡았다. 여름방학이 되면 학생들을 자연휴양지로 데려가 어지러운 사바세계와 아름다운 자연을 견주며 자연의 고마움을 일깨우기도 했다.

어린 나이에 아버지를 여읜 무네요시는 핫토리가 마치 아버지 같은 생각이 들었다. 핫토리 역시 총명하고 착실한 그를 사랑으로 대했다. 무네요시는 나중 〈은사 핫토리 선생(恩師 服部 先生)〉[36] 회고

---

35) 제국주의시대 일본민족주의의 핵심 요소로 강조된 일본민족의 고유 정신.
36) 《야나기 무네요시 전집》 1권.

록에 "핫토리 선생은 깨끗함의 귀중함을 내게 심어주신 최초의 참다운 스승이었다. 신(神)과 자연에 대해 여러 가지 신비로운 진리를 말씀해 주셨다. 후년 내가 종교에 마음을 두기에 이른 것은 주로 선생의 가르침에 있었다"고 기록하고 있다.

핫토리 집을 드나든 학생은 야나기뿐만이 아니었다. 뒤에 작가로 성공한 시가 나오야(志賀直哉), 서양화가로 이름을 날린 아리시마 미부마(有島壬生馬), 소설가 사토미 돈(里見弴), 미우라 나오스케(三浦直介) 등도 들어 있었다. 학년은 달라도 선생의 인격을 존중한 학생들이었다. 이들은 뒤에 대부분 '시라카바' 동인들로 활동하게 된다. 무네요시는 이때부터 선배들과 사귀며 귀여움을 받았다. 특히 이웃에 살던 시가 나오야는 야나기보다 여섯 살 위였지만 절친한 친구로 지냈다.

학구열 불태운 가쿠슈인 고교시절

무네요시는 1907년 3월 가쿠슈인 중등과 6학년 과정을 3등으로 졸업하고 고등과에 진학했다. 고등과는 대학 진학을 위해 학급이 법과와 문과로 나뉘었다. 야나기는 문과를 선택했다. 문학부라면 장래 도쿄제국대학에도 무시험으로 들어갈 수 있는 장점이 야나기와 그의 어머니 카쓰코의 마음을 움직였던 것으로 보인다. 야나기와 함께 중등과를 수료한 학급에서 문과를 지망한 학생은 오로지 야나기 혼자뿐이었다. 그래서 야나기는 커다란 교실에서 마치 가정교사에게 개인강의를 듣듯이 혼자 수업을 받는 경우가 많았다.

당시 가쿠슈인 고등과에는 동양사의 시라토리 구라키치(白鳥庫吉), 영어의 칸다 나이부(神田乃武), 불교학자로 영어를 가르치는 스

즈키 다이세쓰(鈴木大拙), 독일어 전공인 철학자 니시다 키다로(西田
幾多郞) 등 우수한 교사들이 많이 근무했다. 그 가운데서도 칸다 나
이부는 일본 전국에 이름난 메이지시대 으뜸가는 영문학자였다. 야
나기는 그에게 일대일로 배워 스무 살 때 영어 말하기와 작문을 모
두 통달했다. 그는 학생들이 공부를 게을리 하는 분위기에서 교사
들의 가르침을 마치 자석처럼 빨아들였다고 술회하고 있다.

　야나기는 학급에 문학이나 예술에 관해 이야기할 상대가 없어
한 학년 아래인 평민의 아들 고오리 도라히코(郡虎彦)와 친했다. 사
립 교육기관 운영자를 아버지로 둔 고오리는, 고베에서 유·소년기
를 보내고 혼자 도쿄로 올라와 그의 외숙부 이시와타 도시카즈(石
渡敏一)의 도움으로 가쿠슈인에 입학했다. 이시와타는 사법부 차
관·제 1차 사이온지(西園寺) 내각 서기장을 거쳐 귀족원 의원, 추밀
원 고문관 등을 지낸 인물이다. 야나기는 3학년 때 고오리와 함께
회람잡지 《도원(桃園)》을 만들었다. '도원'은 영어 교사 칸다 나이
부가 살던 지명이었다. 둘이 함께 선생 집을 자주 놀러 다녀 잡지
이름을 그렇게 지었다고 한다. 《도원》 첫 호에는 야나기의 감상문
과 고오리의 신체시(新體詩)가 실렸다. 그러나 이 잡지는 2호로 뜻
을 접었다. 이유는 덜렁덜렁한 성격의 고오리가 어디론가 자취를
감춰버렸기 때문이다. 때마침 가쿠슈인 동창생들이 힘을 합해 새로
운 잡지를 창간하기로 한 것도 또 다른 이유였다.

노기 원장의 군대식 교육이 시라카바 문예운동을 낳고

　가쿠슈인 학교의 교육을 총 감독하는 원장에는 당시 일본 사회
를 쥐락펴락하는 유력인사들이 주로 임명됐다. 귀족원 의장을 지낸

고노에 아쓰마로(近衛篤麿, 1863~1904), 도쿄대학 총장을 지낸 수학자 키쿠치 다이로쿠(菊池大麓, 1855~1917), 일본 육사교장을 지낸 다니 칸죠(谷干城, 1837~1911), 1894년 동학혁명 때 조선 주재 공사로 조선 내정에 간섭하다 청일전쟁을 일으키게 한 오도리 케이스케(大鳥圭介, 1832~1911), 1895년 조선공사로 부임해 명성황후를 시해한 미우라 고로(三浦梧樓, 1846~1926) 등이 원장을 거쳤다.

가쿠슈인은 1907년 1월 31일 노기 마레스케가 원장으로 부임하면서 분위기가 크게 달라졌다. 우선 전쟁에서 공을 세운 육군 중장을 가쿠슈인 원장으로 임명한 인사부터가 파격적이었다. 노기는 일본 육군 제3군 사령관으로 러일전쟁에 참전하여 많은 공을 세웠으나 여순(旅順)공략에서 개전 하루 만에 4,400여 명의 부하들을 숨지게 하기도 했다.

야나기가 가쿠슈인 고등과에 진학할 무렵 일본 사회는 러일전쟁의 승리감에 도취되어 개인주의 사상이 맹렬한 기세로 일어났다. 연애나 인생문제로 번민하는 청년들의 자살이 늘어나고, 물질·이기·황금만능주의와 사회·공산주의 사상 등이 서양에서 밀려와 그동안 강조해 왔던 충군애국(忠君愛國)정신은 점점 약해졌다. 이런 풍조는 가쿠슈인도 예외는 아니었다.

노기는 부임한 지 1년 만인 1908년 중·고등과를 지금의 도시마구(豊島區) 메지로(目白)에 있는 가쿠슈인대학 자리로 옮기고 학생들을 전원 기숙사에 들게 했다. 기숙사는 모두 6개 동이었다. 노기 자신도 기숙사 안에서 기거하며 학생들과

군대식 교육으로 특히 《시라카바》동인들이 싫어했던 노기 마레스케 가쿠슈인 교장.

생활을 함께 했다. 화족 자제들의 흐트러진 생활방식을 뜯어고치기 위한 일대 '개혁'이었다. 가쿠슈인은 교풍이 너무 자유분방해 학생들의 풍기가 노기 원장이 보기에 말이 아니었다. 신분계급으로 더 이상 상승할 목표가 없는 화족 자제들은 성취감이 없어 대부분 게으르고 행실이 지저분했다. 심지어 주먹 센 하급생이 상급생을 괴롭히는 사고도 자주 일어났다. 학생들은 '황실'에 대해서도 지극히 냉담했다.

무슨 일을 기억하는 일이 그리 쉽지 않은 50대 후반의 노기는 학생 한 사람 한 사람의 이름과 얼굴을 외워가며 학생들을 그의 뜻대로 이끌어 가기 위해 안간힘을 다했다. 식사 때가 되면 군대에서처럼 각 기숙사를 수시로 찾아가 학생들과 식사를 함께 하면서 생활소감을 물었다. 그리고 자신의 밥반찬이 학생들 것보다 좋아 보이면 학생들과 바꿔먹었다. 기숙사 밥이 맛이 없다는 말을 자주 들어왔기 때문이다. 노기는 학생들에게 방학 때마다 일기를 써 내도록하여 모두 읽고 독후감을 일일이 써줄 정도로 열정을 쏟았다. 노기도 물론 신화족의 한 사람이었다. 그런 그가 교정을 돌며 직접 잡초를 뽑기도 했다. 그는 자유분방한 도회 분위기에 절은 화족 2세들에게 조슈번(長州藩)의 하급무사 아들로 자란 자신의 생활습관을 심어주려 애를 썼다. 특히 러일전쟁 때 두 아들을 잃은 그는 "화족은 보통 사람과는 다르다"며 국가를 위해 헌신할 것을 거듭거듭 강조했다.

이런 노기 원장에 대해 학생들은 크게 반발했다. 무네요시는 노기의 군대식 행동을 극히 싫어했다. 그가 징병 신체검사에서 불합격 판정을 받고 연애 중이던 뒤에 아내가 된 카쓰코에게 기쁜 마음을 전한 편지만 보아도 그의 군대 기피성향을 알 수 있다. 무네요시

1910년 4월에 결성한 11명의 '시라카바' 동인들. 앞줄 가운데가 야나기이며 무샤노코지 사네아쓰는 뒷줄 맨 왼쪽. 시가 나오야는 앞줄 맨 왼쪽에 포즈를 취했다.

의 친구 시가 나오야는 노기 원장이 1912년 메이지 왕을 따라 자살하자 '바보 같은 놈'이라고 대놓고 욕할 정도였다.

노기 원장에 대한 반발은 곧 '시라카바 문예운동'으로 이어졌다. 무네요시를 비롯한 가쿠슈인 재학생들은 이토 히로부미 암살 이후 대한제국을 병탄하기 위한 비밀공작이 한창이던 1910년 4월, 문학과 예술을 좋아하는 졸업생들과 손을 잡고 동아리를 만들어 동인잡지 《시라카바》를 펴내기 시작했다.

처음에는 15명이 뜻을 모았다. 무샤노코지 사네아쓰, 시가 나오야, 오기마치 긴카즈(正親町公和), 기노시타 리겐(木下利玄), 사토미 돈, 고지마 기쿠오(兒島喜久雄), 소노이케 긴유키(園池公致), 다나카 아마무라(田中雨村), 구사카 신(日下諗), 야나기 무네요시, 고오리 도라히코, 아리시마 다케오(有島武郎), 아리시마 미부마, 미우라 나오스케, 호소카와 모리타쓰(細川護立) 등이 면면들이다. 야나기의 동급생 나가요 요시오(長与善郎)는 1년 늦게 합류했다. 동인 가운데

6명은 화족출신이었다. 오기마치 긴카즈·사네요시 형제와 무샤노코지 사네아쓰, 소노이케 긴유키는 고케이, 기노시타 리겐과 호소가와 모리타쓰는 다이묘 가계로, 오기마치는 그때 백작, 기노시타와 무사노코지는 자작, 호소카와는 남작 집안이었다. 아리시마 다케오는 다이쇼 왕의 초등학교 '학우'였다. '시라카바' 동인들은 보통사람의 눈으로 보면 거의가 사회적 지위상승의 필요성을 느끼지 않는 신분 높은 집안의 '도령'들이었다.

연령별로 보면 아리시마 다케오가 최고 연장자로 야나기보다는 12살이나 위였고, 무샤노코지는 네 살, 사토미와 나가요는 각각 한 살씩 야나기보다 많았다. 고오리 도라히코는 야나기보다 한 살 적었다. 고오리와 무네요시 둘은 '시라카바' 동인들 가운데 나이가 가장 어려 동인들의 손발이 됐다. 아리시마 다케오 등 네 명을 제외한 동인들은 《시라카바》를 창간하기 전 이미 그룹별로 회람잡지를 펴내고 있었다. 무샤노코지, 시가, 오기마치, 기노시타 등은 《야망(野望)》을, 그 2년 밑의 사토미, 코지마, 소노이케, 다나카 등은 《보리(麥)》를 만들고 있었고, 앞서 설명한 《도원》을 만든 무네요시와 고오리는 그 1~2년 아래였다. 그 밖에 미우라 나오스케는 학생시절부터 이름을 날린 수집(蒐集) 전문가로 야나기에게도 많은 영향을 미쳤다.

'시라카바' 동인들은 인격을 존중하고 문화가치를 강조하는 데 역점을 두었다. 이들의 가장 큰 관심은 뭐니 뭐니 해도 각자 '개성'을 살리고 구습에 찌든 사고방식을 '개조'하는 문제였다. 무샤노코지 등은 미야자키(宮崎)현 고유(兒湯)군 외딴 마을에 '새마을'을 만들어 자급자족 영농을 실험하기도 했다.

다시 말하면 인도주의와 이상주의를 표방한 이들 '시라카바' 동인들은 당시 일본의 보통 사람들로서는 생각할 수 없는 실험정신으로, 다이쇼 시대 일본의 문학사상계를 주름잡았다. 일본 학계는 이들을 일본의 근대 문학사상을 설명하는 데 빼놓을 수 없는 '시라카바파(白樺派)'로 자리매김하고 있다.

《시라카바》 창간호 표지.

동인들은 틈이 날 때마다 야나기 집 등에서 만나 톨스토이(Lev Nikolaevich Tolstoi, 1828~1910)의 휴머니즘을 논하고, 프랑스 조각가 로댕(Rene · Francois · Auguste Rodin, 1840~1917)에 관한 이야기를 나누곤 했다. 그래서인지 야나기가 조선 문제에 관심을 두고 조선에 관한 글을 쓰게 된 배경을 톨스토이의 휴머니즘 영향에서 찾는 학자들도 있다.

야나기 사상과 학문 형성의 모태 《시라카바》

야나기는 《시라카바》에서 그의 뜻을 마음껏 펼쳤다. 그는 《시라카바》에 종교, 예술, 철학, 과학에 관한 논문을 쉴 새 없이 발표했다. 그가 처음 관심을 가졌던 분야는 문학이 아니라 '죽음'이나 '영(靈)'의 문제를 해명하는 과학으로 접근한 심리학이었다. 그는 중등과 5학년 때 처음 가쿠슈인의 동창회인 '호진카이(輔仁會)' 일본어(日本語) 연설부에서 '죽음'에 대해 발표한 뒤 고등과 1학년에

1910년 6월호 《시라카바》 뒷면 표지. 서양식 복장에 가슴을 드러낸 여성의 모습을 실을 정도로 잡지의 성격은 자유분방했다.

올라와 같은 모임에서 '하늘〔天〕의 나라와 땅〔地〕의 나라'를 주제로 강연했다.

또 3학년이 되어서는 〈근대사회의 정신현상〉을 제목으로 연구 결과를 발표했다. 야나기는 《시라카바》 1권 6, 7호에 기고한 〈새로운 과학〉이란 제목의 글에서 죽음과 영에 대한 사색과 탐구방법론을 제시하고 있다. 글은 '인간이란 무엇인가', '물질이란 무엇인가', '심령이란 무엇인가'라는 물음에 답하는 형식으로 과학을 생물학, 물리학, 심리학으로 나누고, '영(靈)'의 문제를 심리학 영역에 포함시켜 심령현상에 관한 연구를 거쳐 해결 방법을 찾을 수 있는 새로운 과학으로 설명했다.

야나기는 특히 조각가 로댕에 대한 관심이 높았다. 그의 구상으로 《시라카바》 1권 8호(1910년 11월)를 로댕 탄생 70주년 기념 특집호로 만든 사실만 보아도 로댕에 대한 그의 열정이 어느 정도였는지를 읽을 수 있다. 야나기는 이 특집에서 〈종교가로서의 로댕〉이란 제목의 글을 통해 "로댕이 현대에 기여한 가장 빛나는 공적은 자연을 종교의 위치까지 끌어올린 점이다. 이로써 그의 조각은 전혀 종교예술 조건을 갖추지 않았지만 예술 그 자체로부터 종교를 만들어냈다"고 찬사를 아끼지 않았다.

야나기는 이밖에도 다른 동인들처럼 폴 세잔(Paul Cezanne), 빈

센트 고흐(Vincent van Gogh), 폴 고갱(Paul Gauguin), 앙리 마티스 (Henri Matisse) 등 서양 '후기인상파' 화가들에 대한 호기심도 대단했다. 이들 서양화가들에 대한 이야기가 빈번히《시라카바》지면을 장식한 이유도 동인들이 그만큼 좋아했기 때문이다.

야나기는 왕세자 앞에서 강연한 일로도 유명하다. 가쿠슈인 고등과를 수석 졸업한 그는《시라카바》창간 다음 날인 4월 2일 가쿠슈인 졸업식에서 쇼와(昭和) 왕세자로부터 은사(恩賜)의 은시계를 받고, 그 자리에서 〈국문학사의 일절, 고금 와가집(和歌集)의 선자(選者) 및 그 특색에 대해〉라는 제목으로 강연했다. 야나기는 이 일이 있은 뒤 동인들에게 "나는 가쿠슈인에서 우등상으로 받은 순은의 커다란 메달을 10개나 갖고 있다. 때때로 때려 부수고 싶었지만 지금까지 그대로 간직하고 있다. 역시 붙들려 있는 느낌이다"라고 털어놓기도 했다.

《시라카바》는 1923년 9월 관동대지진으로 13년 역사의 막을 내렸다. 종간 때까지 모두 160권이 출판됐다. 창작, 비평, 신사상 등을 담은 이 동인지는 근대 일본의 문화사조에 커다란 영향을 미쳤다. 기사로 다룬 분야도 문학, 그림, 조각, 과학, 사상 등 광범위하다. 야나기는 이 잡지를 그의 사상 형성과 학문 발전의 마당으로 최대한 활용했다. 그는 무샤노코지와 함께 가장 많은 원고를《시라카바》에 기고했다. 뿐만 아니라 편집자로 책에 담을 내용을 기획하고, 때로는 미술책임자로 표지 삽화를 구상했다. 그는 표지에 사용할 목판화를 스스로 조각하기도 했다.《시라카바》가 단순한 문예동인지에 머물지 않고 폭넓은 예술과 사상의 창조·소개·비평에 관한 종합지로 구실을 할 수 있었던 것은 야나기의 노력이 적지 않았다는 평이다.

《시라카바》는 많은 작가를 한꺼번에 배출한 점도 이채롭다. 시가 나오야, 무샤노코지 사네아쓰 외에 사토미 돈, 나가요 요시오 등은 소설가로 명성을 날렸다. 기노시타, 고오리, 센게 모토마로(千家元麿) 등도 평론 등의 분야에서 글 실력을 발휘했다.

결론적으로 《시라카바》는 야나기의 사상 형성 모태였다. 그렇지만 가쿠슈인 측은 이들 동인들을 '이단아(異端兒)'로 규정, 재학생들에게 《시라카바》를 구독하지 못하게 했다.

'블레이크'에 빠지다

기존 학문에 반기 들다

다른 '시라카바' 동인들에 견주어 4~12년 어린 나이에도 동인지를 주도적으로 이끈 야나기 무네요시는 1910년 9월 그가 바라던 도쿄제국대학 철학과에 입학해 심리학을 공부하기 시작했다. 가쿠슈인 고등과에 다닐 때부터 '새 신학(神學)'에 관심이 높았던 그는 심리학이라면 '종교와도 관련된 인생문제'에 관한 해법을 찾는 데 크게 도움이 되리라 판단하고 망설임 없이 심리학을 전공으로 택했다.

《시라카바》 편집에도 더욱 뜨거운 열정을 쏟았다. 야나기는 '시라카바' 동인답게 전공과목 외에도 문학과 예술에 관한 책을 섭렵하며 지식을 재생산해 냈다. 그의 생각과 연구 결과는 곧바로 《시라카바》를 장식했다. 《시라카바》는 당시 '가쿠슈인 이단아'들에게 지식 함양과 사상 연마를 위해 없어서는 안 될 귀중한 '실험무대'였다. 야나기가 대학에 들어간 지 꼭 1년 만인 1911년 8월에 발표한 〈메치니코프의 과학적 인생관〉이라는 제목의 논문은 9월까지 연재될 만큼 독자들의 눈길을 모았다. 그는 이 글에서 "우주와 인생에 대한 재래 종교의 철학적 해석에 불만을 갖는 사람에게는 실험과 관찰에 기초를 둔 과학이 큰 힘이 될 것"이라고 과학에 대한 기대를 밝히고, '과학'으로서의 심리학이 인생문제의 궁금증을 푸는 데 어느 정도 도움을 줄 수 있을 것으로 내다봤다.

그러나 졸업이 다가오면서 그의 그런 기대는 결국 큰 실망감으로 바뀌고 말았다. 야나기가 인생문제 해결에 대한 접근 방식으로 삼은 심리학은 당시 실험심리학을 주축으로 한 대학의 학문과는 거리가 멀었기 때문이다. 나카미 마리에 따르면 야나기는 마침내 졸업논문도 '심리학은 순수과학일 수 있을까'를 논제로 내세워 심리학의 과학성을 부정하기에 이르렀다. 따라서 야나기는 졸업논문이 무사히 통과되리라고는 생각지 않았던 것으로 보인다. 그가 논문을 다 쓰고 난 1913년 4월 3일 열애 중이던 나카지마 가네코에게 "기존 심리학에 반기를 들었으니 논문이 통과될지는 의문이다"라는 내용의 편지를 보낸 것에서도 그런 마음을 읽을 수 있다. 야나기는 또 졸업시험을 마친 1913년 6월 23일 가네코에게 또다시 서신을 띄워 "지금 막 시험이 끝났다. 대학에는 두 번 다시 발을 들여놓고 싶지 않다. '학문을 위한 학문(Academy of Academy)과는 영원히 연(緣)을 끊고 싶다"는 심경을 털어놨다.

대학에서 야나기의 졸업논문이 합격점을 받았는지는 알 수 없다. 논문 원본도 보존되어 있지 않다. 다만 그가 1953년 《도쿄대학신문》에 쓴 〈나의 졸업 논문〉이라는 글에서 당시 사정을 대략 짐작할 수 있을 뿐이다. 야나기는 학생신문사 측의 요청으로 쓰게 된 이 글에서 "나는 과학적 심리학을 주장하는 분트(Wilhelm Max

Wundt, 1832~1920)[37]보다 생명의 창조적 진화를 강조하는 베르그송(Henri Louis Bergson, 1859~1941)[38]쪽에 훨씬 마음이 끌려 심리학이라는 '과학'을 비판하게 됐다. 다시 말하면 주로 인간의 마음을 대상으로 하는 심리학이 과학적 연구 방법만으로는 부족하다는 사실을 느끼기 시작한 것이다. 졸업이 눈앞에 닥친 때 이런 회의(懷疑)가 들어 매우 곤혹스러웠으나, 차라리 그것을 논문으로 써버리기로 마음먹었다. 결론은 '심리학은 과학적 실험에다 무언가 보탬이 없다면 제대로 된 학문이라 할 수 없다'는 생각이었다. 실험이 과학의 주된 방법이라면, 실험으로는 '마음(心)' 자체를 알 수 없으므로 심리학은 과학이 될 수 없다. 그래서 심리학을 과학의 범주에 넣어서는 안 된다고 논했던 것이다"라고 회상했다.

야나기는 철학의 기존 인식 방법에 대해서도 의문을 던졌다. 그는 1913년 12월에 발표한 〈철학의 기질(temperament) 문제에 관하여〉라는 글에서 "모든 철학적 내용이 논리적 가치에 그쳐야 하는 것이라면, 철학적 진리는 이미 아리스토텔레스 시대에 끝나 버렸을는지도 모른다. 그러나 철학은 귀결적인 진리의 발견이 아니며, 철학자 개개인이 결코 기하학적 방법으로 진리를 통일하기 위해 고뇌의 길을 걷고 있는 것도 아니다. 오히려 개성을 한없이 자유롭게 발휘하기 위해 노력하고 있는 것이다"며 논리성만 중시하는 철학을 문제 삼았다. 그러면서 야나기는 "철학의 출발점은 다름 아닌 바로 '나'이므로 자기 자신의 기질과 일치하지 않는 이론(理論)은 단 하나도 남을 움직일 수 있는 힘을 낳을 수 없다. 모든 철학적 확실성과 권위는 철학자 본연의 기질에서 솟아나온다. 그리고 설령 철학

---

37) 독일의 심리학자 겸 생리학자.
38) 프랑스 철학자. 다윈의 진화론 등에 영향을 받음.

자가 후세에 남긴 업적이 있다 하더라도 그것은 이론이 아니다. 이론은 일시 남을 뿐 곧 지나간다. 하지만 기질은 영원히 남는다"고 강조했다. 이 글은 야나기의 학문 연구 방향을 명확하게 드러낸 마음의 결정문이기도 하다.

블레이크에 빠지다

야나기는 고학년으로 올라갈수록 심리학이 무미건조한 학문으로 느껴졌다. 학과에 흥미를 잃은 그는 '대학에 뿌리내린 학문에 더 이상 매달릴 수 없다' 고 판단하고 대학교육과는 거리가 먼 새로운 분야에 도전해 보기로 마음먹었다. 바로 그때 머리에 떠오른 연구대상이 다름 아닌 윌리엄 블레이크(William Blake, 1757~1827)였다.

블레이크는 18~19세기를 풍미한 영국의 낭만주의 시인이자 화가였다. 판화에 능했으며 신비주의에도 심취했다. 오늘날 낭만주의 시인 가운데 워즈워스(William Wordsworth, 1770~1850)와 함께 가장 뛰어난 인물로 정평이 나 있기도 하다. 〈순수의 노래(Songs of Innocence)〉, 〈경험의 노래(Songs of Experience)〉 등이 그의 대표작이다. 특히 시(詩)에 삽화를 그려 넣은 그의 서정시와 서사시는 서유럽 문화 전통에서 매우 독창적이고 독자적이라는 평가를 받는다. 그러나 당시 지식인들은 그가 외곬수이고 비현실적이라는 이유로 '미치광이' 보듯 했다. 그는 결국 가난하게 살다가 무관심 속에 생을 마감했다.

야나기는 개성 넘치는 블레이크야 말로 연구해볼 만한 충분한 가치가 있는 인물이라고 생각했다. 블레이크는 1890년대 말까지만 해도 일본에서 별로 관심을 끌지 못했다. 그의 삶에 대한 평가도 부정적이었다. 그러나 1910년대 들어 그의 진정한 내면을 올바로 보기 위한 연구 붐이 일기 시작했다. 블레이크는 당시 문학, 미술을 비롯한 예술에 관심이 높았던 '시라카바' 동인과 도쿄제일고등학교 문예부 학생들 사이에는 널리 알려져 있었다. 시중에도 블레이크의 시를 번역한 책이 나와 단편적이나마 그에 관한 정보를 얻기는 그리 어렵지 않았다. 도쿄제국대학에서도 일본에 귀화해 일본에 관한 많은 글을 남긴 라프카디오 헌이 블레이크에 관한 강의를 하고 있었다. 다만 라프카디오는 블레이크를 '미친 사람'으로 다루는 기존의 편견을 버리지는 못했다.

그런 가운데 1911년 2월호 《데이코쿠분가쿠(帝國文學)》에 발표된 와쓰지 데쓰로(和辻哲郎, 1889~1960)[39]의 〈상징주의의 선구자 윌리엄 블레이크〉라는 제목의 논문은 야나기를 더욱 호기심의 세계로 몰아넣었다. 와쓰지의 논문은 블레이크의 정신세계를 일본에 최초로 분석해 소개한 사상연구였다. 와쓰지는 그때 도쿄제국대학 철학과(1909년 입학) 졸업반이었다. 그는 다니자키 준이치로(谷崎潤一郎) 등의 탐미파 문학운동과 오사나이 가오루(小山內薰)의 연극운동에 적극적으로 참여하며 퇴폐와 향락에 탐닉하기도 했다. 야나기는 물론 그런 와쓰지를 잘 알고 있었다.

야나기에겐 그의 친구이자 '시라카바' 동인이었던 나가요 요시로의 일화도 블레이크 연구의 자극제가 됐다. 야나기보다 1년 늦은 1911년 9월 도쿄제국대학 영문학과에 입학한 나가요는 블레이크를 졸업논문 주제로 다룰 생각으로 학과 초빙교수였던 존 로렌스에게 물어보았다. 그러나 그에게서 돌아온 대답은 "그건 미친 짓이다"라

---

39) 근대일본을 대표하는 철학자 겸 윤리학자.

는 한마디였다. 이에 충격을 받은 나가요는 영문학에 대한 흥미를 잃고 대학을 중퇴해 버렸다. 야나기는 나가요의 좌절에 크게 낙담했지만 그렇다고 블레이크를 향한 뜻을 접을 수는 없었다.

미즈오 히로시에 따르면 야나기는 가쿠슈인 중등과 3학년(1906년) 때 이미 블레이크를 알고 있었다고 한다. ‘시라카바’ 동인으로 야나기와 절친했던 고오리 도라히코의 권유로 블레이크의 시집 《순수의 노래》를 빌려보고 감탄했다는 게 그의 설명이다. 고오리는 블레이크를 ‘훌륭한 사상가’로 야나기에게 소개했다. 소설·시·평론·희곡 등에 능했던 고오리는 1912년 도쿄제국대학에 다닐 때 희곡 〈도성사(道成寺)〉를 무대에 올려 절찬을 받았으며, 이듬해 대학을 그만두고 영국으로 건너가 영문으로 희곡을 써서 호평을 받기도 했다. 그러나 1924년 병으로 쓰러져 스위스 요양소에서 34세의 나이로 이승을 등졌다. 나카미는 "영어 실력이 뛰어난 고오리가 현실 속의 또 다른 세계를 볼 수 있는 ‘환시자(幻視者)’의 능력을 지녀 자기와 비슷한 성격의 블레이크를 훌륭한 사상가로 쉽게 받아들일 수 있었을 것"이라고 분석하고 있다.

가네코와의 연애 = 예술 + 철학

블레이크 사상을 공부해 보고 싶은 야나기의 결심은 나카지마 가네코와 교제했던 영향도 결코 무시할 수 없다. 두 사람은 1910년 4월 초 도쿄음악학교 독일어 교사였던 다무라 히로사다(田村寬貞) 집에서 만나 서로 사귀게 됐다. 다무라는 야나기의 가쿠슈인 선배로, 도쿄대학을 졸업하고 리하르트 바그너(Wilhelm Richard Wagner, 1813~ 1883)를 연구하며 ‘시라카바’ 동인들과 친하게 지냈다.

이날 모임은 유럽 유학에서 막 돌아온 아리시마 미부마의 환영회였다.

이 자리에는 당시 도쿄제일고등여학교를 졸업하고 도쿄음악학교에서 성악을 공부하던 가네코도 초대됐다. 그녀는 미술을 잘해 처음 미술대학 진학을 희망했으나 아버지의 권유로 진로를 바꿨다. 가네코는 도쿄 스미다가와(隅田川) 철교 근처에서 철공장을 경영하며 남부럽지 않은 생활을 하던 나카지마 다

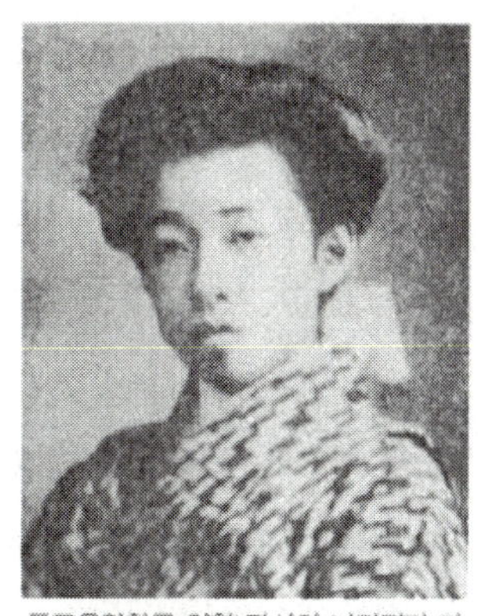

도쿄음악학교 입학 당시의 나카지마 가네코. 도쿄음악학교 독일어 교사 집에서 야나기를 처음 만나 교제를 시작. 열애 끝에 1914년 결혼하게 됐다.

카미치(中島隆道)의 맏딸이었다. 그녀의 할아버지 나리미치(成道)는 일본 해군 창설자의 한 사람인 에노모토 다케아키 등과 함께 네덜란드에 유학, 기계제작 기술을 배우고 돌아와 유신정부 들어 오사카·도쿄 조병창(造兵廠) 등에서 일하기도 했다.

가네코는 《요로즈초호》신문을 보고 야나기 무네요시란 이름을 이미 알고 있었다. '가쿠슈인 올해의 수석졸업자' 란 제목으로 야나기의 이야기가 실렸기 때문이다. 야나기는 이날 가쿠슈인 교복 차림에 수석졸업 기념으로 받은 '은시계' 를 차고 나와 나이 많은 친구들로부터 부러움을 샀다. 어떤 친구는 야나기에게 "은시계는 내게 주지"라며 농담을 건네기도 했다. 야나기에게 마음이 끌린 가네코는 축가로 이들을 기쁘게 했다.

그로부터 교제를 거듭한 두 사람은 장래를 약속하며 서로의 관심사에 대해 거리낌 없이 솔직하게 이야기를 나누었다. 야나기는 가네코 덕에 예술에 대한 식견이 한층 높아졌다. 야나기는 물론 그녀를 알기 전부터 예술을 잘 이해하고 있었다. 하지만 학문의 대상

으로는 생각지 않았다. 야나기는 가네코를 만나고부터 예술을 주제로 한 글을 적극적으로 발표하기 시작했다. 논조도 자연스레 학문의 객관적 소개보다 내면에서 우러나오는 감정과 개성을 더욱 중시하게 됐다. 성악가 가네코를 이해하기 위한 노력의 결과였다.

야나기는 1911년 가네코에게 보낸 편지에서 "요즘 예술에 대한 동경이 너무 지나쳐 학문 연구와 조화를 이루지 못하고 있다. 당신에 대한 사랑이 가장 큰 동인(動因)이 되어 내 생애의 방향이 지금 확연히 변해 가는 느낌"이라고 고백했다. 그러면서 야나기는 철학을 예술과 종교에 접목시키는 일을 '필생의 과업'으로 다짐한다. 야나기는 1911년 10월 자신의 첫 저서《과학과 인생》을 펴낼 때만 해도 여러 학설을 객관적으로 소개하는 데 그쳤다. 과학을 부정하지는 않았지만 정서가 부족한 과학자를 좋게 여기지 않았다. 과학에 대한 의문을 품으며 논리 이상의 뭔가를 추구하러 애썼다. 이는 곧 블레이크 사상에 대한 공감으로 이어졌다.

오리엔탈리스트 버나드 리치와 만나다

게다가 블레이크를 잘 아는 버나드 리치를 만나게 된 것은 말할 수 없는 행운이었다. 리치는 에칭(etching)에 뛰어난 재주를 가진 화가이자 도예가로 동양예술을 연구하는 '오리엔탈리스트' 였다. 곧이어 설명하겠지만 리치는 야나기에게 동양예술, 특히 조선예술에 대해 눈을 뜨게 한 '은인' 이기도 하다. 일본빈예운동에도 많은 도움을 주었다. 야나기는 가쿠슈인 고등과 3학년 때인 1909년 가을 도쿄 우에노(上野)의 어느 화실에서 그를 만났다. 1887년 홍콩에서 태어난 리치는 싱가포르, 일본 등지에서 어린 시절을 보낸 뒤 10세

때 영국으로 돌아가 1903년 슬레이드
미술학교(Slade School of Art)에 최연소
학생으로 입학했다. 그는 어려서부터
소묘에 관심이 높았으며 런던미술학교
(London School of Art)에 진학해 에칭
을 비롯한 본격적인 미술 수업을 받았
다. 리치는 런던미술학교 재학시절 이
학교에 유학 온 다카무라 고타로(高村光
太郎, 1883~1956)와 친해지면서 일본문
화를 접하기 시작했다. 라프카디오 헌

영국인 도예가 버나드 리치. 야나기 무
네요시에게 윌리엄 블레이크와 도자기
연구에 도움을 주고, 오리엔탈리즘 사상
등을 전수하며 많은 영향을 끼쳤다.

이 쓴 일본에 관한 책도 그의 호기심을 불러일으켰다. 이에 리치는
일본으로 건너가 동양을 연구해 보기로 마음먹고, 다카무라와 의논
했다. 다카무라는 그의 아버지에게 소개장을 써주었다. 리치는 이
를 들고 일본으로 향했다.

일본에 도착한 리치는 에칭과 영어를 가르쳐 생활비를 댈 생각
으로 1909년 9월 우에노 사쿠라기쵸(櫻木町)의 도쿄음악학교 바로
옆에 집을 얻어 화실을 열고 수강생을 모집했다. 화실에는 'Leach'
라는 간판이 내걸려 가네코도 잘 알고 있었다. 리치는 본 수업에 앞
서 저녁 시간을 내어 공개강의도 했다. 그날 밤엔 공교롭게도 비가
내렸지만 궂은 날씨에도 시가·무샤노코지·코지마·사토미·야나
기 등 그 이듬해 《시라카바》를 결성한 예술 애호가들이 대거 참석
했다. 리치는 이 자리에서 에칭의 역사와 에칭 전문 작가들을 소개
하고 직접 실기도 보여주었다. 강의가 끝나자 사토미와 코지마가
배우겠다고 나섰다. 이를 계기로 이들과 곧 친해진 리치는 '시라카
바' 준회원 대우를 받기도 했다. 1913년에는 한 해 동안 《시라카

버나드 리치가 그린 서재에 앉아 있는 야나기 무네요시.

바》 표지 도안을 전담, 진지하고 정감 넘치는 화풍으로 독자들을
감동시켰다. 그는 특히 영어를 잘하는 야나기와 서양예술에 대한
이야기를 나누며 우정을 쌓았다. 리치는 공예에 관한 많은 저서를
남겼다. 1920년 영국으로 돌아가 세인트 아이버스(St. Ives)에서 수
공예 '길드'를 경영하고 일본식 도자기 가마를 운영하기도 했다.

야나기가 드높인 《윌리엄 블레이크》

블레이크에 관심을 갖고부터 그에 대한 자료를 모아온 야나기는
1914년 2월 4일 가네코와 신접살림을 꾸리기 바쁘게 본격적으로
원고를 쓰기 시작했다. 첫 연구 결과는 《시라카바》 1914년 4월호에
〈윌리엄 블레이크〉란 제목으로 발표됐다. 이어 그해 12월 23일 라
쿠요도(洛陽堂) 출판사에서 책으로 펴냈다. 책 제목은 《윌리엄 블레

이크—그 생애와 제작 및 사상》으로 분량만도 750쪽이 넘는다. 야나기의 나이 25세 때의 일이었다.

이 책이 나오기까지는 리치의 도움이 실로 컸다. 리치는 그가 갖고 있던 블레이크에 관한 모든 서적을 야나기에게 빌려 주었고, 조언도 아끼지 않았다. 야나기가 집필을 끝낸 뒤 쓴 글에서도 이를 잘 알 수 있다. 야나기는 이 책머리에서 "1911년 무렵 리치로부터 빌린 블레이크의 시집에서 〈천국과 지옥의 결혼(Marriage of Heaven and Hell)〉을 읽고 감동을 받은 뒤 블레이크는 나 자신과 떼려야 뗄 수 없는 운명이 됐고, 버나드 리치 씨와 만날 때는 언제나 이 시인이 화제가 됐다. 논문을 다 쓸 때까지 블레이크의 저작물 또는 그에 관한 서적 가운데 읽지 않은 것은 하나도 없을 정도였다. 이 책을 리치 씨에게 바친다"고 밝히고 있다. 야나기는 또 같은 해 11월에 쓴 수필 〈아비코에서 온 통신〉에서 "과거 수년 동안 내가 마음먹은 바를 블레이크 전기에 구체적으로 담아낸 것이어서 기쁘다"고 고백했다.

이와 같은 윌리엄 블레이크의 저작과 사상을 분석한 장편의 논고(論攷)가 일본에서 나오기는 물론 처음이었다. 그런 만큼 책에 대한 관심은 한층 높았다. 호평이 많았지만, 비판도 적지 않았다. 좋은 점수를 준 쪽은 블레이크의 모국인 영국의 연구 수준을 뛰어넘는 역작이라고 평가했다. 야나기의 문체도 이전의 글에서는 좀처럼 찾아볼 수 없을 만큼 역동적이라는 평이었다.

그러나 비판하는 쪽은 지나치게 주관에 흐른 점이 많은데다 필요 이상으로 자기감정을 토로한 점을 지적했다. 영문학자 사이토 이사무(齋藤勇)는 "어떤 대목에서는 저자가 블레이크를 소개하고 있는지, 블레이크가 저자를 소개하고 있는지 모를 정도다. 단지 찬사에 지나지 않아 보인다. 좋아하는 사람에겐 결점도 장점으로 보이는 법이며 애인에게는 그것으로 충분할지도 모른다. 그러나 다른 사람들은 그것에 만족하지 않는다. 제대로 된 블레이크 연구라면 그 장점을 치커세움과 동시에 단점도 밝히는 일이 중요하지 않을까"라고 비판했다. 야나기는 이에 〈나의 블레이크론에 대해서〉라는 글에서 "나는 그의 전기(傳記)를 제외하고는 어디에서도 블레이크를 객관적으로 소개하려 하지는 않았다. 그로 말미암아 활력을 얻으려 했던 나를 쓴 것이다. 내가 말하려고 한 블레이크는 내 안에 살아있던 블레이크였다"고 반박했다.

개성 존중, 자기실현이 지상 목표

나카미는 "야나기가 블레이크 연구에 그토록 엄청난 감정이입을 시도했던 것은 무엇 하나에 빠져들지 못하는 자기성격을 자각하고 있었던 때문"이라고 분석하고, "블레이크 연구를 통해 철저하게 주관에 빠져봄으로써 원래 강하게 지니고 있었던 객관성과 균형을 맞추어 가게 된 것"이라고 평가했다.

그럼 야나기는 블레이크 연구에서 무엇을 얻으려 했던 것일까. 우선 야나기가 찾아낸 블레이크 사상의 특징을 다음과 같이 요약한다. 내용은 미즈오와 나카미의 연구 결과를 참고했다.

블레이크는 일체(一切)를 긍정했다. '존재의 긍정'은 그의 도덕관의 주축이었다. 재래 종교에 따르면, 세상은 천국과 지옥으로 나뉘고, 인생은 정신과 육체로, 우리들의 행위는 선과 악으로 각각 구분된다. 그러나 블레이크는 이런 이원적 사고(思考)를 반대한다. 모든 것은 각각 그 존재의 의의와 가치를 갖고 있다. 지옥도 천국과 같고, 육체도 정신과 같이 인간의 생존에 긴요하다. 이 사상은 그를 긴 역사의 질곡으로부터 해방시켰다. 그리고 그의 사상을 무한히 확대시켰다. 블레이크는 능동적으로 자기실현을 지향했으며 개성을 높게 평가했다. 블레이크 창작의 특징은 미켈란젤로처럼 '능동적인 힘'에 있다.

블레이크의 작품은 '힘의 예술'이며, '정신력의 미'였다. 블레이크는 "욕망을 금지하거나 통제하려는 자는, 그들 자신이 그럴 수밖에 없을 만큼 나약한 인간이기 때문이다. 금지와 통제는 수동적인 행위이고, 단지 욕망의 은폐에 지나지 않는다"고 말할 만큼 '금지와 통제'를 실험하고 자유와 창조의 세계를 동경하며, 지칠 줄 모르는 작업을 펼쳤다. 블레이크의 말에는 '온순함'이나 '주저함'이 없다. 그 결과 꽃이 마치 주변의 아무것도 의식하지 않고 피어나 색깔과 향기를 뿜내고, 태양이 당연히 궤도를 돌듯이 자유를 갖고 있다. 그 자유야말로 아름다움과 힘을 갖추고 있다. 도도히 흐르는 강물을 멈추게 할 수 없듯 창작욕으로 꽉 차 있던 그의 두뇌는 하루도 느슨해지는 일이 없었다. 그에게 하늘이 내린 인간의 재능을 묻어버리는 어리석음을 범하는 짓은 신의 의지에 거역하는 가장 무서운 반역이었다. 블레이크 생애에서 가장 뚜렷한 특징은 멈출 줄 모르는 상승에 있다. 또 블레이크가 표현해 낸 위대한 결과는 '자기실현'이고, '개성의 해방'이었다. 개성의 충실한 표현은 그의 신앙이자 예술이었다. 블레이크가 그린 그리스도상은 많은 종교가의 그리스도상과는 전혀 다른 모습이었다. 그의 신앙은 조직에 기대지 않고 독립적이었다. 사람들이 이른바 '교파신앙'에 매여 있었을 때, 그는 '독립신교(獨立神敎)'로 개성을 지켜 냈다. 그는 항상 자기 스스로 독립된 신도였다.

블레이크는 이성이나 합리적인 체계, 분석적 지식 등을 멀리하고 직관이나 상상(想像)을 중시했다. 블레이크가 말하고자 한 진리는 조직된 지식이 아니라 내용가치로 구성되어 있다. 그 철학의 핵심은 항상 상상의 사상에 집중되어 있다. 블레이크가 존경했던 지식인이란 지성이나 이성이 아니라, 예지(叡智)를 갖춘 인물이었다. 그에게 직관적인 예지에서 순차적인 진리체계를 추구하는 일은 쓸데없는 노력에 가까웠다. 그는 기질 자체로 따지면 논리적인 사람은 아니었다. 그 사상 역시 심원(深遠)한 분위기이지 합리적인 체계는 아니다. 그는 차가운 이성(理性), 자연의 종교, 논리의 물레방아, 수리(數理)의 법칙 등을 괴로워했다. 블레이크가 보기에 뉴턴은 자연종교를 고수하는 물질론자에 지나지 않았다. 또한 싸늘함을 대변하는 존재이기도 했다. 블레이크가 베이컨, 뉴턴, 로크에게 공격의 화살을 쏘았던 것은 그들의 사상이 합리철학과 자연종교, 실증과학으로 무장되어 있었기 때문이다. 블레이크는 이 세 사람을 자연신교 혹은 사탄의 가르침을 전하는 설교자라 불렀다. 블레이크는 이성의 범위를 넘어 상상의 세계를 인정하지 않는 사상에는 견딜 수 없었다. 그에게 직관이야말로 실제를 포섭할 수 있는 유일한 힘이었다.

블레이크는 "그리스도는 십계(十戒)를 파괴하고 자유로이 행동했다. 십계를 파괴하지 않는 한 덕은 존재하지 않는다. 예수는 모든 것의 덕이었다. 그는 충동에 따라서 일하였지, 규칙에 따라서 일하지는 않았다"고 말했다. 블레이크에게 교조(教條)란 그리스도의 진의를 오인한 가르침에 지나지 않는다. 그는 교조에 반(反)하는 악의 의의를 밝히고, 천국을 사랑하면서 또한 지옥을 찬미했다. 선을 추구함과 동시에 악도 시인했다. 이성을 중시하면서 심신의 활동력을 존중했다. 정신을 그리워함과 동시에 육체를 칭송했다. 천사의 모습처럼 악마의 목소리에도 힘이 있음을 인정했다. 블레이크가 유일하게 인정하는 도덕이 있다고 하면, 그것은 서로의 관용(Mutual Forgiveness)뿐이었다. 죄를 용서하라는 사상은 그의 이른바 상태(status)에 근거하고 있다. "상태는 상주(常住)한다. 개인은 변한다. 우리들은 이 두 가지를 구별하지 않으면 안 된다. 인간을 벌하는 것은 잔인하다. 우리는 사람을 미워해서는 안 된다. 죄 자체를 벌해야 한다. 개인은 용서받아야 한다"는 것이 블레이크의 주장이었다.

블레이크는 정치제도보다 제도 개혁을 꾀할 수 있는 개인의 능력을 우선시했다. 혁명시대에 생존한 블레이크는 토머스 페인(Thomas Paine, 1737~1809)[40], 메리 울스턴크래프트(Mary Wollstone craft, 1759~1797)[41], 윌리엄 고드윈(William Godwin, 1756~1836)[42] 등과 함께 프랑스 혁명에 공감하고 있었다. 그렇다고 블레이크를 사회문제에 흥분하는 혁명가로 보는 것은 잘못된 시각이다. 그는 변화로 그치는 정치적인 현상에는 오히려 냉담했다. 폭력으로 끝나는 어리석은 혁명을 용서하지 못했다. 그럼에도 그가 혁명을 중히 여겼던 것은 그것이 위대한 신앙의 혁명을 의미하고 있었기 때문이다. 블레이크는 혁명에 대한 동경을 예술로 옮기는 데 주저하지 않았던 시인이었다. 블레이크가 분개했던 폭력은 국가도 아니고 부유한 자도 아니다. 사람들의 영혼을 지배하는 종교와 도덕이었다. 블레이크가 살았던 시대의 특징은 거짓 도덕과 고질적인 종교, 추상적인 철학이 인간에게 가장 무서운 전제주의를 부과했다는 점이다.

이상과 같이 야나기는 블레이크의 내면을 집중적으로 해부하고 있다. 야나기는 여기서 블레이크를 혁명의 화가가 빚어낸 이상적 인간상의 천재로 그리고 있다. 야나기는 특히 블레이크라는 인물은 모든 존재를 긍정하고, 적극적으로 자기실현을 추구하며, 율법(律法)과 추상을 부정하고, 합리적 이성체계와 분석적 지식을 혐오하며, 직관과 상상을 중시했던 사상가로 파악했다. 이런 분석은 그의

---

40) 영국에서 태어난 미국 작가. 미국 독립에 영향을 미침.
41) 영국 작가. 여성의 교육적, 사회적 평등을 주장.
42) 메리 울스턴크래프트의 남편. 영국의 철학자 겸 정치평론가.

연구 이후 90여 년이 흐른 오늘날에도 그 논리의 태두리를 넘어서지 못하고 있다는 평이다. 특히 욕망을 긍정하고, 적극적이고 능동적으로 자기실현을 추구하며, 개성을 중시하는 블레이크의 사고(思考)방식은 야나기를 비롯한 '시라카바' 동인들이 지향하는 이상(理想)이기도 했다.

모든 존재를 긍정하는 블레이크의 인식 방법에 대한 야나기의 공명(共鳴)은, 이원(二元)의 문제에 관한 사색에서 이미 싹트고 있었다. 야나기는 블레이크 연구에 앞서 1913년 8월에 발표한 논문 〈생명의 문제〉에서 "흘러가는 구름도, 나는 새도 머물러 있는 물체와 견주지 않는다면, 그 움직임을 알 수 없다. 소리는 고요하면 할수록 더욱 크게 들리고, 빛은 어둠 속에서 더욱 빛난다. 따라서 모든 자연현상은 단독으로 인식될 수 없는 것이 사실이며, 하나를 얻기 위해서는 두 가지 면이 필요한 것이다"라고 대소, 고저, 강약, 미추(美醜) 등 세상에 널리 퍼져 있는 대립쌍을 상기시키며, 상호 의존관계의 중요성을 강조하고 있다. 이런 관념이 야나기에게 천국과 지옥을 동시에 찬미한 블레이크 사상을 쉽게 받아들이도록 했다는 게 일본 학계의 연구 결론이다.

나카미는 "예술, 더욱 구체적으로 말하면 조형예술이 야나기의 사상과 뗄 수 없는 관계를 이루게 된 것은 블레이크사상에 깊이 연유한다. 야나기가 블레이크로부터 찾아낸 사상 가운데 가장 감동했던 부분은 '자기를 살린다'는 이념이었다. 야나기는 블레이크에게서 이 논리를 거듭 확인했다. 자기실현에 대한 원대한 포부는 그가 일생 동안 잃지 않은 이상이었고, 완전하고 충실한 개성의 표현은 그의 신앙이자 예술이었다"고 설명한다. 야나기는 〈아비코에서 온 통신〉에서 블레이크를 접한 기쁨을 '하늘이 내린 은총의 하나'라고 회고하고 블레이크에 관한 연구는 '자기를 살리기 위해 끝까지 해낸 노력의 열매' 라고 결론짓고 있다.

현실 정치 외면은 블레이크와 닮은 꼴

야나기가 대학시절 현실 정치를 외면한 점도 블레이크를 닮았다. 블레이크는 정부의 존재 자체에 대해 부정적이었다. 따라서 정부의 술책이 횡행하는 좁은 의미의 정치에는 관심을 갖지 않았다. 정치는 문제를 근본적으로 해결해주지는 못한다고 보고, 정치에 신뢰를 두어서는 안 된다는 생각이었다. 야나기 역시 정치를 정면으로 논하는 일에 많은 시간을 허비할 필요는 없다고 생각하고 있었다. 야나기는 1910년 일본 전체가 발칵 뒤집힌 이른바 '대역(大逆) 사건[43]' 을 경험하고도 침묵으로 일관했다. 입을 다물기는 대다수의 '시라카바' 동인들도 마찬가지였다.

야나기는 《윌리엄 블레이크》를 발간한 이듬해인 1915년 5월 일제 식민지 타이완에서 발생한 대규모 항일시위 때도 이를 못 본 체했다. 이른바 '서래암(西來庵)사건' 으로 세계사에 기록된 이 타이완의 항일운동은 사형선고를 받은 사람만도 903명에 이른다. 이 가운데 132명에게는 실제로 사형이 집행됐다. 나머지는 뒤에 특사로 감형되어 겨우 목숨만은 건질 수 있었다. 일제는 당초 1,464명을 붙잡아 재판에 넘겼다. 참상을 알게 된 무샤노코지는 〈800명의 사형〉이라는 제목의 글을 《시라카바》

---

43) 일제가 1910년 말 일본 사회에 만연한 사회주의와 무정부주의를 뿌리 뽑을 목적으로 수 백 명의 사회주의자 및 무정부주의자를 붙잡아. 이 가운데 고토쿠 슈스이(幸德秋水, 1871~1911) 등 26명에 대해 메이지텐노(明治天皇)를 암살하려 했다는 누명을 씌워 '대역죄' 로 재판에 넘긴 정치적 음모. 24명에게 사형이 선고됐으며, 고토쿠 등 10여 명은 1911년 1월 24일 처형됐다.

1915년 11월호에 실었다. 그는 이에 앞서 이 글을 《도쿄 아사히신문》에 보냈으나 실리지 않았다고 한다.

무샤노코지는 이 글에서 "나는 신문에서 타이완 사람 800명 정도가 사형된다는 기사를 읽게 됐다. 너무하다는 생각이 들었다. 그들에게만 죄가 있는 것일까. 수백 명을 사형에 처하고도 아무렇지 않을 수 있는 인간의 얼굴을 보고 싶은 마음이 생겼다. 그들을 죽음의 공포에서 벗어나도록 도와줄 수는 없을까. 구해줄 수 없다는 것은 일본의 수치가 아닐까"라고 적고 있다.

나카미는 "야나기가 3·1독립운동 때 조선문제를 쓰기 시작한 것은 바로 무샤노코지의 서래암사건에 대한 글이 하나의 자극제로 작용했던 것으로 볼 수 있다"고 그의 책에 소개하고 있다. 야나기는 블레이크사상 연구로 동양을 새롭게 인식하게 됐다. 그가 조선과 중국, 일본의 예술에 눈을 돌리게 된 것도 블레이크 연구에서 얻은 영향이었다.

야나기의 블레이크 연구는 일본 사회에 블레이크 연구 붐을 불러왔다. 블레이크 판화의 애호가로 야나기의 부인 가네코와 초등학교 동창이었던 소설가 아쿠타가와 류노스케(芥川龍之介, 1892~1927)가 1914년 11월 14일 유럽에 체류하던 하라 젠이치로(原善一郎)에게 쓴 편지는 당시의 상황을 그대로 말해준다.

"지금 일본에서는 블레이크가 유행하고 있네. 친구 한 사람은 졸업논문으로 블레이크를 다루기 위해 블레이크 전집(全集)을 주문했는데, 이미 절판된 데다 한 권에 85엔의 비싼 값이 아니면 구입할 수 없어 결국 포기하고 말았네."

'석불사(石佛寺)' 예찬

오리엔탈리즘을 터득하고

야나기 무네요시는 대학을 졸업할 때(1913년)까지만 해도 서구의 고급문화를 선호하는 '서양풍(西洋風)' 청년이었다. 그러던 그가 1914년 《윌리엄 블레이크》를 펴낸 이후 조선예술 애호가로 변신, 3·1운동이 일어나자 조선에 관한 많은 글과 말을 쏟아냈던 사실은 앞에서 설명한 대로이다. 그럼 야나기의 표현대로 당시 그가 일본 사회의 조선인 멸시 풍조를 무릅쓰고 조선인과 조선예술을 사랑하게 된 배경은 과연 무엇이었을까. 그리고 그 사상적 원천은 어디에 있었을까.

이 문제를 놓고 일본 학자들 사이에는 의견이 분분하다. 그 해답을 '시라카바' 동인들의 휴머니즘사상에서 찾는 연구가가 있는가 하면, 서구의 동양침략 이데올로기였던 '오리엔탈리즘(Orientalism)'으로 해석하는 학자도 있다. 전자의 예로는 《야나기 무네요시 시대와 사상》을 펴낸 나카미 마리를 꼽을 수 있고, 후자로는 《〈일본인〉의 경계》를 쓴 오구마 에이지를 좋은 예로 들 수 있다. 특히 오구마는 그의 책에서 야나기의 조선에 관한 언설(言說)을 일본판 '오리엔탈리즘'으로 규정하고 있다. 그는 1998년에 펴낸 그의 저서 제15장 〈오리엔탈리즘의 굴절〉에서 다음과 같이 야나기의 조선예술 예찬의 속내를 설명한다.

야나기는 1920년 조선을 방문했을 때 한 강연에서 "내가 왜 조선예술을 특별히 강조하는가"에 대해 "근세 일본에서는 서양의 물질이 밀물처럼 밀려와 고유의 미는 점점 사라져가고 있는데, 다행히 조선은 아직 그러한 문명이 고유의 미를 위협할 상황에는 이르지 않고 있기 때문이다"라고 밝히고 있다.

서양으로부터 몰려오는 '문명'의 파도 앞에서 잘 보존되고 있는 동양의 미(美)로서의 조선미술. 이런 야나기의 세계관은 그가 쓴 〈사라지려 하는 한 조선 건축을 위해〉에서도 한결같다. 그는 광화문을 '순(純)동양의 예술'이라 부르고, 새로 짓고 있던 조선총독부 건물을 '아무 창조적 미가 전혀 없는 양풍(洋風)'이라 형용하며, "우리들의 영예를 위해 순동양의 건축을 열애(熱愛)하자"고 호소하고 있다. 그는 일본 독자의 감정에 호소하기 위해 "조선이 일본을 병합하고 에도성(江戶城)을 파괴하려 한다면 어떤 느낌일까"라고 반문하고 있으나, 그때 그가 가정한 조선총독부 건축도 '조선풍'이 아니라 '양풍' 건물이었다. 그리고 야나기에게 일본은 이미 서양의 일부로 바뀐 존재로 자리매김하고 있었다.

야나기는 조선에서 실업교육의 하나로 조선 학생들에게 만들도록 한 자수(刺繡)의 모범작품을 보았을 때, 그것을 '조선 고유의 아름다움이라 인정할 수 없는 현대 일본풍의 작품—즉 반(半)서양화된, 정취도 없고 기품도 없는 바보스러운 도안과 천박한 색채로 범벅된 작품'이라 설명하고, '이런 교육을 강요해 고유의 미가 사라져가는 조선의 손실'을 한탄하고 있다. 야나기에게 일본의 조선 동화정책은 '반(半)서양'에 의한 '순(純)동양'의 파괴였던 것이다.

야나기는 조선 미술뿐만 아니라 아이누나 타이완의 민예를 절찬했는데, 그 평가방법은 기본적으로 어디서나 똑같았다. 아이누의 공예품을 보고는 "그 아름다움에 허위는 없다. 불성실함도 없다. 이런 놀랄 만한 작품을 지금의 문화인의 손으로 표현할 수 있을까"라고 감탄하고, 남양제도(南洋諸島)의 복식에 대해서도 "실로 미개인으로 멸시받은 민족의 의상이 압도적으로 아름다웠다. 이른바 문명국의 물건은 생산의 불성실함을 피할 수 없었다"고 설명했다. 나아가 타이완 원주민의 직물에 대해서도 "역사시대를 거슬러 올라가 오래 될수록 아름다움은 진실에 가깝다"고 평가했다. 야나기에 따르면 "문명에 오염되지 않으면 않을수록 아름다움은 순수하다. 아이누 미술 가운데서도 가라후토(樺太) 아이누 쪽이 일본 본토와 교류가 잦은 홋카이도 아이누보다 전통이 더욱 진하게 남아 있다. 타이완의 한(漢)족 공예도 마찬가지로 내지인[44]의 손이 닿지 않았다면 틀림없이 전통을 보전하고 있다고 말할 수 있다"고 설명하고 있다. 야나기의 이러한 시각이 현재 학계에서 오리엔탈리즘으로 비판받고 있음은 말할 필요도 없다.

그가 일본의 좋은 이해자로 치켜세웠던 라프카디오 헌마저 같은 서구인에게 보낸 편지에서는 "일본인은 물론 어린아이다"라고 단언하고 있듯이 그 나라 전통미의 존중과 오리엔탈리즘 사이에는 미묘한 온도 차가 있었다. 야나기도 조선을 대함에서는 마찬가지였다. 그리고 야나기의 이런 사상은 오키나와 언어를 둘러싼 논쟁[45]에서 현지로부터 많은 비판을 받았다.

---

44) 일본인.
45) 이 책 236쪽부터 시작되는 '두 갈래 내셔널리즘 오키나와 방언논쟁' 참조.

그렇다면 '오리엔탈리즘'이란 무엇인가. 지난 1978년 《오리엔탈리즘》이라는 이름의 방대한 책을 펴내 세계 지식인들의 눈길을 모았던 에드워드 사이드(Edward W. Said)는 오리엔탈리즘을 "동양을 지배하고, 재구성하며, 위압하려는 서양의 스타일(Style)"이라고 정의하고 있다. 다시 말하면 오리엔탈리즘은 "동양에 관한 뭔가를 집필하거나, 동양에 대한 견해에 권위를 부여하거나, 동양을 묘사하거나, 강의하거나 또는 동양에 식민지를 만들어 통치하는 등 동양을 다루기 위한 동업조합적인 제도로 볼 수 있다"는 설명이다.

오리엔탈리즘의 시발점을 대략 18세기 말 무렵으로 어림잡는 사이드는 19세기 들어 유럽이 동양을 본격적으로 침략하면서 오리엔탈리즘은 더욱더 대중적인 신용을 얻게 되었다고 분석한다. 사이드는 유럽은 실제로 제1차 세계대전이 끝나는 1918년 전까지 지구의 85퍼센트를 식민지로 차지했었다고 그의 책에서 밝히고 있다. 오리엔탈리즘은 이런 약육강식의 '정글법칙'이 판을 치던 제국(식민)주의시대에 침략의 구실을 뒷받침하기 위한 이론이었다고 잘라 말해도 크게 문제될 여지가 없다는 게 사이드의 주장이다.

일본식 오리엔탈리즘의 총 본산, 대일본문명협회

따라서 오리엔탈리즘 안에 나타나는 동양은 서양의 학문, 서양인의 의식, 나아가 근대에 들어 서양 제국의 지배 영역 속에 동양을 집어넣으려는 일련의 총체적 힘에 따라 틀이 잡힌 표상(表象)의 체계라 해석할 수 있다는 설명이다. 그런 의미에서 근대 오리엔탈리즘은 19세기 유럽이 품었던 세속적이고 사이비 종교적 신앙 속의 한 가지 규율과 훈련이었던 셈이라고 사이드는 자세히 설명하

고 있다.[46]

　문제는 서구화에 광분해 온 일본이 이와 같은 오리엔탈리즘 논리를 그대로 배워 조선과 중국 침략에 적용했다는 점이다. 대한제국을 병탄하기에 앞서 조선의 정치, 역사, 경제 등을 철저히 연구한 일제는 학자들을 구미 선진국에 보내 식민정책학을 배워오도록 하고, 조선통치에 도움이 될 만한 서적은 모두 사들여 참고했다. 특히, '대일본문명협회(大日本文明協會)'가 영국의 이집트 통치를 참고하기 위해 1911년 크로머(1st Earl of Cromer, 1841~1917)의 《현대 이집트(Modern Egypt)》를 일본어로 번역해 《최근 애급(最近埃及)》이라는 제목으로 펴낸 일은 일본의 오리엔탈리즘 학습의 결정판이라 할 수 있다.

　대일본문명협회는 메이지유신의 공신으로 일본 수상을 지내고, 와세다대학을 설립한 오쿠마 시게노부(大限重信, 1838~1922)가 1908년에 조직한 단체로서 유럽과 미국의 책을 일본어로 번역하는 일을 맡았다. 회칙에는 '최근의 구미 명저 가운데 일본인이 읽기에 가장 건전하고 적당한 책을 골라 일역(日譯)해야 한다'고 규정하고 있으나 실제로는 일

오쿠마 시게노부. 일본 메이지유신 원훈으로 수상을 역임하고, 1910년 한일합방 당시 대일본문명협회를 이끌며 일본 제국주의 침략에 앞장섰다. 그는 와세다 대학을 설립하기도 했다.

제의 식민통치이론 정립에 도움이 되는 책을 주로 번역했다.

　협회 발족 당시 회원은 자그마치 5천명에 달했다. 그 가운데는 철학자 이노우에 데쓰지로(井上哲次郎, 1855~1944), 교육자 겸 정치

---

46) 박홍규 옮김. 《오리엔탈리즘》

니토베 이나조. 한일합방 후 동화주의 통치는 프랑스의 전철을 밟게 된다고 일선동화정책을 비판했다.

가 다카다 사나에(高田무苗, 1860~1938), 언어학자 우에다 카즈토시(上田万年, 1867~1937), 평론가 미야케 세쓰레이(三宅雪嶺, 1860~1945), 교육자 니토베 이나조(新渡戶稻造, 1862~1933) 등 당시 일본 사회를 좌지우지하던 저명인사들은 한 사람도 빠지지 않았다.

협회가 번역할 책을 회원에게만 배정한 영향도 물론 컸다. 대일본문명협회 회장인 오쿠마 시게노부는 《최근 애급》이란 책을 조선총독부를 비롯한 일본 각 기관에 읽어보라며 대량으로 뿌렸다고 한다. 즉, 당시 조선총독부 관리들에게 《최근 애급》은 영국의 이집트지배 성공사례로 반드시 읽어야 하는 필독서였다.

이 책의 저자 크로머는 이집트 주재 총영사로 1883년부터 24년 동안 카이로에서 장기 근무한 영국의 관리였다. 그는 중동과 아프리카를 포함한 넓은 의미의 동양인에 관한 인종의 성격·문화·역사·전통·사회 그리고 장래성 등을 연구하고 정리한 근대서양의 오리엔탈리즘을 이집트 통치에 적극 활용한 장본인이기도 하다. 행정능력이 뛰어났던 그는 이를 토대로 이집트의 재정을 개혁하고, 태형(笞刑)을 폐지하며, 교도소 환경과 관리업무를 개혁하고, 사법제도를 개선하는 등 이집트에 대한 영국의 지배권을 튼튼히 했다.

그는 이런 공로를 인정받아 영국의 귀족반열에 올랐다. 1907년 이집트 총영사직을 물러난 그는 이집트 통치경험과 업적 등을 속속들이 담아 그 이듬해 《현대 이집트》 전(全) 2권을 펴냈다. 사이드는 크로머가 이 책의 제34장에서 동양인과 서양인의 심성(心性) 차이를 분석한 내용을 다음과 같이 그대로 옮겼다.

알프레드 라이얼(Alfred Comyn Lyall, 1835~1911)[47] 경은 언젠가 내게 이렇게 말했다. "동양적 심성은 정확함을 싫어한다. 이것은 인도에 사는 영국인이 언제나 기억해야 할 격언이다"라고. 사람을 허위와 불성실로 타락시키는 정확함의 결여, 그것이야말로 동양적 심성이 갖는 특징이다.

유럽인은 주도면밀한 이론을 좋아한다. 사실을 말하는 언어에는 한 치의 애매함도 없다. 비록 논리학을 공부하지 않아도 유럽인은 타고난 논리학자이다. 유럽인은 타고난 회의론자이고 어떠한 가정도 증명을 거치지 않고서는 진리라고 인정하지 않는다. 훈련된 지성은 마치 기계의 부품과 같이 움직인다. 이와 달리 동양인의 정신은 분간하기 어려운 동양의 길거리만큼이나 대단히 균형을 잃고 있다. 동양인의 추론(reasoning)은 매우 감상적이다. 비록 고대 아랍인은 다소 높은 수준의 논증술(dialectics) 지식을 습득하고 있었으나 그 후손들은 아주 논리적 능력을 잃고 있다. 그들은 진리를 인정할 수 있는 단순한 전제로부터 가장 분명한 결론을 이끌어낼 줄도 모른다. 어떤 평범한 이집트인에게 사실에 관한 단순한 진술을 얻고자 시도해 보라. 그의 설명은 아마 일반적으로 너무 길고 명료하지 못할 것이다. 필경 이야기가 끝나기까지 몇 번이나 자기모순에 빠지고 가벼운 반대심문에도 정신을 못 차릴 것이다.

크로머는 위와 같이 동양인을 머리가 우둔하고 활력과 자발성이

---

47) 인도 주재 영국 총영사. 문필 사가 겸 시인.

없으며 지나칠 정도로 아부를 잘하는 못난 인간으로 그리고 있다. 그는 심지어 동양인들은 포장도로도 제대로 걸을 수 없고, 상습적으로 거짓말을 잘하며, 둔감하고 의심이 많고, 모든 점에서 앵글로색슨 인종의 명석함, 솔직함, 고귀함과 대조적이라고 혹평한다.

《오리엔탈리즘》을 번역한 박홍규는 "크로머의 이러한 비교논법은 조선인을 멋대로 과장, 비하하며 기록한 일본인과 크게 닮았다. 일본의 경우, 그와 같은 기록을 전후 교과서에까지 수록하고 있으며, 일제가 날조한 거짓 조선민족성론은 춘원 이광수를 거쳐 오늘의 일부 지식인들에게까지 이어지고 있다"고 경종을 울리고 있다.

그럼 여기서 이야기를 되돌려 야나기가 이와 같은 오리엔탈리즘에 눈을 돌리게 된 배경에 대해 오구마의 설명을 더 들어보기로 하자.

　　야나기는 일본을 이해해 준 구미인으로 리치와 헌을 자주 예로 들고 있는데, 그들은 둘 다 사라져가는 일본의 전통 예능을 사랑하고 천박한 서양화(西洋化)를 싫어했던 사람들이었다. 그리고 야나기는 그의 조선론에서도 조선이 일본에 병합되면서 내지인(內地人)이 조선에 많이 이주하고 있었음에도 '조선에 살며 조선을 말하는 사람들 가운데는 아직 헌과 같은 자세를 보인 자는 한 사람도 없다'고 지적하기도 했다. 또 리치는 이미 1912년에 도쿄 우에노에서 열린 '척식(拓殖)박람회'에서 조선 도예를 감상하면서 경탄하고 깊은 관심을 표명했는데, 이것이 야나기에게 받아들여졌던 것으로 보인다. 즉 야나기의 반(反)서양문명 지향과 동양미술 애호사상은 이들 유럽인과 접촉하면서 길러졌던 것이며, 조금 역설적이지만 그 자체가 서구지향의 연장이었다고 말해도 좋다. 그리고 야나기는 리치나 헌이 일본 미술을 대하는 자세로 조선 미술을 보려고 했다.

이와 같은 오구마의 주장에서 읽을 수 있듯이, 야나기는 블레이크 연구로부터 동양 예술에 대한 새로운 시각을 터득했음을 확인할 수 있다. 그는 블레이크의 그림을 보고 색채의 아름다움에 눈을 뜨고, 장식 도안을 통해 미세함을 보는 기술을 배우고, 선(線)의 미와 형태의 우수함에 눈을 떴다고 한다. 동시에 정치, 경제, 문화의 강자로 세계를 모두 제압할 듯이 다가 온 서양세력에 대해 동양, 특히 일본이 어떤 방법으로 대처할 수 있을까 하는 과제를 새로이 발견했다. 다시 말하면 동양과 서양의 문화를 재(再)정의하는 문제가 그의 관심사로 떠올랐다.

'시라카바' 동인 활동에 열을 올린 야나기는 당시 식민지로 일본인들이 대부분 얕보고 있던 조선에서 상당히 구체적인 접점을 찾을 수 있었다는 일본 학자들의 분석이다. 이는 야나기가 블레이크에게서 구체적으로 사물을 보는 눈을 얻은 결과였다. 야나기는 블레이크 연구를 통해 일본은 문화면에서 서양에 뒤졌을 뿐 아니라 중화제국의 주변 신세를 면하지 못하고 있음을 뼈저리게 느꼈다. 따라서 그는 무엇보다 조선·중국과 다른 일본 예술의 독자성을 확립하는 일이 긴급하고도 중요한 과제라고 인식했다. 그 결과 나온 것이 다음에 설명할 일본 민예운동이었다. 그가 조선의 미를 예찬하고 중국의 예술을 치켜세운 것도 이를 위한 방편이었다.

조선 도자기에서 동양 예술에 눈을 뜨다

이처럼 야나기가 일본 예술의 독자성을 찾기 위해 본격적으로 동양 예술에 관심을 갖기 시작한 것은 '이조염부추초문면취호(李朝 染付秋草文面取壺)[18]' 라는 청화백자 항아리를 손안에 넣은 1914년 겨

이조염부추초문면취호. 야나기에게 조선도자기의 아름다움을 일깨워준 청화백자 항아리.

울쯤으로 전해지고 있다. 우에노 척식박람회에서 조선 도예를 관람하면서 실토한 "조선에 건너가 조선 흙으로 도자기를 빚어보고 싶다"는 리치의 말이 채 가시기 전이었다.

도자기는 당시 서울 '서대문공립심상소학교' 교사로 근무하던 아사카와 노리다카(淺川伯敎)가 선물로 준 것이다. 미술·문학에 관심이 높았던 아사카와는 방학만 되면 언제나 도쿄로 돌아가 조각가 신카이 다케다로(新海竹太郎, 1868~1927)[49]에게 조각을 배우고 있었다. 그해 겨울방학을 맞아 도쿄를 다시 찾은 아사카와는 야나기의 로댕 작품을 보고 싶어서, 서울에서 구입한 문제의 도자기를 들고 그를 찾아갔다. 당시에도 일본에서는 남의 집을 방문할 때면 선물을 들고 가는 것이 예의였다. 야나기는 로댕의 작품을 손에 넣게 된 기쁨을 "일본이 수만의 사람을 죽이고 얻은 타이완도, 가라후토도, 조선도 이 로댕의 조각에 견주어서는 작은 존재에 불과하다"고 쓸(1912년) 정도로 이를 애지중지하고 있던 참이었다.

그런 야나기가 아사카와에게서 조선도자기를 받아보고는 "이는 새로운 경악이다. 도자기에 나타난 형상미(形象美)가 정말 압도적

___

48) 조선에서는 '이조염부난초문면취호'라고 불렀으나, 야나기가 '애수(哀愁)의 이조(李朝)'라는 선입견을 심으려 '난초문' 대신 '추초문'이라 고쳤다고 이대가와 나오키는 설명한다(이토 도오루,《야나기 무네요시, 창작하는 인간》, 平凡社).
49) 독일유학. 일본 제국예술원 회원.

이다. 이전에는 주의를 기울이지 않거나 아주 보잘 것 없이 여겨 거들떠보지도 않던 도자기의 형상이 나에게 자연을 보게 하는 커다란 단서가 됐다. 차디찬 토기에서 인간의 따스함과 고귀함, 그리고 장엄함을 읽을 수 있으리라고는 꿈에도 생각지 않았다"[50]고 기쁨을 표현하고 있는 것을 보면, 이는 그에게 하나의 충격이었던 것 같다. 이미 가쿠슈인 고등과 재학 때(1908~1909년 무렵) 간다(神田) 진보쵸(神保町)의 골동품 가게에서 3엔을 주고 '이조염부모란문(李朝染付牡丹文)' 항아리를 산 경험이 있는 야나기는 이로부터 조선 도자기의 형상미를 실마리로 자연과 조형미를 직관할 수 있게 됐다고 한다. 그 결과 야나기는 형상미 감각이 가장 발달한 민족은 조선인이고, 그 다음이 중국인이라는 사실을 깨달았다. 그리고 마침내 도자기 본고장인 조선과 중국을 여행하며 이를 확인하기에 이른다.

조선과 중국을 돌아보고

야나기 무네요시는 1916년 8월 10일 난생처음 조선과 중국 관광 길에 올랐다. 그의 나이 27세였다. 야나기는 출발에 앞서 7월 28일 당시 베이징에서 생활하던 버나드 리치에게 중국 방문을 알리는 서신을 띄웠다. 편지에는 "지금 나의 최대 포부는 동양과 서양의 만남〔遭遇(조우)〕이라는 문제를 해석하는 일이라네. 만일 베이징에서 자네를 상면하지 못하면 그야말로 큰 손실일세. 이 여행의 주목적은 자네와 대화하는 것이기 때문에…… 그래서 자네와 만나는 일이

---

50) 《시라카바》 5권 12호.

내겐 커다란 의미가 있어. 단지 만남만이 아니라 동양의 정신에 대해 의견을 교환할 수 있는 데는 이 이상 좋은 기회가 없기 때문이야. 더욱이 이번 여행이 가슴을 뛰게 하는 것은 자네가 힘을 쏟고 있는 중국 미술을 통해 동양의 마음을 더 정확하게 파악할 수 있다는 기대 때문이라네"라고 썼다.

1909년부터 5년 남짓 동안 도쿄에서 '시라카바' 동인 활동에 참여하며 일본을 연구해오던 리치는 1915년 7월에 아내와 두 아들을 데리고 베이징으로 이주해 살고 있었다. 리치는 그 뒤 야나기의 설득으로 1916년 말 다시 일본으로 돌아와 야나기가 사는 아비코에 도자기 가마를 만들어 일본 예술을 공부하며 1920년 영국으로 돌아갈 때까지 동양사상과 동양예술을 연구했다.

야나기는 8월 11일 부산항에 도착했다. 부두에는 아사카와 다카노리가 마중을 나와 있었다. 두 사람은 곧바로 골동품 가게에 들러 철사(鐵砂) 항아리를 샀다. 그런 뒤 진주로 떠났다. 진주에 닿은 야나기는 13일 "이곳은 도자기와 옹기로 집안을 장식하고 있어 놀랍다. 집집마다 15~20개 정도의 도자기를 갖고 있는 것은 보통이다"며 시가 나오야에게 그림엽서로 조선의 시골 풍경을 전했다. 19일에는 해인사로 가 관람하고 인근 명승지를 돌아보았다. 이어 31일 경주 불국사에 도착, '시라카바' 동인 미우라 나오스케(三浦直介)에게 불국사 관람 소감을 엽서로 보냈다. 불국사 유물도 유물이지만 토함산 동쪽에 새긴 석불사(石佛寺, 야나기는 석굴암을 그렇게 이름 했다)의 석조(石彫)는 야나기를 강하게 빨아들였다. 그는 1916년 9월 1일 오전 6시 반 석굴암을 처음 보았다. 야나기는 굴 안에 좌정(坐定)한 불상에 반해 경주에 머무는 동안 세 번이나 더 찾아가 내부를 샅샅이 관찰하고 메모했다.

경주 관광을 끝낸 야나기는 서울로 올라와 여동생 지에코와 조선총독부 내무국장으로 근무하던 그녀의 남편 이마무라를 만나 회포를 풀었다. 서울에서 더욱 기뻤던 일은 아사카와 다카노리의 동생 다쿠미(巧)를 알게 된 것이다. 야나기보다는 두 살 아래인 다쿠미는 우리말도 잘해 겉으로 보기에는 마치 조선사람 같았다. 야나기는 이들 두 형제의 안내로 서울의 명소를 돌아보며 골동품 가게에서 조선 공예품을 구입하기도 했다. 야나기는 다쿠미로부터 도자기뿐만 아니라 조선의 예술품 전반에 대한 특징과 이를 만든 조선인들의 생활상, 민족성 등을 자세히 들을 수 있었다.

이렇게 조선을 한 달 이상 돌아본 야나기는 그해 9월 18일 중국 베이징으로 가서 리치를 다시 만났다. 두 사람은 베이징에서 20여 일을 함께 지내며 송나라 시대 도자기를 사고, 중국의 예술에 대한 서로의 견해를 이야기했다. 야나기는 10월 13일 리치와 작별하고, 난징(南京)과 톈진(天津)을 거쳐 상하이에서 배로 귀국길에 올라 10월 15일 고베항에 도착했다.

야나기는 조선과 중국 여행에서 돌아오기 바쁘게 선(禪)사상과 하이쿠, 다도(茶道) 등 일본정신에 대해 빠져들기 시작했다. 그리고 1918년 4월 도요대학 종교학과 교수로 취임, 학생들을 가르치며 조선과 중국 여행에서 얻은 지식과 생각을 정리하고 석굴암에 관한 논문을 구상하는 등 바쁜 시간을 보냈다.

그런 가운데 1919년 3월 1일 조선에서 독립만세운동이 일어났다. 이를 계기로 그의 글재주가 발동하기 시작했다. 그는 그해 5월 20일 〈조선인을 생각하다〉를 쓴데 이어 《예술(藝術)》 6월호에 〈석불사의 조각에 대해〉를 기고했다. 석굴암에 대한 글은 그가 석조불전을 관람한 지 3년 만에 완성한 논문이다. 원고분량도 야나기 무

네요시 전집 《조선과 그 예술》의 110쪽에서 144쪽에 이를 만큼 많
은 편이다.

일본판 오리엔탈리즘의 첫 시현 〈석불사 조각에 대해〉

그는 이 글에서 신라의 역사, 불상을 조각한 김대성(金大成)에 대
한 인물평, 불상이 완성되기까지의 일화, 불상이 세상에 알려지게
된 사정, 임진왜란 때 피해를 면할 수 있었던 이야기, 조선총독부의
엉터리 보수작업, 각 불상의 특징 등을 자세히 쓰고 있다. 특히 그
가 일일이 도면을 그려 설명한 각 불상의 감상법은 그의 혜안을 헤
아리기에 부족함이 없다. 더불어 그가 석굴암을 창건한 김대성을
서양의 플라톤에 필적할 만한 위대한 인물로 극찬하고 있다. 야나
기는 "김대성은 일대의 뛰어난 거인(巨人)이자, 플라톤이 그랬던 것
처럼, 나라의 재상이며 불교 신도였고 또한 예술가이기도 했다"고
설명하고 있다.

물론 이 글에 오류가 전혀 없는 것은 아니다. 그는 1911년 경주
의 우체국 직원이 우연히 석불굴암을 발견한 것으로 쓰고 있다.[51]
그러나 국내 학계는 조선시대 성리학자인 정시한(丁時翰, 1625~
1707)의 《산중일기》 등을 예로 들어 이는 사실과 다르다고 반박한
다. 《산중일기》에 따르면 정시한이 1688년 5월 15일 이곳을 찾았을
때 석굴의 전실과 후실의 석상들이 마치 살아 있는 것처럼 완전한
형태로 건재할 뿐만 아니라 입구의 무지개 문〔虹霓門(홍예문)〕, 본존
상과 좌대석, 주변 벽의 여러 조각들, 천개석(天蓋石)들이 모두 질서

---

51) 일본인들의 석굴암 발견 소동은 1907년에 있었다.

정연하게 관람객의 눈을 사로잡고 있었다고 한다. 이로 미루어 석굴암은 200~300년 전까지만 해도 잘 보존되고 있었음을 알 수 있다.

오구마의 논리에 따르면, 3·1운동의 소용돌이 속에 발표된 야나기의 석불사 관람기는 여러 가지 목적을 겨냥한 일본판 오리엔탈리즘의 첫 시현이라고 해도 무방하다. 야나기의 〈석불사 조각에 대해〉를 요약한다.

지금부터 3년 전 1916년 9월 1일 오전 6시 반. 화창한 햇살이 바다를 건너 굴원(窟院) 안의 부처님 얼굴에 닿았을 때, 나는 그 곁에 섰다. 그것은 지금도 잊혀지지 않는 행복한 추억이다. 부처님과 그를 둘러싼 여러 불상들이 새벽빛에 놀랍도록 선명한 그림자와 흐르는 듯한 선을 그려낸 것도 그 찰나였다. 굴원 안쪽 깊숙한 곳에 서 있는 관음 조상(彫像)이 세상에서 보기 드문 아름다운 미소를 지은 것도 그 순간이었다. 오직 새벽 햇살로만 볼 수 있는 그의 옆얼굴은 지금도 나의 호흡을 멈추게 한다.

내가 이야기하는 굴원은 계림의 남단, 오른쪽 너머 울산을, 왼쪽으로는 지척에 영일만을, 앞으로는 흰 돛단배가 떠 있는 바다를 사이에 두고 멀리 '해 돋는 나라'를 대하고 있다. 신라의 옛 수도 경주에서 45리 떨어져 있다. 굴은 해발 745미터의 토함산 동쪽에 자리하고 있다. 지금은 사람들이 석굴암으로 부르지만, 옛 기록에 따르면 석불사(石佛寺)임이 분명하다.

나는 짧은 여행 동안 세 차례나 그곳으로 순례의 발길을 옮겼다. 그때를 돌이켜보는 것은 나에게는 언제나 행복한 추억이다. 이 글은 그 은혜에 대한 빈약한 감사 표시이다. 만약 나의 글이 영원한 옛 예술에 나타난 이웃 나라의 명성을 높이고, 지금 쓸쓸히 괴로워하는 사람들의 마음에 위안을 주며, 독자의 발길을 그곳으로 인도해 서로 이해의 길을 열 수만 있다면 나로서는 그 이상의 기쁨이 없겠다.

내가 지금 이야기하려고 하는 이 영원한 걸작은 동양의 문화가 한창 고조되었을 때, 그 영기(靈氣) 속에서 산 신라 사람들이 창건한 것이다. 대략 6세기에서 9세기에 이르는 400년은 동양 문명의 황금기였다. 중국은 수·당대의 성대(盛代)였고, 일본은 스이코(推古)·덴표(天平)의 문화시대(飛鳥時代, 아스카시대)였으며, 조선은 통일신라 시기였다. 특히 종교나 예술에서 오늘날 남아 있는 최대의 작품들이 대부분 이 시대에 이루어졌다. 때는 불교의 시대이자 예술의 시대였다.

석불사야말로 한 나라의 역사(役事)로 그치는 것이 아니라 수·당 불교의 결정(結晶)이며, 동양의 종교와 예술의 귀결이었다. 누구든 이 굴원에 들어서면, 옛날 사람들의 마음속에 어떤 종교적 경험이 생동했고, 어떤 예술적 충동이 사람들의 혈맥을 관통했던가를 똑바로 보는 듯한 느낌이 들 것이다. 그것은 불사(佛寺)도 아니고 건축도 아니다. 부처가 사는 곳이며 그의 여러 제자가 거처하는 장소이다. 이 굴원이야말로 그 시대의 살아 있는 종교 자체이다. 아마 이 굴원을 이해하는 것은 동양 종교 자체를 이해하는 데 결정적 실마리가 될 것이다.

기록에 따르면 석불사는 신라 35대 경덕왕 즉위 10년(751년), 불국사의 세 번째 중건과 함께 당시의 승상 김대성이 세웠다. 그는 32대 효소왕 즉위 9년(700) 2월 15일에 태어나 36대 혜공왕 10년(774) 12월 2일에 죽었다. 역사가 그의 일생에 관해 얼마나 상세히 우리에게 말해주는지 나는 모른다. 그러나 그가 일대의 뛰어난 거인이었음은 쉽게 상상할 수 있다. 그가 살아간 시대는 신라의 최 전성기였고, 불교 융성기였다. 불교가 국교였던 그 시대에는 우선 왕이 돈독한 신도였다. 그때의 승상 김대성 또한 신라의 종교를 지탱한 큰 기둥이었다는 사실을 부정할 수 없을 것이다. 불사를 이룩하고 중건하는 일은 그가 깨달은 자신의 사명이었을 것이다. 현명한 그는, 실로 플라톤이 그랬던 것처럼, 나라의 재상이며 신도였고 또한 예술가였다.

석불사는 건축 재료가 모두 석재여서 비바람이나 화마(火魔)는 물론 왜구의 난을 피해 오늘에 이를 수 있었다. 오늘날 조선의 옛 미술을 찾을 때, 불행히도 고대 신라시대 사람들이 재능과 정성과 믿음을 다해 만들었던 건축 가운데 볼 만한 것은 하나도 남아 있지 않다. 이것은 거의가 가공할 우리(일본) 조상들의 죄일 것이다. 역사가들이 이따금 원망의 붓을 들었듯이, 임진란은 조선의 예술에 대한 일본의 부끄럽고도 무의미한 박해였다. 약탈과 파괴가 수많은 걸작들을 치명적으로 손상했다. 그나마 오늘날 남아 있는 것은 그 병란을 이겨낼 수 있는 불연성(不燃性)의 금석(金石)뿐이다. 특히 우리는 석재 작품에서 우수한 신라의 재능을 떠올릴 수 있다. 경주 첨성대나 석빙고는 석불사와 더불어 연상되는 건축이다. 그 밖에 신라의 명성을 말해 주는 다보탑과 석가탑, 분황사 9층탑, 해인사 5층탑 등은 신라 사람들이 얼마나 석재를 자유로이 다루었던가를 증명해 준다.

기록에 따르면, 명나라 만력(萬曆) 21년, 조선 선조 26년 계사(癸巳) 5월 도요토미 히데요시(豐臣秀吉)의 병사들은 불국사를 불태웠다. '대웅전·극락전·자하문, 그 밖의 2천여 칸의 불전이 왜병이 지른 불에 탔다'고 기록은 전하고 있다. 병사들은 실제로 석불사 바로 밑까지 갔었다. 석불사는 불국사에서 5리 남짓 떨어진 산 위에 있다. 그러나 다행히도 산으로 둘러싸여 그들의 눈에 띄지 않았다. 왜구의 재화(災禍)가 이 굴원까지 미치지 않았다는 게 고맙기 이를 데 없다. 오늘날 조선의 오래된 사찰 가운데 이 석불사 굴원 만큼 완전에 가깝게 옛 모습 그대로 남아 있는 절은 없을 것이다. 우리는 조선에서 가장 우수한 예술이 가장 완전하게 보존된 데 대해 감사하지 않을 수 없다. 아마도 외부에 잘 드러나지 않은 석불사 자리가 이 예술을 굳건하게 보호해 주었을 것이다.

요 몇 해 사이 총독부가 석불사를 중수했다. 공사는 1913년 10월에 시작해 1915년 8월에 끝냈다. 관계자들 말로는 할 수 있는 데까지 굴원을 해체해 위치를 바로잡고 석재를 보충했다고 한다. 바깥은 콘크리트로 처리했다. 세키노(關野貞) 박사가 공사에 직접 관여했고, 이이지마(飯島源之)가 감독을 맡아 공사를 진행했다. 그러나 나는 중수 공사를 보고 그 분별없는 행위에 그만 놀라지 않을 수 없었다. 무슨 생각으로 마치 터널 입구로 보이게 하는 담을 쌓은 것일까. 굴원을 수리한 것이 아니라 새로이 훼손한 것이라고밖에 생각할 수 없다. 기사가 과학적 면만 보고, 예술적인 면은 전혀 생각지 못한 모양이다. 이 같은 걸작을 수리할 때에는 예술적 공법을 근본으로 삼아야 할 것이다. 될 수만 있다면 돌담을 허물고 조선 사람에게 직접 중수 공사를 맡겼으면 한다.

비록 나라는 망하고 역사는 변했지만 석불사 조각에서 조선은 영원한 종교의 나라로 살아 있다. 누구든 그 앞에 멈춰 섰을 때, 오싹하는 전율을 느낄 것이다. 이상한 영(靈)이 바로 앞에서 번뜩이고 지나가는 것을 몸으로 느낄 수 있기 때문이다. 옛날 사람들은 일찍이 그들의 신앙에서 이런 예술을 낳을 수 있었던 것이다. 이러한 예술에서 그들의 산 종교를 맛볼 수 있는 것이다. 많은 사람들은 이 굴원을 찾아와서 살아 있는 부처의 얼굴을 우러러보고 그를 따르는 여러 불제자의 목소리를 그대로 들었던 것이다. 이것은 정녕 단순한 굴원이 아니다. 여기에는 그들이 구하던 깊은 영의 국토가 있고, 정토(淨土)가 있다. 그들은 어두컴컴한 굴원에서 정려(靜慮)와 심사(深思)의 삼매경에 잠겼던 것이다.

천여 년 뒤인 오늘날 굴원은 옛날 그대로 그 참과 아름다움을 안으로 지닌 채 우리 앞에 말없이 서 있다. 그것은 단지 역사의 몇 페이지를 가리키기 위해 지금껏 서 있는 것일까? 혹은 학술적 자료로서만 보아 넘겨야 하는 것일까? 아니, 그들 예술의 모든 사명은 영원한 종교의 시현(示現)이다. 이제 신앙은 쇠퇴하고 불교는 계림 땅에서 사라지려 하고 있다. 그러나 뜻있는 자라면, 이 묻혀 있는 굴원에서 옛사람

들이 살아 움직이는 종교의 물을 길었듯이 영원한 종교를 소생시킬
수 있을 것이다. 석불사는 역사가보다, 고고학자보다도, 인류의 영(靈)
을 지키는 신앙인들이 찾아주기를 기다리고 있다. 그것은 그저 서 있
는 것이 아니다. 종교의 영광을 이야기하기 위해 지어졌고 새겨진 것
이다. 그곳에는 진실로 불멸의 힘이 있다. 불후의 아름다움이 있다.
이 석불사로 조선은 영원한 영예를 안고, 알 수 없는 인간의 깊이를
밑바닥에서 드러내고 있는 것이다.

'조선예술 비애미론(悲哀美論)'에 숨은 것

'조선의 미'는 '비애의 미'

야나기 무네요시의 말을 따르면, 그에게 1921년은 '조선에 마음을 빼앗긴 한 해'였다. 3·1운동에 대한 무력 진압으로 악화된 조선의 민심을 추스르기 위해 발 벗고 나선 야나기는 잡지 《신초(新潮)》 1월호에 〈도자기의 아름다움〉이란 글을 발표하며 조선을 향해 힘찬 발걸음을 내디뎠다.

야나기는 그해 조선을 세 번이나 오갔다. 첫 번째 1월 10일부터 24일까지는 조선총독부와 '조선민족미술관' 설립을 논의할 목적으로, 두 번째(6월 1일~7월 18일)는 조선인을 위한 음악회와 강연회를 위해, 세 번째(7월 31일~8월 15일)는 조선총독부 내무국장 이마무라의 아내였던 여동생 지에코가 위독하다는 소식을 듣고 그녀를 문병하러 서둘러 달려왔다. 그는 여동생이 위급한 상황에서도 '조선민족미술관'이 들어갈 마땅한 장소를 찾기 위해 발품을 파는 등

바쁜 일정을 보냈다. 그의 이런 열성적인 '조선인 교화' 활동이 어느 정도 영향을 미쳤는지는 알 수 없지만 요원의 불길처럼 번지던 조선의 독립만세 시위도 2년이 지난 이 무렵에는 겉으로는 수그러든 모습이었다.

하지만 얻은 것이 많은 만큼 잃은 것도 많았다. 그는 그해 8월 4일 아끼고 사랑하던 그의 여동생과 그녀의 아들(야나기에겐 조카)을 한꺼번에 잃었다. 또 11월 10일에는 '조선 교화' 활동에 큰 도움을 받았던 그의 친구 남궁벽마저 세상을 떠났다. 그가 가네코와 결혼한 뒤 1914년 9월부터 6년 반을 살아온 지바현의 아비코 생활을 청산하고 다시 도쿄로 돌아온 것도 그해 3월이었다.

이처럼 희비가 엇갈린 한 해를 보낸 야나기는 1년을 마무리하는 마음으로 12월 10일 〈조선의 미술〉이라는 제목의 논문을 《신초》지에 기고했다. 글은 1922년 신년호에 실렸다. 이 논문 역시 《조선과 그 예술》의 20쪽을 차지할 만큼 단숨에 읽기에는 숨이 차지만, 내용은 그가 이미 발표했던 〈조선인을 생각하다〉, 〈석불사 조각에 대해〉, 〈조선의 벗에게 드리는 글〉, 〈도자기의 아름다움〉 등의 글에서 내세운 주장을 재구성한 것이어서 별로 새로울 것이 없다. 다만 야나기가 그의 그릇된 역사인식과, 감상에 치우친 지정학적 사고로 '조선의 미'를 '비애의 미'로 못 박은 점은 전에 없이 어조가 강했다. 이 글은 일본이 2차 세계대전에서 패망한 뒤 우리 문화계의 비판을 받았음은 주지의 사실이다.

한일 사이의 뜨거운 학술논쟁으로 비화한 것 또한 말할 나위 없다. 그의 논리 구조를 알아보기에 앞서 〈조선의 미술〉을 요약해 보면 대략 다음과 같다.

예술적인 의식이 나날이 높아져가는 오늘날, 인정을 달리하는 서구의 예술에 대해서는 누구나 명확한 개념을 가지고 있으면서도 피를 나누고 기질을 같이하는 이웃 나라의 예술에 대해 알고 있는 사람은 거의 없는 것 같다. 조선예술에 대해 존경하는 마음과 추모의 정을 느끼지 않는 우리의 심리 상태에는 대단한 모순이 있다고 생각한다. 왜냐하면 국보 가운데 국보로 불리는 유물들의 대부분이 조선 사람의 손으로 만들어졌기 때문이다. 이것은 역사가도 실증하는 틀림없는 사실이다. 예를 들면 호류지가 소장하고 있는 유명한 불상은 '백제관음'으로 불리고 있고, 유메도노의 관음 입상도 틀림없는 조선의 작품이다. 엄밀히 말해 일본의 국보급 유물은 조선의 미로 채워졌다고 할 수있다. 이를 깨닫는다면 조선에 대한 우리의 태도는 틀림없이 바뀔 것이다.

예술은 민족 마음의 표현이다. 민족은 예술작품에서 자신을 진정으로 드러낸다. 어느 나라의 심리를 파악하려면 그 나라의 예술을 이해하는 것이 가장 빠른 길이다. 미술사가(史家)는 심리학자로도 불릴 수있을 것이다. 아니 심리학자이기 때문에 진정한 미술사가일 수 있다. 만약 조선의 예술을 이해할 수 있다면, 우리는 그 미의 특질에 관해서만 알게 되는 것이 아니라, 그 민족이 무엇을 구하고, 호소했는가를 들을 수 있을 것이다. 나는 이 한 편의 글에서 이러한 마음을 통찰할 수 있는 심리학자이고 싶다.

자연과 역사는 예술을 낳는 어머니이다. 자연은 언제나 그 민족의 예술이 취해야 할 방향을 제시하고, 역사는 거쳐야 할 경로를 정해 주었다. 조선예술의 특질을 알려면 조선의 자연으로 돌아가, 그 역사를 알지 않으면 안 된다. 중국과 일본, 조선 이 세 나라는 같은 동방의 기질에 같은 문화 흐름 속에 있지만, 자연이 다르고 역사가 다름에 따라 예술도 색조를 달리하고 있다. 중국은 대륙이며 대국이다. 강은 크고 산은 거대하며, 들판은 끝이 없다. 돌은 단단하고 기후는 몹시 덥고도 춥다. 이곳에서 생존하려면 이런 자연의 힘에 어울리는 강함을 지녀야 한다. 중국역사는 이 광활한 공간을 무대로 흥망성쇠를 되풀이했다. 반면 섬나라 일본은 바다가 나라를 지켜주고 자연은 인정을 부드럽게 해 준다. 민족은 외침(外侵)의 두려움 없이 황실의 혈통을 오래도록 유지할 수 있었다. 생활은 여유가 있고 사람은 정취를 즐긴다. 부드럽고 조용한 자연을 따르는 것이 그들의 생활이었다.

이에 견주어 조선은 대륙도, 섬도 아닌 반도이다. 그러한 자연조건이 나라의 운명을 결정짓는 예는 또다시 없을 것이다. 남쪽은 섬으로 둘러싸여 사람들이 생활을 즐기려 했지만 북쪽은 대륙의 매서운 바람을 견디지 않으면 안 되었다. 땅은 그들에게 편안한 안식처가 아니었다. 그 역사는 강함과 즐거움을 잃을 수밖에 없는 운명이었다. 나라의 평화는 오래 계속되지 못했고 백성은 힘 앞에 굽힘을 강요당했다. 괴로움과 쓸쓸함이 온몸에 배어 있다. 마음은 늘 예술에 가 있었지만 소리에는 강한 가락도, 색에는 즐거운 빛도 없다. 감정에 넘치고 눈물에 충만한 마음만이 있다. 미도 애상(哀傷)의 미일 뿐이다.

'슬퍼하는 자는 위로 받는다'고 예수는 말했다. 비애는 신(神)의 마음으로 지켜질 것이다. 슬픔이 어째서 미를 형성하는가. 또 슬픔의 미가 어째서 그토록 사람을 끄는가. 그것은 신이 생각하고 있는 슬픔이기 때문일 것이다. 힘 있는 자는 자기(自己) 속에 살고 즐거운 자는 자연에 산다. 그러나 슬퍼하는 자는 신에게서 산다. 비애의 정에서 예술의 미가 더 뛰어난 것은 그것이 직접 알 수 없는 자의 무한한 따뜻함으로 지켜지기 때문이다. 조선 민족은 숙명을 예술로 승화시켜 마음을 무한한 세계로 이끌어가려 했다. 역사는 자연을 떠날 수 없고, 예술 또한 역사를 떠날 수 없다. 극동의 세 나라는 제각기 다른 자연에서 살아가며 다른 미를 이루어가고 있다. 정치는 바뀌더라도 자연은 불변한다. 나라는 쇠퇴해도 미는 멸망하지 않을 것이다. 조선은 예술에서 독립된 나라이다.

하나의 예술은 여러 가지 요소로 구성된다. 그 가운데서도 기조(基

調)가 되는 것은, 형태와 색채, 그리고 선일 것이다. 물론 하나의 작품은 이 요소들의 결합체이다. 그러나 미의 성질에 따라 하나의 요소가 다른 것보다 주요한 위치를 차지하게 된다. 가령 강대한 민족이 있고 그 땅이 민족의 종교라면 그 민족으로부터 나오는 예술은 반드시 형태의 예술일 것이다. 우리는 그 적절한 예를 중국에서 찾을 수 있다. 또 아름다운 자연의 혜택을 입은 민족이 있어 자연이 그 생활을 보장하고 있다면, 그곳에서는 색채의 예술이 나타난다는 것은 지극히 자연스러운 결과일 것이다. 동양에서 여기에 해당하는 나라는 말할 것도 없이 일본이다. 순수한 일본의 화가는 색채가(色彩家)였다.

그럼 조선의 예술은 어떤가. 이에 대해 말하기 전에 선(線)에 대해 이야기를 먼저 하겠다. 색이 아름다운 색깔에 대한 생각을 수반하듯이, 선이란 가느다랗다는 뜻이 있다. 굵은 선은 형태에 가까워지기 때문에 선의 의미를 잃게 된다. 그리고 가는 선은 가늘고 긴 것을 의미한다. 곡선은 가늘고 긴 선의 대표이다. 곡선이야말로 선의 마음이라 할 수 있을 것이다. 선의 아름다움은 실로 곡선의 미에 있지 않겠는가. 선에 내재한 마음은 형태와 정반대이다. 형태는 그 무게로 땅을 향하지만, 선은 한 점에서 다른 방향으로 가려한다. 돌아가는 마음이 아니라 헤어지는 마음인 것이다. 또한 곡선이란 바람에 나부끼는 듯한 모습이다. 동요하는 불안정한 마음의 상징인 것이다.

즐거움이 허용되지 않고 슬픔이나 괴로움이 숙명처럼 몸에 따라다닌다면, 거기서 생기는 예술은 형태나 색채보다는 선을 택할 것이다. 그보다 더 적당한 표현 방법이 달리 없기 때문이다. 조선의 예술이야말로 선의 요소를 다량으로 품고 있다. 극동의 세 나라에는 불가사의하게도 세 가지 다른 자연과 세 가지 다른 예술 요소가 명확하게 드러나 있다. 첫째는 강하고, 둘째는 즐겁고, 셋째는 쓸쓸하다. 강함은 형태를, 즐거움은 색을, 쓸쓸함은 선을 택한다. 강함은 숭상받기 위해, 즐거움은 맛보기 위해, 쓸쓸함은 위로받기 위해 주어졌다. 조선 사람들이여, 운명을 저주해서는 안 된다. 세상의 모든 사람들이 조선 민족을 학대하더라도 단 한 사람 배반하지 않는 자가 있다. 그가 만능의 신(神)이라 믿어도 좋다. 예술이 있는 한 조선 민족은 사멸하지 않는다.

　조선의 역사는 고민의 역사이며, 예술의 미는 비애의 미이다. 조선 민족은 현명하게도 형태도 아니고, 색도 아닌 선에 마음을 표현하는 필연적인 방법을 선택했다. 시험 삼아 조선의 수도를 품에 안고 있는 남산에 올라가 시가지를 내려다보라. 눈에 비치는 것은 한옥 지붕에 나타나는 끝없는 곡선의 물결이다. 만약 이 원칙을 깨뜨리고 직선의 지붕이 보인다면 그것은 일본이나 서양의 건축이라고 단언해도 좋다. 곡선의 물결은 움직이는 마음의 상징이다. 조선 항아리의 형태도 중국과는 달리 키가 크고 허리에서 발에 이르는 부분은 매우 가늘다. 어찌하여 이렇게까지 선에 대한 심리가 작용하고 있는 것일까. 민족이 경험한 괴로움과 슬픔이 무의식중에 여기에 표현된 것이 아닌가 생각한다.

　쓸쓸함은 감추어진 것일 게다. 의지하고 마음을 털어놓을 만한 벗을 가지지 못한 마음일 것이다. 무늬를 안으로 감춘 상감(象嵌)기법이 이렇게 해서 조선에서 생긴 것이 아닌가. 조선 고유의 문양 가운데 유명한 것으로는 수양버들과 물새, 그리고 운학(雲鶴)을 들 수 있다. 특히 이들 문양은 고려 도자기와는 떨어질 수 없는 관계에 있다. 무엇 때문에 조선 사람들은 수양버들을 좋아하고 물새를 그리고 구름을 사랑하고 학을 그리워했을까. 이 세상에 수양버들의 가지만큼 길고 가늘고 아름다운 선을 가진 나무는 없지 않은가. 그것은 선(線)의 나무라고도 할 수 있을 것이다. 바람 부는 대로 나부끼는 모습은 실로 그들 마음의 상징이 아니겠는가. 부드럽게 흐르는 듯한 그 선은 덧없는 이 세상에서 편히 쉴 수 없는 마음의 암시가 아니겠는가. 운학 문양에서도 같은 마음을 읽을 수 있을 것이다. 끝없이 넓은 하늘 아래 하나 둘 떠 있는 쓸쓸한 조각구름 속을 정처 없이 날아가는 두세 마리의 학과 떠도는 구름은 이 세상의 생명에도 비길 수 있을 것이다. 이와 같이 생각하는 것이 억지일까.

조선예술의 특질은 선이 거의 모든 것을 지배한다는 점을 감히 말한다. 중국과 일본에서는 다양한 색채의 의복이 발달했으나 조선에서는 그러지 못했다. 조선의 옷은 거의 아무 색도 없는 흰빛이거나 연한 옥색이 아닌가. 늙은이나 젊은이나 남자나 여자나 다 같은 색의 옷을 입는다는 것은 어찌된 연유에서일까. 세상에는 나라도 많고 민족도 많지만 이처럼 기이한 현상은 어느 곳에서도 찾아볼 수 없다. 흰 옷은 언제나 상(喪)을 당했을 때 입는 옷이었다. 쓸쓸하고 조심성 많은 마음의 상징이었다. 아마 이 민족이 맛본 고통스럽고 의지할 곳 없는 역사적 경험이 이러한 의복을 입는 것을 자연스럽게 만들어버리지 않았나 생각한다. 색이 빈약하다는 것은 생활에서 즐거움을 잃었다는 분명한 증거가 아니겠는가. 조선 사람들은 즐거움이 허락되었을 때만 울긋불긋한 색깔 옷을 입는다. 그 민족에게 즐거움을 맛볼 수 있는 경우는 세 가지였다. 첫째는 왕이나 귀족과 같이 힘 있고 돈 있는 자들이 주로 색깔 옷을 입었다. 이러한 사람들은 안정되고 행복한 생활을 즐길 수 있기 때문이다. 둘째로는 잔치나 명절 때 화려한 옷을 입는다. 혼례 의상은 어디서나 아름답다. 설날이나 단오절 같은 때면 젊은이들은 상복을 벗어버린다. 1년 가운데 허락된 신나고 행복한 때이기 때문이다. 셋째는 세상의 고통을 모르는 순진한 모든 어린이들이다. 어린이만은 흰옷 속에서 여러 가지 빛깔의 모습을 하고 있다. 즐거움은 색으로 장식되고 쓸쓸함은 색을 떠나는 것이다. 즐거움을 갖지 못할 때 사람들은 다시 상복(喪服)으로 되돌아간다. 색채를 떠난 세계가 그들이 살지 않으면 안 되는 현세였다. 형태도 아니고 색도 아닌 그 어디에 그들의 마음을 의탁해야 할 표현의 길이 있었겠는가. 바로 선이 그들에게 받아들여져 사랑을 받았던 필연적인 이유를 사람들은 깊이 이해해야 한다.

조선의 생활이 일반적으로 즐거움을 잃고 있었다는 실례를 하나 더 덧붙여 두겠다. 그것은 어린아이들이 가지고 노는 장난감이 극히 적다는 점이다. 장난감이라든가 인형의 종류가 풍부하기로는 중국과 일본이 세계에 알려져 있다. 그렇건만 조선에서 장난감을 볼 기회가 극히 적은 이유는 무엇일까. 이 점 역시 지금까지 내가 말하려고 한 사실을 뒷받침해 주고 있지 않은가.

다시 한 번 강조하지만 자연은 조선이 걸어야 할 운명의 방향을 정했다. 대륙의 무서운 북풍은 불가항력의 힘으로 민족을 배후에서 압박했다. 역사는 어쩔 수 없이 고난을 겪어야 했다. 민족이 오랫동안 참아내지 않으면 안 되었던 환경은 즐거움이 아니라 괴로움이었다. 강함이 아니라 쓸쓸함이었다. 평화는 빼앗기고 행복은 잃고 생명은 휴식할 베개를 갖지 못했다. 백성은 인정에 굶주리고 사랑을 그리워하고 있다. 모든 미는 비애의 미였다. 비애의 미는 마음을 짓누르는 것과 같은 미가 아닌가. 그 미만큼 사람을 매혹시키는 것은 없을 것이다. 슬픔에서 마음은 마음으로 만날 수 있는 것이다. 비록 조선이 그 역사에서 벗들을 잃었다하더라도 예술에서는 얻을 것이다. 국가는 짧아도 예술은 영원하다.

조선의 사람들이여, 다시 민족의 예술로 돌아가라. 조국의 운명을 유구(悠久)하게 하는 힘은 예술에 있다는 점을 믿으라. 사라지지 않는 힘이 미에 있다는 사실을 간절히 느끼라. 이 보편적인 원리야말로 모든 민족이 깊이 믿어야 할 바이다.

오리엔탈리즘 시각으로 바라본 감상문

위의 인용문에서 읽을 수 있듯이, 야나기는 '조선의 미'를 조선의 슬픈 피침(被侵)의 역사가 낳은 '비애의 미'로 규정하고 있다.

그는 글 앞부분에서 먼저 "일본의 국보는 대부분 조선 사람의 손으로 만들어졌으며 조선은 예술에서 독립된 나라"라며 치켜세운 뒤, 극동 3국의 국토지리를 자기 나름대로 해석해 "중국의 예술은 강함을 숭상받기 위한 형태(形態)의 예술이고, 일본은 즐거움을 맛보기 위한 색(色)의 예술이며, 조선은 쓸쓸함을 위로받기 위한 선(線)의 예술"이라는 억지 논리로 조선의 미를 깎아내리고 있다. 특히 그가 "조선 역사는 강함과 즐거움을 잃을 수밖에 없는 운명이었다. 나라의 평화는 오래 계속되지 못했고 백성은 힘 앞에 굽힘을 강요당했다. 마음은 늘 예술에 가 있었지만 소리에는 강한 가락도, 색에는 즐거운 빛도 없다. 아름다움(美)도 애상의 미일 뿐이다."라고 그가 어설프게 설파한 조선역사 해석과 조선예술에 대한 그의 인식은 일제가 조선침략을 정당화하기 위해 어용학자들을 동원해 조작한 이른바 '식민사관(植民史觀)'과 맥을 같이 한다.

이 글은 한마디로 그가 블레이크 연구에서 갈고 닦았으며, 버나드 리치에게 전수받은 오리엔탈리즘에 근원을 두었다고 해도 틀린 말이 아닐 것이다. 앞서 이미 설명했듯이, 야나기는 블레이크 연구에서 일본 예술의 독자성 확립이 필요함을 절실히 깨닫고 있었다. 그런 그가 리치로부터 배운 동양에 관한 지식에다 조선과 중국 여행을 통해 보고 느낀 감상과 그의 비뚤어진 조선역사 인식을 버무려 일본의 예술을 조선·중국과 구별해 보고 싶은 충동을 느꼈으리라는 점은 충분히 이해가 가고도 남는다. 그러나 그가 각 나라의 자연환경과 의상, 작품 문양 등을 그의 느낌대로 문자화한 대목은 객관성을 잃은 상상의 산물이 아닌가. 특히 일본의 국토환경을 정취 있고 인정 넘치는 살기 좋은 곳으로 미화한 점은, 조선이 겪고 있는 비통한 현실에 비감(悲感)을 더하기 위한 또 다른 왜곡이라 아니할 수 없다.

대다수의 비평가들이 그의 논문을 학문다운 연구가 아니라 개인 감정과 느낌 위주의 감상문에 지나지 않는다고 혹평하는 이유도 바로 여기에 있다. 실제로 나카미 마리는 "야나기가 조선의 미를 '비애의 미'라고 주장한 것은 그의 객관적 연구라기보다 그가 생각하고 있던 '일본 예술의 독자성 확립'이라는 긴급한 과제를 해결하기 위해 중국, 일본, 조선의 미를 무리하게 구별하려 한 결과였다"고 분석하고, "야나기의 주장이 시(詩)적인 구별에 지나지 않는다는 비판을 받고 있는 것도 그가 각 나라 예술품에 대한 객관적 분석을 통해 예술의 특징을 찾아낸 것이 아니라, 민족문화를 구별해야 할 필요에서 논리를 폈기 때문"이라고 설명했다. 따라서 "야나기의 주장이 결과적으로 '식민사관의 미학'을 보강하는 효과를 나타냈다는 점은 모두가 인정해야 할 것"이라고 그는 덧붙이고 있다.

나카미의 시각으로 보면, 〈조선의 미술〉은 결국 "조선 사람들이여, 다시 민족의 예술로 돌아가라. 조국의 운명을 유구하게 하는 힘은 예술에 있고, 사라지지 않는 힘이 미에 있다는 사실을 굳게 믿으라"는 그의 맺는말에서 읽을 수 있듯이, 조선은 강한 세력에 지배받아야 할 운명이므로 그런 숙명을 저주하지 말고 민족혼이나마 유지할 수 있는 예술에 정진, 거기에서 마음의 위안을 찾으라는 '독립운동 무용론'으로밖에 해석할 수 없다.

그가 조선에 관한 글을 쓰면서 항상 목적한 본론을 드러내기에 앞서 조선의 예술을 훌륭한 예술로 치켜세우는 것도 그만이 가졌던 특징이다. 이런 투의 글쓰기 전개 방식은 그가 쓴 거의 모든 조선 관련 글에서 찾을 수 있다. 그래서 그의 글이 일제 강점기 억눌린 우리 민족의 일부 식자층에게 더욱 감동을 주었는지도 모를 일이다.

최하림의 야나기 비판

이런 야나기의 글은 국내에서는 1960년대까지만 해도 격동기 소용돌이에 밀려 별로 관심을 끌지 못했던 게 사실이다. 그러던 것이 1974년 《조선과 그 예술》이 이대원의 번역으로 《한국과 그 예술》이라는 제목으로 출간되면서 화제가 되기 시작했다. 아니 좀더 정확히 말하면 시인 최하림(崔夏林)이 〈야나기 무네요시의 한국미술에 대하여〉라는 제목으로 이 책에 쓴 해설이 야나기 사상의 진의(眞意)를 파헤친 본격 논의의 시발이었다고 할 수 있다.

최하림은 이 글에서 "야나기는 우리의 전(全) 역사를 피침의 역사로 매도하고, 게다가 국토지리와 풍습을 자기 느낌대로 해석하며 우리의 예술을 '비애의 예술'이라고 단정하고 있으나, 한국미술의 특질을 불운한 한국의 근대사로 결정한다든가 불운이 비애의 감정을 낳는다고 하는 사고 방식은 위험하기 짝이 없는 짓이다. 이는 한국인을 패배감으로 몰아넣으려는 술책과 한국의 역사를 사대(事大)로 일관한 비(非)자주적인 역사로 몰아치려는 일본 제국주의의 정책이 교묘히 버물려진 사고방식이다. 야나기의 한국미술에 대한 이해는 일본제국주의의 조선정책과 그의 센티멘털한 휴머니즘이 혼합 배태한 것"이라고 비판했다.

최하림은 특히 "야나기가 미술사가는 심리학자일 수 있다고 주장한 전제에는 역사 작용까지를 '심리'라는 말 속에 포함시켜야 하며, 그가 우리 미술의 특질로 파악한 선(線)도 역사 감각 속에서 도출해 낸 선이지 않으면 안 된다. 다시 말하면 치마저고리나 처마에 나타나는 선의 특질을 즉흥적인 향수 속에서 파악할 일이 아니라, 그러한 선을 배태시킨 역사를 음미해 거기에 종적(縱的) 깊이를 부여해야 하는 것이다. 그렇지 않은 추론은 단순한 감상에 지나지 않게 된다. 그의 오류는 바로 여기서 비롯하고 있다"고 지적하고, "그는 조선의 미의 특질을 중국의 형태, 일본의 색과 견주며 시달림을 받은 조선인의 비애가 선을 낳게 했다고 풀이했지만, 사실 선은 현실(면)에 만족하지 않고 이상(理想)을 추구하는 동양인의 사유방식이 미술에 나타난 성질에 불과한 것"이라며 야나기의 논리를 반박했다.

그는 또 "특질이란 역사 경험과 사고(思考)의 총체적 표현임에도 야나기처럼 한 나라의 미술특성을 불운한 역사의 결과라든가, 누리지 못한 자의 심리 형태라고 쉽게 단정해 버리는 것도 잘못이다. 더군다나 한국의 역사는 그의 지적대로 언제나 외세의 압제 아래에서만 계속되어 왔던 것은 아니다. 고구려를 비롯한 3국은 당시 어느 누구도 넘볼 수 없는 동아시아의 강자였다. 고려 전기(前期)와 조선 전기 문화의 찬란함은 역사가 잘 말해 주고 있다. 위대한 역사도 반드시 끊임없는 영광의 역사 속에서만 창작되는 것이 아니라, 외래 민족의 침입과 지배를 받아왔던 여러 민족에서 볼 수 있듯이, 영욕의 교차 속에서 탄력성이 강한 힘과 자극소를 찾을 수 있는 것"이라고 꼬집었다.

최하림은 "그럼에도 한국민과 한국의 미술을 사랑한다고 부르짖는 이 미문가(美文家)의 문장이 당시의 한국인들을 이불을 뒤집어쓰고서 흐느껴 울게 할 정도로 힘을 발휘했던 것은, 그의 글이 궁극적으로 무엇을 위하고 어떠한 사고에서 출발한 것이라 하더라도 우리 민족의 슬픈 마음을 투시하고, 이를 쓰다듬어 주는 글발이, 말하지 못한 조선인들의 상처를 달래 주었음에 틀림없었기 때문"이라며 "야나기는 1920년대의 조선인에게는 슬픈 마음을 쓰다듬어 주는 존재였다"고 설명했다.

현실모순 외면한 톨스토이에 빗대기도

최하림은 이런 야나기의 사상을 톨스토이에게서 찾는다. 그에
따르면, 1800년대 톨스토이시대의 러시아는 지배계층과 농민층이
천사와 악마, 혹은 천국과 지옥만큼 심한 격차를 보이고 있었다.
"광대한 농토를 가진 귀족 지배층은 농노와 소작농들로부터 거둬
들인 소작료로 프랑스, 독일, 스위스 등지를 돌아다니며 춤과 오락
으로 소일하고 있었다. 귀족들이 호화로운 생활에 젖어들면 들수록
소작인들로부터 더 많은 소작료를 거둬들여야 했고, 따라서 농민의
생활은 곤궁해질 수밖에 없었다. 이런 사회 실상은 귀족 출신인 톨
스토이에게 고민을 안겨 주었다. 톨스토이는 급기야 정부와 종교에
정면으로 도전한 농민을 러시아의 미래상이라고 말하기에 이르게
된다. 비록 그가 귀족과 지식인들을 혐오하고, 공격했음에도 귀족
과 농민의 모순을 현실논리로 해결하려 하지 않고 관념적인 사랑과
믿음으로 미루며 여전히 귀족적인 관념의 세계를 벗어나지 못했다.
이와 같은 러시아 귀족과 농민, 그리고 톨스토이의 관계는 한국과
일본과 야나기의 등식에도 그대로 성립된다"는 게 그의 설명이다.
또 "야나기는 일본의 지성인으로 일본의 과오를 비판하는 쪽에
섰으면서도 현실에서 인간의 양심과 도덕을 바로 세우려 하지 않
고, 허상으로 현실을 촌탁(忖度, 남의 마음을 미루어서 헤아림)하려
함으로써 문제를 잃어버렸다. 그는 조선을 사랑한다고 말했을 때도
두 나라의 모순을 정치나 경제와 같은 현실 논리가 아니라 종교나
예술과 같은 내면의 세계로 바꾸어 강조함으로써 일본인의 자세를

벗어나지 못했다. 이는 야나기 개인만의 논리가 아니라 당시 톨스토이의 사상을 부분적으로 받아들인 지성인들의 전형적인 사고였다. 그들은 조국(일본)의 조선에 대한 야만적 침략과 탄압 행위를 그들 양심으로서는 받아들이기가 어려웠지만, 그렇다고 군국주의자들에게 저항할 수도 없었다. 그래서 일본의 군국주의에 저항하는 위험스러운 행위로부터 자신을 보호할 창구를 사랑과 믿음이라는 톨스토이 스타일의 사상에서 찾았던 것"이라고 강조했다.

최하림의 야나기에 대한 이런 비판은 국내는 물론 일본 학계에도 커다란 파문을 불러일으켰다. 최하림의 글이 나오기 전까지 야나기는 '일제 강점기 우리 민족 예술의 특징을 정립(定立)하고 조선독립을 도운 인물'로 자리매김되고 있었다. 그 뿐인가. 그가 조선예술에 굴레를 씌운 '한(恨)의 미', '비애·애상의 미'가 마치 우리 예술의 원형이라도 되듯이 예술계가 앞 다투어 인용했던 게 사실이다.

최하림은 "한국미술사의 선구자로 가장 눈부신 공적을 남긴 고유섭(高裕燮)만 하더라도 한국의 특질로 적요(寂寥)의 미와 민예적인 소박한 미를 들고 있는데, 그것은 야나기가 누누이 부르짖던 '선의 미'와 '민예의 미' 그대로이며, 가장 체계적인 미술사를 기술한 김원룡(金元龍)도 그의 《한국미술사》 서설(序說)에서 야나기의 선적(線的) 특징을 그대로 인용해 이론을 전개하고 있음을 볼 수 있다"고 아쉬워했다. 특히 김원룡은 야나기의 죽음(1961년 5월 3일)을 계기로 1962년 3월호 《사상계》에 기고한 〈일본인 '야나기 무네요시'의 한국미관〉이라는 제목의 글에서 "야나기는 민중을 위해 조작하지 않은 미(美)를 무명의 공인(工人)들이 만들어 낸 민예품 속에서 찾으려 했고, 그것을 발견한 곳이 바로 이조(李朝)의 민예품이었다. 그래서 야나기의 눈에는 생목(生木)을 깎아낸 자귀 자국 하나에도 미가 있고, 목판(木板)을 도려낸 담뱃재털이에도 무한한 미가 있었다. 다이쇼 휴머니스트의 한 사람으로 그의 한국관과 한국미관에는 맹목적인, 광신자적인 경향도 없지 않았으나 그가 성문화(成文化)한 한국미의 철학은 길이 광채(光彩)를 잃지 않을 것이며, 틀림없이 하나의 진리를 우리에게 제시해 주었다고 말할 수 있다"고 극찬했다.

야나기에 대한 이런 평가는 일부 일본 문화계에서도 마찬가지였다. 전후(戰後) 일본에서 야나기의 '조선관(朝鮮觀)'을 맨 처음 거론하고 나선 학자는 우부가타 나오키치(幼方直吉)였다. 우부가타는 1958년 8월 17일 도쿄도립 고마쓰가와(小松川) 고등학교 옥상에서 발생한 이른바 '고마쓰가와 사건'[52]이라는 연쇄살인사건의 피의자로 몰린 이 학교 야간부 1학년 학생 이진우 군(재일교포 2세로 당시 18세)의 구명운동을 벌이면서 1961년 10월호 《시소(思想)》에 〈일본인의 조선관—야나기 무네요시를 통해서〉라는 제목의 글을 썼다.

우부가타는 이 글에서 "야나기 사상의 제일 특징은 조선 미의 독자성과 그 문화의 전통을 통해 '민족'을 발견했다는 점이다. 그는 이따금 '인간'이라든가 '개성'이라는 말을 '민족'이라는 단어와 거의 같은 뜻으로 혼용했는데, 여기서 '민족'이란 정치적 개념이 아니라 아름다운 민예품을 만들고 그것을 전하는 조선인을 일컬음이다. 이는 야나기가 조선 민중의 생활 속에서 터득했다. 다시 말하면 고대로부터 끊임없이 외세에 괴롭힘을 당하면서도 오늘날까지 그 민족적 문화 품격을 잃지 않고 있는 조선민족을 도출해 낸 것에

---

52) 1958년 4월 20일 에도가와구(江戶川區) 가미시노자키마치(上篠崎町)의 논에서 일어난 24세의 공장 취사부 여성 살해 사건과 그로부터 넉 달 뒤에 고마쓰가와 고등학교 옥상에서 잇달아 발생한 연쇄 살인 사건. 이 사건의 용의자로 몰린 이진우군은 일본 각계의 구명운동에도 1962년 11월 16일 센다이(仙台)교도소에서 사형됐다.

야나기의 특징이 있다"고 쓰고 있다. 우부가타는 이에 더해 야나기를 '일제의 잔혹한 탄압에 강력히 항의하며 조선의 독립을 도왔던 인물'로 그리고 있다.

쓰루미 슌스케는 "우부가타는 일본 정부의 조선 동화정책을 비판한 야나기의 자세에 주목하여 이런 동화주의의 부정은 곧 조선 독립에 대한 긍정이라고 해석하고, 일본인과 조선인 관계에 민족 상호존중 원칙을 적용하려 했던 야나기의 인간평등 사상도 바로 그런 데서 비롯된 것으로 판단하였다"며 우부가타의 견해에 뜻을 같이했다.

'야나기 비판'에서 빠진 것

또 재일교포 사학자 이진희(李進熙)는 '하타다 다카시(旗田巍) 선생 고희 기념회'가 1978년에 펴낸 《조선역사논집(朝鮮歷史論集) 하》에서 〈야나기 무네요시의 조선미술관(柳宗悅の朝鮮美術観)〉이라는 제목으로 최하림의 '야나기 비판'을 강하게 비판했다. 이진희는 이 글에서 "최하림은 한국의 민주화를 요구하는 '자유언론실천문인협회'의 구성원으로 '식민주의사관'을 청산하는 투쟁이, 일한(日韓) 유착에 반대하고 민주화를 쟁취하기 위한 중요한 과제의 하나로 보고 있는 인물"이라고 전제하고, "그가 한국의 현실문제에 비추어 야나기를 들추어 '비애의 미'를 비판하고 있는 것은 주목해도 좋으나, 야나기의 글을 '조선인을 패배감에 떨어뜨리려 하는 술책과 조선사를 사대주의적이고 비자주적 역사로 간주하는 일본제국주의 정책이 교묘히 혼합된 사고방식'으로 단정하는 것은 옳지 않은 판단이라고 생각한다"고 썼다.

이진희는 "야나기는 우부가타나 쓰루미가 이미 지적한 것처럼 일한병합 후에도 무력으로 조선을 식민지화한 것을 인정하려 하지 않았다. '비애의 미'라는 잘못된 조선미술론을 펴기는 했으나, 예술품을 만든 사람들, 즉 민족의 존재를 빠뜨리지 않았다. 그는 〈조선인을 생각하다〉에서 〈이조 도자기의 특질〉에 이르기까지 일련의 논문에서 침묵을 강요당하고 있던 조선 민족의 의지를 대변하며 계속 민족의 독립을 호소하려 했다. 그의 글에 감상적 약점이 있더라도 당시의 정치가나 사상가, 문학자들 가운데 그 정도의 논진(論陳)을 폈던 사람은 하나도 없었다. 더군다나 비애의 미론은 시간이 흐름에 따라 '건강 미'로 변했다. 그러나 변하지 않은 것은 조선 문화에 대한 '경념(敬念)'이고, 조선 민중의 염원인 일본으로부터의 해방과 독립을 계속 지지했던 것"이라며 최하림의 견해에 대해 반론을 제기했다.

그러나 이진희는 여기서 야나기가 독립만세운동을 유발시킨 조선총독부의 강제 동화정책을 비판했을 뿐 식민통치 자체를 부정한 것은 아니라는 점을 빠뜨리고 있다. 이진희는 "야나기가 일련의 논문에서 조선 민족의 의지를 대변하며, 조선 민족의 해방과 독립을 지지했다"고 주장하고 있으나, 야나기는 1919년 9월 부임한 사이토 조선총독이 '문화정치' 깃발을 내걸고 자리를 확실히 굳힌 1923년 이후에는 단 한 번도 조선통치문제를 비판한 적이 없었다. 1923년까지 쓴 글도 모두 '무단통치' 시대에 저지른 과오에 대한 비판이 대부분이었다.

야나기가 조선통치 문제를 주제로 쓴 글은 1923년 9월 《국제지식》에 기고한 〈조선·일본 문제의 어려움에 대하여〉에 이어 《조선지방행정》 10월호에 낸 〈조선 교육에 대하여〉가 사실상 마지막이었다.

　‘조선인을 사랑했다’는 그는, 1923년 9월 8천여 명의 죄 없는 조선인이 무참히 학살된 관동대지진 사건을 목격하고도, 조선에 건너와 교화활동은 벌였을지언정 조선인 학살에 대한 글은 단 한 줄도 쓰지 않았다. 또 중일(中日)전쟁을 앞두고 조선 언론인과 지식인의 입을 막기 위해 1937년 6월 7일 안창호(安昌浩)를 비롯한 아무 죄 없는 조선 지식인 181명을 무더기로 검거, 투옥한 이른바 ‘수양동우회’ 조작 사건 때도 침묵으로 일관했다. 더군다나 야나기의 글 가운데 조선인에게 독립을 위해 궐기하라는 권유는 어디에도 없다.

　그럼에도 우리 문화계에는 야나기를 ‘우리 민족의 의지를 대변하고 민족의 독립을 호소한 귀중한 존재’로 평가하거나 ‘한일 선린 우호의 원형’으로 치켜세우는 학자도 없지 않다. 우리 사회는 언제쯤 야나기의 ‘비애의 조선미론’을 극복할 수 있을까. 그것은 중대하고도 시급한 과제가 아닐 수 없다.

두 갈래 내셔널리즘, 오키나와 방언논쟁

비상체제 아래 묵인된 방언논쟁

한동안 일제의 조선에 대한 무단통치를 비판하며 인도주의자라도 된 듯한 필설(筆舌)로 유화정책을 강조하던 야나기는 사이토가 조선총독으로 부임한 지 5년째를 맞아 이를 일절 중단했다. 대신에 '조선예술에 대한 사모의 정'을 전면에 내세워 조선 지식인들의 마음을 사로잡기 시작했다.

'조선의 민심 순화'를 목적으로 1920년부터 조선에서 계속해 오던 음악회와 강연회도 횟수와 강도를 더해 갔다. 1926년부터는 민예운동을 본격적으로 펼치면서 공예품을 사 모으러 조선, 중국, 만주 등지와 일본 전국을 자주 여행했으며, 이를 1931년 1월에 창간한 《고게이(工藝)》에 소개하기도 했다. 1934년에는 일본민예협회를 조직하고, 1936년 10월 일본민예관을 설립해 민예운동의 총본산으로 활용하며 일본 제일의 민예운동가로 발판을 굳혀 갔다.

그러나 그렇게 순조롭게 활동하던 그도 지천명의 나이를 맞은 1939년 4월, 이른바 '오키나와 방언논쟁'에 휘말려 곤욕을 치러야 했다. '오키나와 방언논쟁'이란 '오키나와어(沖繩語) 폐지' 문제를 놓고 일본 중앙 논단(論壇)과 오키나와 현청(縣廳) 및 지방신문이 서로 편을 갈라 벌인 찬반 논쟁을 말한다. 일본 학계에서는 '오키나와 말을 없애려는 오키나와 현청과 이를 지키려던 양심적인 일본 지식인의 대립'이라는 도식으로도 통하며, 일명 '오키나와 언어논쟁'으로도 불린다.

이 논쟁은 당시 일본이 중국과 한창 전쟁을 하던 전시체제에서 1년 이상을 끌며 일본 열도를 뜨겁게 달구었다. '표준 일본어 사용'을 국가의 명운을 걸고 추진하던 일본 정부가 장기간 찬반 논쟁을 벌이도록 언론을 내버려둔 점은 이례적인 일이었다. 일본 국내는 물론 식민지 조선과 타이완의 모든 언론을 완전 장악한 상황을 감안하면 정치적 계산이 아니라 할 수 없다.

제국주의 일본은 1931년 만주에 괴뢰 정권 만주국을 세운 데 이어 1937년 7월 7일 또다시 루거우차오(蘆溝橋) 사건[53]을 일으켜 중국과 전쟁을 시작하고 이듬해 4월 '국가총동원법'을 제정, 일본의 모든 인적, 물적 자원을 정부가 마음대로 통제 운영할 수 있도록 하는 비상체제를 갖추었다. 이에 앞서 1936년에는 국가 정보와 선전을 담당하는 '내각정보위원회(1940년에 내각정보부로 승격)'를 신설해 언론과 문학 단체 인사들을 비롯한 각계 지식인들을 전시에 동원하기 위한 자발적 동조 시스템을 갖추었다. 언론에 대해서도 비위에 거슬리면 언제든지 통폐합 또는 허가 취소할 수 있는 통제

---

53) 중국 베이징 시의 융딩 강에 놓인 다리로 1937년 7월 7일 밤에 일본군과 중국군이 충돌하여 중·일 전쟁의 도화선이 됨.

권한을 대폭 강화했다.

　이에 따라 메이지유신 이후 줄곧 검열을 받으면서도 어느 정도 자유를 누려왔던 모든 언론 매체는 정부를 비판하는 기사는 일절 보도할 수 없게 됐다. 군기(軍機), 군략(軍略), 외교에 관계되는 기사는 육군, 해군, 외무성이 각각 사전 심의를 맡았다. 게다가 같은 해 8월에는 '신문용지제한령' 까지 내려져 정부로부터 용지를 배급받아 사용해야 하는 신문, 잡지, 출판사들을 더욱 긴장시켰다. 검열 당국은 심지어 기사 집필 기피인물까지 지목해 그들이 쓴 원고는 신문과 잡지에 아예 싣지 못하게 했다. 서적에 대한 발매금지 처분을 강화한 것도 이 무렵이었다. 이런 상황에서 일어났던 '오키나와 방언논쟁' 에 대한 전후(戰後) 학자들의 논의는 그런 만큼 더욱 활발하고, 해석 또한 다양하다. 그 가운데서도 이 논쟁을 오리엔탈리즘 시각으로 분석한 오구마 에이지의 주장은 단연 신선하고 흥미롭다.

　그는 '오키나와 방언논쟁' 이 우선 내셔널리즘으로 연결되기 쉬운 민예운동의 일환으로 시작됐고, 나치스 독일의 '건전한 지방 농촌문화운동' 과 일맥상통하고 있으며, 언론 자유가 완전 봉쇄된 전시체제 아래서 찬반 시비가 장기간 허용된 점, 야나기의 오키나와에 대한 동정이 마치 조선의 독립만세운동을 대했을 때와 똑같다는 점 등을 들어 이 논쟁을 '야나기의 굴절된 오리엔탈리즘' 으로 규정하고 있다. 오구마의 주장은 야나기가 조선문제에 대해 왜 그토록 많은 관심을 기울였는지에 대해서도 시사하는 바 크다.

민예 조사차 오키나와를 방문했다가

　논쟁은 야나기가 1938년 12월 말부터 1940년 8월까지 네 차례에 걸쳐 오키나와를 방문해 민예조사활동을 벌이면서 비롯됐다. 야나기는 1938년 12월 27일 도예가 하마다 쇼지(濱田庄司), 가와이 간지로(河井寬次郎) 등과 함께 오키나와에 첫발을 내디뎠다. 하마다와 가와이는 1917년에 이미 오키나와 답사를 마치고, 1924년부터 그곳에 도자기 가마를 만들어 매년 겨울마다 도자기를 구워내고 있었다. 이들 두 사람은 야나기를 만날 때마다 오키나와지방 민예의 중요성을 강조하며 현지탐사를 권했다. 그렇지 않아도 민예운동에 열중하던 야나기로서 오키나와는 미지의 땅으로 놓아둘 수 없는 숙제였다. 더군다나 그곳은 그의 아버지의 발자취가 서린 곳이었다.

아버지 나라요시는, 앞에서도 설명한 바와 같이, 일본 해군 수로국장으로 일하던 1873년 2월 류큐(琉球)열도와 타이완 근해를 측량한 뒤《타이완수로지(臺灣水路誌)》와 《남도수로지(南島水路誌)》를 펴냈다. 야나기 자신도 구(舊) 류큐왕의 손자 쇼소(尙昌)와 가쿠슈인 동창으로 학창시절 쇼소로부터 오키나와 방문을 초청받았으나, 그가 일찍 죽는 바람에 뜻을 이루지 못한 점을 늘 애석해 하며 오키나와에 가 볼 기회를 찾고 있던 참이었다.

이들의 여행은 야마구치 이즈미(山口泉) 오키나와현 학무부장(學務部長)의 초청으로 이루어졌다. 야마구치는 야나기와 민예운동을 같이 하던 미즈다니 료이치(水谷良一)의 친구로, 야마구치가 사이타마(埼玉) 현청에서 근무하던 1934년에 야나기와 서로 인사를 나눈 사이였다. 민예운동에 대한 성가(聲價)를 익히 잘 알고 있던 야마구치는 오키나와 민예활성화에도 큰 도움이 되리라 기대하고 이들을 초청했다고 한다.

오키나와는 도쿠가와 막부시대만 해도 '류큐(琉球)'라는 독립국가로 쇼타이(尙泰)왕이 지배하고 있었으나 일본 정부가 메이지유신

뒤 무력으로 강제 통합했다. 하지만 오키나와 사람들은 언어와 풍속
이 일본과는 크게 다르고 류큐문화에 대한 자부심도 강해 쉽게 '일
본인'으로 동화할 수 없었다. 일본 '본토' 사람들 역시 그런 오키나
와 사람들을 멀리하고 차별했다. 오키나와는 근대화에 크게 뒤떨어
진데다 지역적으로도 일본 본토에서 멀리 떨어져 오키나와 근무를
발령 받는 공무원들은 좌천이라는 생각으로 낙담하기 일쑤였다.

　상황이 이렇다 보니 당시 오키나와 현청으로서는, 본토와 차별
을 해소하는 것이 최대 당면 과제였다. 무엇보다 본토인과 서로 의
사소통을 자유롭게 할 수 있도록 언어장벽을 없애는 일이 급선무였
다. 오키나와 현청이 청일전쟁 후 교육현장을 중심으로 표준어 보
급과 '방언' 사용 금지에 힘을 쏟은 것도 그 때문이었다. 그러나 성
과는 극히 미미했다.

언어와 풍속 모두 본토 식으로

　그런 가운데 중국과 전쟁을 시작한 1차 고노에 후미마로(近衛文
麿) 내각이 1937년 '국민정신총동원령'을 내리고 '(일본)표준어 열
심히 쓰기운동'에 나섰다. 오키나와 현청은 곧바로 '실행위원회'
를 구성하고 이 운동에 적극 참여했다. 1939년 4월부터는 마을 단
위로 '표준어 열심히 쓰기 실행위원'을 두어 표준어 쓰기 이행 여
부를 단속했다. 특히 민원창구에서 표준어를 쓰지 않을 경우 민원
서류를 일절 받아주지 않았고, 관공서나 회사에서 '오키나와 사투
리'로 말을 주고받는 직원에게는 벌금을 물렸다. 또 노인이 많은 마
을에는 특별학습반을 따로 편성해 말이 느린 노인들의 일본어 학습을
도왔다. 오키나와 현청은 '표준어' 쓰기에 우수한 단체나 개인을 뽑아

포상하기도 했다.

일제가 이처럼 '표준어 쓰기운동'을 강행한 데는 오키나와 주민들의 전쟁에 대한 비방과 비판, 비협조 행위를 막는 한편 간첩활동을 예방하는 목적도 있었던 것으로 전해지고 있다. 오키나와인들은 실제로 청일전쟁 때 청나라를 도운 전례가 있었다. 조선과 타이완에 '일본어 사용'이 강요된 것도 이 무렵이었다.

오키나와 현은 이와 같은 사투리 사용 금지와 함께 류큐식 복장, 머리 모양, 연극, 각종 행사 등도 모두 본토 형식을 따르게 했다. 관혼상제도 물론 본토 방식을 본받도록 하고 '유타(ゆた)'라는 민간 무속인의 위령(慰靈)행위도 못하게 단속했다. 오키나와 현은 1940년이 '황기(皇紀) 2600년'에 해당되는 해라며 이를 기념하는 '호국신사(護國神社)'를 세우고, 우타키(御嶽)[54]를 재편, '한 마을 한 신사' 건립을 위한 10개년 계획을 세워 국가 신도(神道)를 장려했다. 이에 따라 주민들의 불편은 이만저만이 아니었다.

야나기가 부푼 가슴을 안고 오키나와에 내렸을 때는 그곳의 표준어 실천운동이 최고 절정에 달해 있었다. 눈에 잘 뜨이는 곳마다 '온 가족 모두 표준어'라는 포스터가 내걸리고, 학교에서는 오키나와 말을 쓴 학생에게 '방언찰(方言札)'을 달게 하는 벌을 주고 있었다. 이 '방언찰'은 사투리를 쓴 사실을 사람들에게 널리 알려 수치심을 유발, 반성시키는 징벌이었다. 이는 일제가 우리 민족에게 일본어 사용을 강요할 때 쓰던 수법이기도 하다. 이런 분위기에서 야나기 일행은 슈리(首里)공예여학교 교장 집에서 묵으며 이듬해 1월 23일까지 오키나와 유적, 유물을 중심으로 조사활동을 일단 마치고

---

54) 촌락제사의 중심이 되는 성지.

도쿄로 돌아갔다. 1차 조사에 부족함을 느낀 야나기는 그해 3월 25일부터 4월 23일까지 오키나와를 다시 찾았다.

2차 여행에는 아내 가네코와 가와이 부부, 하마다, 도노무라 기치노스케(外村吉之介), 다나카 도시오(田中俊雄) 등 민예와 관광업계 인사 10명이 같이 갔다. 이들의 방문은 오키나와 공예의 미를 배워 바깥 세상에 알리고, 현지 주민들에게 공예의 중요성을 심어주며, 공예품의 제작·판매망을 협의, 조언하기 위함이었다. 야나기 일행은 민예 조사 도중 현지 언론 및 현청 관계자들과 '오키나와의 민예'를 주제로 좌담회를 가졌다. 바로 그 자리에서 야나기 일행이 말한 의견이 논쟁의 불씨가 됐다.

'오키나와어 보존' 발언이 논쟁의 불씨

이때 야나기 일행의 발언을 종합해 보면, "표준어를 철저히 익히는 것은 좋은 일이다. 그렇다고 류큐어를 버리지 않으면 안 되는가. 솔직하게 표현하면 '류큐어 사용 금지'는 도가 지나친 듯하다. 류큐어나 분묘는 오키나와 고유의 풍물, 명소, 유적보존이라는 차원에서 그대로 보존하는 쪽이 더욱 좋겠다는 생각이다. 류큐어는 서양어가 불필요하게 들어와 혼란을 일으키고 있는 도쿄어(東京語)에 견주어 훨씬 순수성을 간직하고 있다. 이 훌륭한 풍속언어를 스스로 업신여기어 낮추지 말고 더욱 자신을 가져주기 바란다. 또 동양의 미덕은 언제나 조상을 숭배하는 것이며, 오키나와인은 조상과 동포를 세계 유일의 분묘에 모시는 것을 자랑으로 여긴다. 민예 측면에서 이야기 하자면 오키나와가 전통양식을 길이 보전하는 일이 곧 '순수'하고 '훌륭한 동양의 형태'를 오래도록 간직하는 길이다.

나하(那霸)와 슈리에 관광시설을 확충해 관광도시다운 면목을 갖추
었으면 한다. 다만 오키나와 고유의 지방색체가 없는 토산품을 만
들어 내고 있는 것은 유감이다. 관광객으로부터 아름다움을 살 수
있는 전통적인 미와 특징을 보존했으면 좋겠다. 지방적 특색을 지
우는 행위는 금지해 주기 바란다. 예를 들면 고유의 미를 해치는 슈
리성(首里城) 아래의 콘크리트 울타리 같은 것들이다. 호텔이 없는
점도 불편하다. 숭원문(崇元門) 앞에 서 있는 전주가 눈에 거슬린다.
다른 곳으로 옮겼으면 좋을 것 같다"는 내용이었다.

특히 야나기의 주장은 지금까지 보아온 그의 조선, 타이완, 아이
누 등에 대한 미술론과 기본적으로 변함이 없다. 그러나 야나기 일
행의 의견은 오키나와 곳곳에서 커다란 반발을 불러왔다. 이들이
지적한 전주 철거 문제만 해도 현지 전기회사는 "그렇다면 이곳에
서는 전등도 켜지 말라는 말이냐"며 거세게 불만을 표시했다. 또
현청의 경찰부장은 "표준어 장려나 묘지 근대화는 현청이 당면한
최대 숙원 사업이다. 외부에서 갑자기 와서 민예나 관광 측면으로
만 말할 것이 아니라 좀더 깊이 생각하여 발언해 주기 바란다"며
반대의 뜻을 분명히 했다. 결국 좌담회는 결론을 찾지 못한 채 평행
선으로 끝나고 말았다. 이 소식은 곧 《류큐신보(琉球新報)》, 《오키나
와아사히(沖繩朝日)》, 《오키나와일보(沖繩日報)》 등 현지 언론을 타고
곳곳으로 번져나갔다. 이 소식이 전해지자 오키나와 현청과 지방 언
론사에는 비난이 빗발쳤다.

"그렇게 좋다면 오키나와에 살아 보라"

우선 오키나와 현청 관리로 근무하던 요시다(吉田嗣延)가 포문을

열고 나섰다. 요시다는 〈애완현(愛玩縣)〉이라는 제목의 논평을 통해 "본토에서 온 일행은 일부러 멀리까지 왔기 때문에 기이하고 재미있는 것을 남겨놓지 않으면 곤란하다고 말한다. 그들은 오키나와를 너무도 호기심의 대상으로 삼고 있다. 호기심으로 보면 그래도 괜찮은 편이다. 더욱 한심한 것은 우리 현을 관상용 식물 또는 애완용 동물 정도로밖에 생각하지 않은 사람도 있다. 이런 사람들에게 오키나와 예찬을 맡기는 일은 우스운 일이다"고 혹평했다.

슈리에서 11명의 남매 가운데 장남으로 태어난 요시다는 일찍 부모를 잃고 친척의 도움으로 도쿄제국대 사회학과에서 빈곤문제를 전공했다. 그는 일본 내지에서 유학하는 동안 표준어에 열등감을 느꼈다고 회상하기도 했다. 대학재학 때 사회주의 단체에 참가해 구금되기도 했으며, 2차 세계대전 뒤에는 '남방동포 원호회'라는 오키나와 복귀운동단체 대표를 지내기도 했다.

요시다는 대학 졸업 후 오키나와 현청에 신설된 사회사업과 주사로 취직해 생활개선운동을 맡고 있었다. 생활습관이나 위생, 영양 개선은 물론이고 표준어 사용 문제도 그의 업무였다. 그는 고향을 빈곤으로부터 구제하겠다는 각오로 맡은 일을 추진했다. 그런 그에게 민예협회 일행의 홈스펀 차림에 부르주아 같은 귀족풍 언동은 귀에 거슬려 참고 견딜 수가 없었다고 한다. 그래서 요시다는 "오키나와 사람들이 표준어를 말하지 못해 얼마나 손해를 입고 있는지 아는가. 오키나와 사람들에게 표준어는 목숨 다음으로 중요한 것"이라고 통탄하며 야나기 일행을 비난했다.

이러한 비난은 요시다뿐만이 아니었다. 오키나와 지방신문에는 날마다 투서가 수북이 쌓였다. 투서는 대부분 야나기를 비난하는 내용이었다. 현지 지방신문의 비판은 더욱 신랄했다. 지방신문들은 "풍류를 좋아하는 사람들은 전주가 눈에 거슬려 옛날 류큐식 경치를 찍을 수 없다면서 뻔뻔스럽게 철거 요청도 서슴지 않고 있다. 마치 오키나와에서는 전등을 사용하지 않아도 좋다는 투이다. 오키나와가 갖고 놀기에 방해가 되고 시민의 이익도 없다면, 국가의 흥륭도 없다. 그런 철면피한 이기적 사고에는 놀랄 수밖에 없다"는 내용의 기사를 일제히 보도했다.

또 "지금의 오키나와는 약진하는 일본과 걸음을 함께 하려고 열심히 뛰고 있다. 그것을 중앙에서 온 여러분들은 잘못된 생각으로 보고, 이상한 우월감을 갖고 비평하고 있다. 여러분들은 정말 가벼운 기분으로 마치 젖 먹는 어린이들의 붉은 옷이 이 세상의 가장 좋은 옷이라고 칭찬하고 있으나 과연 그럴지 모르겠다. 여러분이 좋은 곳이라고 칭찬하는 오키나와는 우리들 삶의 터전이지만, 정작 '그렇게 좋다면 오키나와에 살아 보라'고 말하면 아마 모두가 손사래를 칠 것이다. 우리들은 여러분들보다 오키나와의 비참함을 더 잘 알고 있다. 그래서 열심히 뛰고 있다"는 어느 투고자의 편지를 대대적으로 보도했다.

지방신문들은 "시인이나 예술가는 오키나와인의 소박한 풍속을 보고 아주 남국적이라든가, 정열적이라고 한다. 그러나 이런 시각을 갖는 사람들은 열 명에 한 명 정도다. 옛날 물건은 그것을 연구하는 사람들에게 맡겨두면 그만이다. 우리들은 내일의 오키나와 건설에 매진할 뿐이다. 부족한 애정이나 필요 이상의 애무에는 참고 견딜 수가 없다. 일본인들이 부러워하는 사쓰마인(薩摩人)[55]이나 에도(江戸) 아이들을 바라보는 눈으로 사랑도, 경멸도 받고 싶은 것이

---

55) 지금의 가고시마(鹿兒島) 현의 서쪽지방 사람.

우리의 심정이다"는 내용의 투서도 빠짐없이 소개했다.

야나기가 칭찬한 것은 관예품일 따름

오키나와 사람들은 야나기의 민예사상에 대해서도 비판을 가했
다. 어느 투서자는 "오키나와의 미를 직감에 따라 발견했다는 야나
기의 말은 믿을 수 없다. 그것은 직감에 따른 것이 아니라 야나기
자신이 극도로 혐오하는 자본주의 문화인 기계공예에 대한 반발에
서 생긴 것"이라고 지적하고, "그가 칭찬한 옛날 오키나와 칠기는
대부분 관청이 운영하던 '패접봉행소(貝摺奉行所)'에서 시간과 비용
을 무시하고 만든 작품으로 민예가 아니라 관예품(官藝品)에 지나지
않으며, 예술품 제작의 뒷면에 가려진 오키나와 내부의 계급관계와
노동 착취 문제를 고려하지 않고 작품을 평하는 것은 단견"이라고
주장했다.

심지어 "오키나와 지역에서 사용되는 말을 일률적으로 '오키나
와 방언'이라고만 정의하고 있으나, 실제로는 지역에 따라 그곳 사
람들만 알아들을 수 있는 여러 가지 다른 말이 통용되고 있다. 오키
나와 '본도인(本島人)'은 미야고(宮古)에서 쓰이는 말을 알아듣지 못
하고, 야에야마(八重山) 사투리도 마찬가지다. 표준어를 배우기 전
까지는 다른 지역사람들은 알아들을 수 없는 이상한 말밖에 할 줄
몰랐으나 지금은 슈리 사람들과도 자유롭게 의사를 소통할 수 있
다. 이런 사실만으로도 현민(縣民)의 단결을 꾀하는 데는 표준어 장
려만큼 능률적인 것도 없다"는 의견을 신문사에 보내온 교사도 있
었다.

야나기에 대한 비난과 비판은 그가 1939년 12월 7일 일본민예협

회와 일본관광협회 회원 등 26명을 이끌고 오키나와를 세 번째 방문, 이듬해 1월 7일 나하시 공회당에서 좌담회를 열면서 더욱 격렬해 졌다. 오키나와 현청 학무부는 주민들의 항의가 거세지자 성명을 발표하고 "표준어 보급은 황기 2600년의 역사적 성업을 바른 방향으로 인도하기 위한 대(大)운동이다. 표준어 장려 덕택으로 멸시와 차별대우를 면할 수 있었다. 최근 현 출신 장병들이 다른 지역 병사들과 동등한 대우를 받고, 돈을 벌기 위해 다른 지역으로 이주하는 현민들이 불편을 느끼지 않게 된 점은 바로 표준어 사용 덕택이다. 괜히 외래자의 쓸데없는 말에 현혹되지 말고, 표준어 장려운동에 더욱 박차를 가해 주기 바란다"고 강조했다.

이에 야나기도 1월 14일자 오키나와 지방 3개 신문에 〈국어문제에 관한 오키나와 현 학무부에 답하는 글〉이라는 글을 썼다. 그는 이 글에서 "표준어는 공유(公有)의 국어이고, 지방어는 특수의 국어이다. 이 두 가지 언어에는 각각의 직무가 있다. 양쪽을 다 같이 살리는 것은 너무도 당연하고 중요한 일이다. 세계문화 속에 일본어의 존재 의의가 있듯이 지방어는 일본 문화에서 그 존재 가치가 충분하다. 지방인은 지방어를 사용할 때 비로소 진정으로 자유로울 수 있다"며 오키나와 방언사용 금지의 부당성을 다시 한 번 강조했다.

도쿄로 옮아간 논쟁

이에 오키나와 현청 학무부는 2차 성명을 발표했고, 야나기는 야나기 대로 〈학무부의 책임을 묻는다〉는 재반론을 내는 등 논쟁은 지상전(紙上戰)으로 번져 꼬리에 꼬리를 물었다. 사정이 여기에 이르자 오키나와 현청은 야나기 일행이 방위시설을 무단 촬영했으므로 구인하겠다고 으름장을 놓았고, 민예협회 일행은 어쩔 도리 없이 오키나와에서 철수했다. 논쟁은 자연히 도쿄로 옮았다.

도쿄에 거주하는 오키나와 사람들은 대부분 야나기에 대해 비판적이었다. 그러나 야나기타 구니오(柳田國男, 1875~1962)를 비롯한 중앙의 문화계 인사들은 문화적 열등감에 고민하는 약자(오키나와) 측이 아니라 지방문화 보존을 강조하는 강자(야나기) 측의 역성을 들었다. 그것은 곧 그들에게 마치 지난날 강자인 서양인이 문명개화를 위해 약자인 일본을 논하는 듯한 기분을 맛보게 해 준 셈이었다. 중앙 논단은 대부분의 논자들이 오키나와 사정보다는 자신의 문화론에 열중했다. 그것은 일본 안의 정치가들이 조선과 타이완의 식민통치를, 현지 사정을 무시한 정쟁의 도구로 삼은 것과 조금도 다르지 않았다.

야나기는 오키나와 측의 반발이 열등의식에서 비롯되고 있다고 보고 이들의 자존심을 높이는 데 필력(筆力)을 다했다. 그는 "오키나와는 조선과 타이완처럼 식민지가 아니라 일본의 일부이다. 오키나와는 우리 일본의 선조가 쓰던 언어를 그대로 사용하고 있는 것이다. 앞으로 일본 표준어를 다시 제정할 경우가 생겨 논의가 이루어지면 류큐어가 가장 중요한 자리를 차지하게 될지도 모른다. 일본에 현존하는 각종 지방어 가운데 전통적으로 순수한 일본어 특성을 가장 많이 지니고 있는 말은 동북 토어(土語)와 오키나와어라는 사실은 대다수의 일본 언어학자들이 의견을 같이 하고 있다.《일본어대사전》 편찬 때 순수한 일본어조에 오키나와어를 다수 인용해야 할 필요성을 발견하게 될 것이다"고 일단 오키나와 말의 우수성을 극찬하고, "나는 일본과는 다르다고 상상되는 오키나와에 와서 처음으로 상(傷)하지 않은 일본을 만났다. 근대 바람이 불면서 생각이 부족한 형이나 질, 비속한 모양이나 색조가 유행했으나 오키나와만은 홀로 야마토풍(大和風)을 간직하고 우수한 질과 아름다움을 보존하고 있다. 유구의 전통 의상은 대체로 무로마치(室町)시대의 것이다. 오키나와는 지금대로 일본 이상의 일본을 유지해야 하며, 반(牛)서양화로 일본이 아닌 일본이 된 도쿄의 말이나 문화에 물들 필요는 없다"는 논리로 오키나와 사람들을 설득했다.

여기서 일본의 고대문화가 보존되어 있다고 하는 주장은 일선동조론에도 동원된 논리였다. 손상되지 않은 일본은 물론 어느 누구도 본 적이 없는 야나기만의 상상이었다. 그리고 "오키나와의 언어와 문화는 오키나와 독자의 것이 아니라, 고대 고유의 일본풍이 보존되어 있기 때문에 특이하게 보이는 것에 지나지 않는다"는 야나기의 주장은 '일유동조론(日琉同祖論)' 과 연결되어 있음을 알아야 한다고 오구마는 강조했다.

그러나 오키나와 사람들은 야나기의 언설에 동조하기는커녕 꼬투리를 잡았다. 그들은 야나기가 자부심을 불어넣기 위해 오키나와어를 국보라고 평가한 데 대해 "류큐어는 고색창연한 방언으로 야마토 언어 연구에 좋은 재료가 된다고 말하지만, 이는 마치 아메리카 인디언의 가족 형태가 고대사회 연구의 좋은 시료로 칭찬받는 것과 닮은 꼴"이라고 비꼬았다. 오구마는 "오키나와인들이 야나기의 주장을 받아들이지 않은 가장 큰 이유는, 표준어 장려는 현민을 한 사람도 빠짐없이 일본인화하려는 계몽운동이라는 어느 투서자의 말에서 알 수 있듯이, 그들 자신이 아직 일본인으로 동화하는 데 부족하다고 생각했던 까닭이었다"고 설명하고 "본토인과 차이가 있는 한 일본인으로 인정되지도 못하고, 일본인으로 인정받지 못하면 차별을 피할 수 없다는 공포에 사로잡힌 오키나와인들에게는 일

본 이상의 일본이라는 형용도, 오키나와를 보통의 일본인으로부터
배제하려는 말로밖에 들리지 않아 논쟁은 더욱 뜨거웠던 것"이라
고 주장했다.

주민 설득 실패한 채 논쟁은 끝났지만 …

이와 같이 1년 이상 그의 모든 지식과 열정을 총동원하고도 결국
오키나와 당국과 주민 설득에 실패한 야나기는 더 이상의 다툼은
국력 낭비 밖에 아무 의미가 없다고 판단하고, 1940년 7월 후치가
미(淵上房太郎) 오키나와 지사를 만나 마지막 의견을 나누었다. 그러
나 지사는 "표준어를 사용하지 않는 한 오키나와현의 발전은 없다.
아직도 징병검사 때 바른 말을 쓰지 못한 자가 있어 웃음거리가 되
고 있다. 우리 현의 사정을 다른 현과 똑같이 보면 곤란하다. 이 현
은 일청전쟁 때에도 중국에 이용된 사람이 있을 정도이다"라고 말
하며 여전히 표준어 사용을 강행하겠다는 뜻을 굽히지 않았다.

야나기는 오키나와인들의 인식이 무르익을 때까지 기다리는 방
법밖에 없다고 결론을 내리고, 그해 11월 《겟간민게이(月刊民藝)》에
이 논쟁에 대한 민예협회의 최종견해를 발표했다. 그는 이 글에서
"우리들은 거듭 언명한다. 오키나와의 향토문화는 순 일본의 문화
적 존재이다. 이런 사실이 지나칠 정도로 명확한 이상 현민들의 국
민정신 함양을 위해 다른 식민지처럼 외부로부터 일본정신을 유입
할 필요는 전혀 없다. 현민에게 오키나와의 문화적 위치를 확실하게
인식시켜, 향토에 대한 끝없는 자신과 애정으로 빛나는 일본정신을
부흥시키고, 나아가 국가 발전에도 크게 기여하게 될 것"이라며 "류
큐인이 훌륭한 일본인이 될 수 있다"는 점을 강조했다. 이로써 1년

4개월여에 걸친 오키나와 방언논쟁은 대단원의 막을 내렸다.

오구마는 이 논쟁 대해 "이 다툼은 오늘날 '오키나와 방언논쟁'이라고 불리지만 실은 현지인의 정서에는 언어문제보다는 오키나와의 근대화와 개발문제가 짙게 깔려 있었다. 당시 오키나와는 본토와의 '동화'를 통해 생활수준을 향상하고 차별을 해소하느냐, 아니면 이를 외면하고 미개발과 피차별 상태로 남을 것이냐의 두 갈래 길에 서 있었다. 오키나와 당국은 조선과 타이완과는 달리 '문명화'와 '일본화'를 굳이 구별할 필요가 없는 '동화'야말로 발전과 차별 해소의 유일한 방법이라고 판단하고, 동화의 필수조건인 표준어 쓰기에 모든 행정력을 동원했던 것이다. 그런 마당에 야나기의 주장은 오키나와를 차별 받는 상태에 머물게 하려는 '오리엔탈리즘'으로밖에 받아들여지지 않았다. 뿐만 아니라 '오리엔탈리즘'에 대한 그들의 대항의식은 오히려 동화 노력을 강화하는 쪽으로 흐르고 말았다"고 분석하고, "야나기의 주장은 1940년이라고 하는 시대가 낳은 부산물이다. 일본은 당시 조선과 타이완 등지에서 일본어 사용을 강요하고 있었지만, 내지에서는 국수주의의 기세 속에 '지방·농촌문화 부흥운동'이 일어났다. 이는 반자본주의, 반자유주의, 반서양문명 사조가 급물살을 탄 데다 때마침 나치스 독일이 벌인 '건전한 지방·농촌문화운동'의 영향도 컸다"고 야나기가 오키나와 방언논쟁을 일으킨 배경을 설명했다.

그는 야나기가 오키나와 현청의 비판에 대한 반론에서 "근대 독일과 이탈리아가 지방의 언어, 풍속, 문학, 공예, 건축 등을 중시하고 대대적으로 진흥운동을 펼치고 있는 점을 어떻게 볼 것인가"라고 묻고 있는 점만 보아도 그가 독일과 이탈리아의 '지방문화운동'에 적지 않은 영향을 받았음을 알 수 있다고 말했다.

"야나기의 주장은 시대가 낳은 부산물"

오구마는 또 "야나기의 주장은 물론 언론 탄압이 심했던 시대에 민예운동의 목적을 달성하기 위한 위장전술이었다고 볼 수도 있지만, 앞에서도 설명했듯이 서양문명 반대와 전통문화 보호를 기치로 내건 야나기의 민예운동은 원래 내셔널리즘과 연결되기 쉬운 요소를 다분히 내포하고 있었음은 숨길 수 없는 사실이다. 그리고 내셔널리즘은 근대화나 보편성을 높이 치켜세우며 지방언어와 문화를 균등화하는 측면과 다른 한편으로 반근대나 민족의 특수성을 이유로 균등화에 저항하는 서로 모순된 두 얼굴을 갖고 있었다"면서 "오키나와 현청이 앞의 내셔널리즘 논리로 표준어 이행을 강행한 것과 달리 야나기는 후자의 논리로 대항을 시도했던 것"이라고 설명하고 있다. 따라서 "이 논쟁은 단순히 지방문화를 압살하는 측과 존중하는 측의 논쟁이 아니라, 민예협회가 결론지었듯이 '오키나와는 아직 일본화하지 않았다'고 생각하는 측과 '충분히 일본화했다'고 보는 측의 논쟁이었다"고 강조했다.

오구마는 "야나기가 이 논쟁을 통해 큰 타격을 받았으며 특히 그의 미술관(美術觀)은 커다란 위기를 만났다. 그는 자기의 주장이 오리엔탈리즘 논리에 빠지는 것을 피하면서 오키나와의 독자성을 부각시키려 했지만 언설 자체가 모순을 드러냈다. 다만 이 논쟁에서 얻은 수확이 있다면, 그것은 오키나와 측이나 중앙 논단 측이나 '오키나와가 일본이고 오키나와인은 일본인이라는 인식과 자각을 확실히 했다'는 점이다. 이는 일본 정부가 메이지 중반 이후 계속해 온 오키나와 동화 방침의 최종 단계라고 말할 수 있다"고 결론지었다.

또 나카미는 "근대 일본의 언어정책은 결코 단순히 방언을 배제, 억압하는 것만이 아니라 방언을 포섭해 가는 측면도 있었다. 일본은 대동아공영권 건설을 지향하면서 방언과 식민지 언어 사이의 유사성을 발견, 지역 지배를 정당화하는 무기로 사용했다. 그런 의미에서 야나기의 방언 중시는 그의 의도와는 상관없이 전쟁체제를 강화해 아시아 침략을 합리화하는 세력과 상통하는 면을 갖게 됐다"고 설명했다.

이를 종합해 보면 오리엔탈리즘 논리로 오키나와의 '일본 동화'를 촉진시킨 야나기 역시 일제 침략의 이론 무장에 동원된 다른 지식인들과 마찬가지로 일본 제국주의 정책을 이론적으로 뒷받침한 이데올로그의 테두리를 벗어나지 못한 셈이다. 조선과 오키나와를 그토록 사랑했던 야나기는 제2차 세계대전이 끝나서 1961년 5월 3일 죽을 때까지 그곳들을 한 번도 다시 찾지 않았다.

4장 제2차 세계대전과 민예운동

민예운동

'강한 일본'의 말로

미〔美〕와 종교

민예운동

민예운동의 결정체 '일본민예관'

종교철학자 겸 미학자였던 야나기 무네요시는 일본 국민들 사이에 '민예운동의 창시자'로 통한다. 그는 강대국이 약소국을 침탈하는 제국주의가 절정을 이룬 1920년대 중반 이후 민예운동을 통해 중화문화권의 변방에 머물러 있던 일본의 문화적 위상을 한 단계 끌어올린 인물로 일본 학계에서는 정평이 나 있다. 지금 우리나라 미술계에서도 많이 쓰이는 '민예'와 '민화(民畵)'라는 용어도 그가 처음 만들어낸 말이다. 야나기에게 민예는 일본 국민의 '정수(精髓)'이자 '일본정신'이었다. 하지만 민예운동은 중일전쟁과 미일전쟁의 전시체제에서 일본 국민을 통합하고 사기를 진작시킨 국수주의 시류와 무관하지 않았다[56]는 비판을 면하지 못하고 있다.

---

56) 오구마 에이지, 《〈일본인〉의 경계》, 新曜社, 제15장.

일본 도쿄 고마바에 있는 일본민예관

이처럼 평가가 다양한 일본민예운동은 도쿄도(東京都) 메구로구(目黑區) 고마바(駒場) 4정목(丁目) 3번지에 있는 일본민예관에 발자취가 고스란히 남아 있다. 일본민예관은 야나기의 철학과 이념이 어린, 말 그대로 '민예운동의 결정체'이기도 하다. 지난 2006년으로 문을 연 지 70주년을 맞았다. 전시관은 본관과 서관으로 나뉘어 있고, 본관에는 2층짜리 목조 기와집과 2층 철근 콘크리트 건물이 나란히 있다. 목조는 전시실로, 콘크리트 건물은 작품 보관실로 사용된다. 건물 면적은 1,440평방미터(약 480평)로 일반 박물관에 견주어 작은 편이다. 서관은 야나기가 살던 곳으로 역시 목조 2층에 기와를 이었으며, 에도시대 길게 지어 큰 대문〔나가야몬(長屋門)〕을 세운 무사의 집을 본뜬 점이 특징이다.

일본민예관은 도쿄 역에서 야마노테선(山手線) 전철을 타고 시부야(澁谷) 역에서 다시 이노즈선(井之頭線)으로 바꿔 탄 다음 두 번째 정거장인 고마바도다이마에(駒場東大前)에서 내려 고갯길을 5분쯤 걸어가면 만날 수 있다. 일본민예관은 순 일본식 건물로 겉보기에는 여느 일본의 고가(古家)와 다르지 않다. 그러나 전시실 안으로 들어서면 금세 예사롭지 않다는 느낌을 받게 된다. 우선 옛날 물건에서 묻어나는 고풍스러운 특유의 냄새가 코를 감싼다. '작품 진열도 하나의 창작이다'는 야나기의 말을 실천하듯, 전시된 작품마다 조명을 살려 보는 이의 눈을 사로잡는다. 특히 조선시대 도자기와 농, 민화(民畵), 병풍 등은 마치 이역만리에 시집온 새색시처럼 외로움을 이겨내고 더욱 찬란한 빛을 발하고 있다.

작품은 본관 1층 6개 실, 2층 5개 실, 서관 3개 실 등 모두 14개 방에 나뉘어 전시되고 있다. 《일본민예관 안내》에 따르면, 일본민예관이 소장하고 있는 작품은 1만 7천여 점에 이른다. 분야도 도자기에서 직물, 목공예, 금공(金工), 석공(石工), 죽공(竹工), 지공(紙工), 혁공(革工), 탁본, 조각, 회화(繪畵)에 이르기까지 실로 다양하다. 특히 조선왕조시대의 도자기, 목칠공, 금공, 석공, 민화(民畵)와 오키나와 염직, 타이완 원주민의 직포, 영국 중세 도자기, 잠옷 등은 좀처럼 보기 드문 보물급이라고 자랑한다. 일본민예관은 이들 작품을 2~3개월마다 한 번씩 바꾸어 전시하고 있다. 야나기가 활동하던 당시에는 작품 수집, 작가 작품 및 지방민예 소개, 공예 작가들에 대한 조언, 강연과 출판을 통한 국민 계몽, 특별전시회 개최 등에 관한 일을 관장했으나 지금은 전시회를 주로 하고 있다.

민예운동의 원동력, 모쿠지키 불상

야나기가 민예운동을 추진하게 된 내면에는 그의 굳은 결의가 서려 있다. 일본 학계는 야나기가 일본의 고유 문화를 발굴 정리하여 조선과 중국에 견주어 일본도 뛰어난 문화를 갖고 있다는 사실을 보이고, 서양에 이를 널리 알려 일본을 동양 문화의 대표주자로 인식시키려는 의도에서 민예운동을 시작했다고 본다. 물론 그의 생각이 여기에 이르게 된 데는 근세 이전의 일본문화가 중화문화권의 주변을 벗어나지 못했다는 열등의식이 반동으로 작용했다[57]는 설명이다.

그러나 민예운동을 실행에 옮기는 데는 상당한 준비 기간이 필요했다. 중화문명의 영향을 받지 않고, 또 근대 서양문명을 모방하지 않은, 자랑할 만한 일본의 순수 문화예술을 찾아내기가 그리 쉽

---

57) 나카미 마리, 《야나기 무네요시 시대와 사상》, 東京大學出版會.

지 않았기 때문이다. 조선의 불교문화에 크게 감명 받은 그는, 오랜 생각 끝에 도쿠가와 막부시대 승려 모쿠지키 고교[58](木喰五行, 1718~1810)가 조각한 '모쿠지키 불상(木喰佛像)'을 머리에 떠올렸다. 오래 전부터 불교 관계자들로부터 모쿠지키에 관한 이야기를 들어온 터였다.

때마침 1923년 11월 17일부터 28일까지 관동대지진의 조선인 피해자를 위한 음악회 겸 강연회가 서울에서 열렸다. 조선의 명승지를 돌아보며 연구 주제를 정리할 절호의 기회였다. 아내와 함께 조선을 여행하며 모쿠지키 불상 연구를 구상한 야나기는 1924년 정월 9일 아사카와 다쿠미의 안내로 고슈(甲州; 지금의 야마나시(山

일본 도쿠가와 막부시대 승려 모쿠지키 고교가 조각한 불상

---

58) 에도 후기의 승려. 본성은 이토(伊藤). 가이(甲斐)에서 태어나 22세에 출가. 56세 때 천체(千體)의 불상을 조각하기로 마음먹고, 93세로 세상을 떠날 때까지 일본 전국을 떠돌며 불상을 만드는 데 생애를 보냈다.

梨))의 고미야마 쇼조(小宮山淸三) 집을 방문해 그가 갖고 있던 조선 도자기와 모쿠지키 불상을 감상했다. 고미야마는 아사카와의 친구로 고을에서 이름난 땅 부자였다. 게다가 골동품 수집이 취미여서 마음에 든 진귀한 물건만 보면 값의 높고 낮음에 관계없이 사들여 고미술품 갑부로 소문나 있었다. 그의 수집품 가운데는 조선 도자기도 많았다. 그런 고미야마는 이날 자기 집을 찾아준 야나기에게 모쿠지키 고교가 만든 지장보살상 2기를 선물했다.

이 자리에서 모쿠지키 불상이야말로 일본 고유의 미임을 직감한 야나기는, 집으로 돌아오자 불상의 미와 신앙의 상관관계를 규명하기 위한 본격 연구에 들어갔다. 그는 우선 도쿄 시내에서부터 일을 시작했다. 그때 모쿠지키 불상을 소장하고 있던 도쿄 친구들은 20여 명이나 됐다. 그는 이들의 집을 찾아가 모쿠지키 불상의 특징을 일일이 조사했다. 그해 6월에는 모쿠지키 고교의 생가에서 그가 남긴 16기의 불상과 함께 육필 자서전, 가집고본(歌集稿本) 등을 찾아내 분석했다. 그리고 그로부터 3년 넘게 모쿠지키 고교의 발자취를 더듬어 전국을 돌며 조사활동을 계속했다. ‘모쿠지키 고교 연구회(木喰五行硏究會)’ 회원들의 조언이 큰 도움이 됐음은 물론이다. 그는 마침내 1926년 말 모쿠지키 불상을 일본이 낳은 일본 고유의 불교예술이라는 결론을 얻게 된다. 이에 관한 연구 결과는 《야나기 무네요시 전집》 제7권에 모두 수록되어 있다.

야나기는 이 무렵부터 ‘사람들’ 이란 말 대신 ‘민중’ 이라는 용어를 자주 쓰기 시작했다. 그는 모쿠지키에 관한 글에서 “ ‘민중’ 은 스님이 선택한 친구이고, 모쿠지키 불상은 ‘민중’ 의 친한 친구이다. 모쿠지키는 불교를 ‘민중’ 의 손에 선물했고, 모쿠지키 불상은 ‘민중’ 적 불교예술의 절정이었다” 며 ‘민중’ 을 되풀이 강조했다.

야나기는 그 이전에도 〈이조 도자기의 특질〉(《시라카바》 1922년 9월호)이라는 제목의 글 등에서 이 말을 더러 썼지만 사용빈도가 늘어난 것은 모쿠지키 불상을 연구하기 시작한 뒤였다.

나카미 마리는, "야나기가 모쿠지키 불상 연구 이후 민중이라는 말을 빈번하게 사용한 것은 불상연구를 통해 일본문화의 개성을 보여주는 뭔가를 내세울 수 있다고 확신했기 때문이었을 것"이라고 분석했다.

싸구려 골동품 찾아 교토시로 이주

불상 연구에 자신을 얻은 야나기는 일본정신 찾기에 더욱 심혈을 기울였다. 그는 뭔가 영감을 얻기 위해 조선을 자주 드나들었다. 1924년 4월 9일 서울에서 열린 조선민족미술관 개관식에도 참석했다. 그런 사이 그는 사람들이 날마다 늘 사용하는 일용 잡기(雜器)에 묘수가 들어 있지 않을까 하는 생각이 들었다. 생활 용기에는 '민족의 마음이 담겨있을 것'이라는 믿음에서였다. 야나기는 특히 도쿠가와 막부시대 쓰던 '싸구려 골동품'[59]을 조사해 보면 그 속에는 모방도 아니고 추종도 아닌, 세계의 훌륭한 작품과 맞먹는, 일본의 독창성을 말해 주는 독자적인 물건을 찾아낼 수 있을 것으로 확신했다. 그는 이 싸구려 골동품에서 중국이나 조선의 모방이 아닌 일본 독자의 미를 찾아내기로 다짐했다. 야나기는 일본의 그림이나 조각은 중국과 조선의 영향을 벗어날 수 없음을 알고 그 분야는 처음부터 마음을 접었다. "위대한 중국 앞에, 우아한 조선 앞에 스스

---

59) 게테모노(下手物). 대중적이며 향토적인 싸구려 골동품.

럼없이 내놓을 수 있는 일본 예술은 별로 없다"는 야나기의 말에서
그 뜻이 읽힌다.

서울에서 조선민족미술관 개관 행사를 마치고 도쿄로 돌아온 야
나기는 4월 20일 가산을 정리해 교토시로 생활근거지를 옮겼다. 그
때 야나기는 런던의 버나드 리치에게 "관동대지진 때 죽은 형의 가
족에게 생활비를 보태기 위해 도쿄 다카키마치(高樹町)의 집을 팔지
않으면 안 되었네. 허나 본래 나는 도쿄보다 교토를 좋아한다네. 오
래된 옛날 도시로 조용해, 글을 쓰고 사색하기에는 그만한 곳이 없
을 것이라는 생각이 들었기 때문이지. 지금 도쿄는 생활하기가 정
말 어려운 상태라네"라는 내용의 편지를 보내 교토로 이사하게 된
사정을 전했다. 야나기는 그동안 도쿄 메이지대학과 여자영어학숙
등에서 영문학을 가르쳐왔으나 관동대지진으로 학교가 모두 문을
닫아 생활이 어렵게 됐다. 아내 가네코도 직장을 잃기는 마찬가지
였다. 그때 마침 1년 전 이미 교토로 이사해 살고 있던 '시라카바'
동인 시가 나오야가 야나기에게 교토로 옮기라고 적극 부추겼다.
그렇지 않아도 교토는 전에부터 일용 잡기가 볼 만하다는 소문이
자자해 마음이 끌려 있던 참에 시가의 응원은 결정적이었다.

야나기는 이삿짐을 풀자마자 교토 시내 고물상과 골동품 가게,
도구점 등을 돌아다니며 일본 고유의 생활용품을 열심히 사 모아서
관찰했다. 그는 진귀한 물건이 나올 만한 곳은 모두 뒤졌다. 특히
아침에 열리는 저자거리는 그의 단골이었다. 당시 교토에는 매월
21일에 장이 서는 도지(東寺)의 '고호(弘法)장'과 25일에 열리는 기
타노진쟈(北野神社)의 '텐진(天神)장'을 비롯해 매월 20여 차례나 시
장이 서서 가구·집기·옷가지 등 생활용품이 수없이 쏟아져 나왔
다. 야나기는 실용 잡기를 중심으로 좀 특이하다고 생각되는 물건은

모조리 샀다. 시장에서 생활용품을 파는 사람들은 대부분 나이 많은 할머니들이었다. 노파들은 자기들이 파는 물건을 속된 말로 '게테모노(下手物)'라 불렀다. 야나기도 처음 듣는 생소한 말이었다.

민예운동의 확산과 조력자들

야나기는 교토로 옮겨온 지 꼭 1년 만인 1925년 4월부터 도시샤(同志社)대학 강사 겸 도시샤여자전문학교 교수로 강단에 서게 됐다. 그의 아내 가네코도 도시샤여자전문학교에서 강의를 맡았다. 야나기 부부는 이로써 생활의 안정을 되찾은 것은 물론 연구자료 모으기에도 한결 여유가 생겼다.

야나기의 일용 잡기 수집에는 도예가 하마다 쇼지(濱田庄司)와 가와이 간지로(河井寬次郎)가 항상 같이 다녔다. 이들 두 사람은 눈을 감을 때까지 야나기와 민예운동을 함께 한 절친한 친구였다. 하마다와 가와이는 같은 도쿄고공(東京高工) 요업과 선후배로 선배인 가와이는 1914년부터, 하마다는 그보다 2년 뒤 교토시립도자기시험장에 들어가 함께 일하고 있었다. 그들은 골동품의 발굴과 수집이 취미였다. 가나가와(神奈川) 출신인 하마다와 시마네(島根)가 고향인 가와이는 하숙도 같이 하고 있었다. 하마다는 1911년 도쿄 아카사카(赤坂) 산가이도(三會堂)에서 열린 버나드 리치 도자기전시회 때 야나기를 처음 만나 서로 알고 지냈다. 가와이는 야나기가 교토로 이사한 뒤 하마다가 다리를 놓아 친해졌다. 세 사람은 공동관심사에 대해 토론하고 모쿠지키 불상 연구도 같이 하게 됐다. 이들은 시장에서 산 물건을 앞에 놓고 서로의 생각을 확인하고 느낌을 나누는 등 공통점을 찾아 나갔다. 밤늦게까지 입씨름을 한 적도 적지 않았다.

이렇게 지내기를 1년 8개월 남짓. 이들은 와카야마(和歌山)의 고야산(高野山)에 있는 고산지(興山寺)의 모쿠지키 불상을 관람하기로 하고 1925년 12월 28일 자동차로 출발했다. 야나기가 차 안에서 '싸구려 골동품'이란 말 대신 쓰면 좋을 용어를 만들어보자며 먼저 말을 꺼냈다. '싸구려 골동품'이라고 말하면 왠지 오해가 생길 수 있는 소지가 있는데다 '싸구려 골동품의 아름다움'을 일반에 정확하게 알리기에도 개념이 불분명하다는 게 이유였다. 이들은 장시간 논의 끝에 '민예'라는 말을 쓰기로 결론지었다. 이는 '민중적 공예'를 줄인 말이었다.

야나기는 이에 대해 "'민'은 '민중(民衆)'이라고 할 때의 민이며, '예'는 '공예(工藝)'의 예를 가리킨 것이다. '민중의 예술'이라고 해도 무방했지만, 그렇게 하면 자칫 고급스러운 미술을 의미하는 말로 들릴 수 있어서 그런 인상을 지우기 위해 공인(工人)들이 만든 실용적 공예품이라는 뜻의 '민예'로 결정했다. 그래서 이를 영역할 때도 'Folk Art'라 하지 않고 'Folk Craft'를 쓰기로 했다. 이 영어 표현도 실은 우리들이 만든 말이다"고 《일본민예관 1954년 전집》 제16권에 이 용어를 만들어 낸 배경을 설명하고 있다.

'민예'라는 말을 창안한 이들은 그 이듬해 1월 10일 고야산에 다시 올라 사이젠인(西禪院)에서 묵으며 민예에 대한 논의를 계속했다. 이들은 민예를 널리 알리기 위해서는 민예품을 수집 전시할 미술관 설립이 필요하다는 데 의견을 모으고 야나기가 미술관 설립 취지서를 썼다. 그리고 1926년 4월 1일 〈일본민예미술관 설립 취지서〉를 발표했다.

작은 책자로 만든 설립취지서에는 "민예운동은 공예품 수집으로부터 시작하며, 수집 범위는 일본 전국을 대상으로 한다. 도자기를 비롯해 목공, 칠공, 금공, 염직, 회화, 조각 등 모든 공예품이 수집 대상이다. 될 수 있는 대로 조선과 중국, 인도 등 이웃 나라의 작품도 참고용으로 모으고, 나아가 서양 작품도 비교 대상으로 수집할 예정이다. 우리들의 일은 과거에 대한 찬미이자 현대에의 시인(是認)이고, 장래에 대한 준비이다. 수집한 물건에 대해서는 어떠한 경우에도 미(美)를 기본으로 연구하고 전시할 것이다. 아울러 미술관 자체도 '미의 창작 광장'으로 일반에게 아낌없이 공개할 계획이다"라는 민예운동의 기본 방향을 제시하고 있다. 도미모토 겐기치(富本憲吉), 가와이 간지로, 하마다 쇼지, 야나기 등이 설립취지서에 서명했다.

이렇게 시작된 민예운동은 곧 사회의 눈길을 불러 모았다. 각계 인사 50여 명이 당장 이 운동에 동참하겠다고 나섰다. 이들은 직업도 도예가에서 언론인, 법학자, 신학자, 사업가, 곤충학자, 의사, 역사학자, 철학자, 목사에 이르기까지 다양했다. 그 가운데서도 하마다 쇼지, 가와이 간지로, 도미모토 겐기치, 의사 요시다 쇼야(吉田璋也)와 시키바 류자부로(式場隆三郎), 목사 도노무라 기치노스케, 신학자 무라오카 가게오(村岡景夫), 영문학자 쥬가쿠 분쇼(壽岳文章) 등은 민예의 중요성을 잘 아는 핵심 구성원이었다.

시키바와 요시다는 니가타(新潟)의학전문학교 동창으로 1917~18년 무렵부터 《시라카바》를 통해 야나기를 알고 있었다. 니가타에서 '아담사(アダム舍)'라는 문화단체를 이끌며 블레이크 사상에 빠진 시키바는, 야나기에게 매료되어 의전을 졸업한 뒤에도 조선민족미술관 설립과 모쿠지키 연구를 도우며 연구 잡지를 간행하는 데도 자금을 보탰다. 그는 야나기를 따라 교토 이주를 결심했으나, 부모의 반대로 니가타의전으로 돌아가 정신신경과 의사가 됐다. 그 뒤

일생 동안 민예운동을 함께한 하마다쇼지·야나기·가와이 간지로(왼쪽부터)가 1949년 10월 9일 시로바타 별원에서 기념촬영을 하고 있다.

에도 1934년 6월에 조직된 민예협회 회원으로 활동하며 야나기의 익숙하지 못한 경영실무를 곁에서 도왔다.

요시다는 의전 졸업 후 나라(奈良)에서 이비인후과 의사로 일하며 야나기를 지원했다. 그는 야나기에게서 배운 '미를 보는 바른 눈'을 갈고 닦아 값진 민예품을 수집하고, 자기 집 가구를 디자인해 목공소에 주문하거나 붉은 색 도자기를 만들어 보기도 했다. 그는 1931년 고향 돗토리(取鳥)로 돌아가 의사와 민예운동을 병행하며 '민예 프로듀서'로 이름을 날렸다.

야나기의 민예운동은 1928년 3월부터 5월까지 도쿄 우에노(上野) 공원에서 열린 쇼와(昭和)왕 즉위를 축하하는 '대례(大禮)기념 국산진흥박람회'에 '민예관'을 출품하면서 더욱 일반의 관심이 쏠렸다. '민예관'은 116평방미터(35평) 규모로 주인실, 주부실, 어린이실, 객실, 가정부실, 욕실, 화장실 등을 갖추고 민예품을 적절히 배치해 모양새 좋게 꾸몄다. 집기는 모두 야나기와 가와이, 하마다 등이 그동안 각지를 돌며 사서 모은 공산품들이었다. 건물은 민예의 본길에 어긋나지 않는 공예의 종합 개념을 살렸다지만 공사비는 8천 엔이나 들었다. 야나기는 박람회 기간 동안 이를 구경하러 온 관람객들에게 민예운동의 이론과 실천 방안을 설명했다. 큰 인기를 모은 이 '민예관'은 박람회가 끝난 뒤 오사카의 아사히(朝日)맥주회사 사장 야마모토 다메사부로(山本爲三郎)에게 팔려 오사카로 옮겨졌다.

민예의 이론화에 박차

야나기는 민예품의 발굴과 수집뿐만 아니라 이론화에도 서둘렀다. 아무리 좋은 예술을 갖고 있어도 이론이 없으면 이를 널리 알릴 길이 없다고 생각한 그는, '시라카바' 동인인 무샤노코지 사네아쓰가 1927년 4월 《다이초와(大調和)》라는 잡지를 창간하자 첫 호에서부터 〈공예의 길(工藝の道)〉이라는 제목의 글을 쓰기 시작했다. 글은 이듬해 1월까지 10회에 걸쳐 실렸다. 첫 회 〈서언(緖言)〉을 시작으로 〈공예의 미〉, 〈올바른 공예〉, 〈틀릴 수 있는 공예〉, 〈앞으로 올 수밖에 없는 공예〉, 〈공예미의 선구자에 대해〉 등을 차례로 싣고, 〈개요(概要)〉를 끝으로 연재를 마무리 했다. 그는 10개월 동안 단한 회도 거르지 않고 원고를 썼다.

야나기는 연재를 끝낸 뒤 이를 다시 수정 가필해 1928년 12월 20일 단행본으로 펴냈다. 책 제목은 잡지에 썼던 《공예의 길》을 그대로였다. 야나기는 이 글에서 공예미의 성질, 공예의 본길, 가장 아름다운 공예, 장래 유행할 수밖에 없는 공예 등을 심도 있게 분석하고 있다. 이와 함께 공예미론의 선구자들을 소개하고, 문답 형식으로 민예 전반의 본질과 전개 등에 관한 문제를 알기 쉽게 설명, 독자들의 이해를 돕고 있는 점도 특징이다.

야나기는 이에 앞서 1927년 6월 민예총서 제1편으로 펴낸 《잡기

의 아름다움〈雜器の美〉〉에서 오늘날 널리 쓰이고 있는 '민화' 라는 말을 처음 사용하기 시작했다. 그는 "화가가 자기 이름을 남기기 위해 낱개로 그린 것이 아니라 민간에서 토산품 선물 또는 봉납용(奉納用)으로 한꺼번에 많이 만들어낸 그림을 '민화' 라고 이름 지었다"고 이 책에 적고 있다. 그의 설명에 따르면 이 용어 역시 민예의 이론화 과정에서 생겨났음을 알 수 있다.

일본 학자들은 야나기가 민예를 미학으로 발전시킬 생각이었던 것으로 해석한다. 야나기는 실제로 〈나의 염원〉이라는 글에서 "오늘날 일본의 미학은 완전히 서양을 흉내 낸 것이다. 동양에서는 이를 체계적으로 기술하는 일이 적었던 관계로 학문으로서 형식을 갖추자면 어쩔 수 없는 일인지도 모른다. 그러나 역사상 미적 재료가 풍부한 동양은 독자적인 미학을 갖기에 충분하다. 우리에게 동양의 미학을 개척할 임무가 있다"고 전제하고, "민예와 민속학은 민중의 생활이나 지방문화를 중시하는 면에서 공통점이 있지만, 민속학이 '아는 것' 의 학문으로, 과학적, 분석적이라면 민예는 '보는 것' 을 중시하고 직관적이며 종합적인 것"으로 민속학과 민예의 차이점을 구분하고 민예를 동양적인 성격을 지닌 '민예학' 으로 설명하고 있다.

야나기는 물건을 만드는 공인(工人)이 전혀 의식하지 않고 만들어 내는 아름다운 물건, 일상생활에 도움이 되고 값이 비싸지 않은 물건, 수량이 많은 물건, 협동으로 만들어내는 물건, 수공예품, 역사와 전통을 가진 물건 등을 민예품으로 규정했다. 그러나 민중이 무의식적으로 만들어낸 물건이라 하더라도 민족의 마음이 반영되어 있지 않으면 이를 무시했다. 그는 또 물건을 보는 순간 그 가치를 곧바로 판단할 수 있는 '직관(直觀), 직감(直感)' 운동을 펼쳤다. 여럿이 모여 한 물건을 놓고 느낌을 이야기하게 한 다음 이를 글로 표현하는 훈련을 문하생이나 회원들에게 권했다. 이는 민예품의 문화적 가치를 판단하기 위한 수련이자 언어화를 통해 지적(知的) 개념을 더 쉽고 빠르게 이해시키기 위한 방법이었다. 그렇다고 야나기는 직관만으로 일을 끝내지는 않았다. 비슷한 것을 모으고, 그 역사를 찾고, 그 시점에서 할 수 있는 모든 방법을 다 동원해 조사하고 관찰했다. 실증주의 방법으로 현장을 찾아 검증, 확인하는 식이었다. 당시 불편한 교통 사정을 감안하면 그가 민예 조사를 위해 이동한 거리는 가히 초인적이었다고 학자들은 입을 모은다.

이처럼 밤낮을 가리지 않고 민예운동에 열중해 오던 야나기는 지식 재충전을 위해 1929년 4월, 하던 일을 잠시 멈추고 유럽과 미국 견학 길에 올랐다. 그해 5월부터 4개월 동안 영국 런던을 비롯, 독일의 쾰른·함부르크·베를린, 프랑스 파리, 벨기에, 스웨덴의 스톡홀름 등 유명한 박물관과 미술관이 있는 유럽문명의 발상지들을 돌아보았다. 그는 특히 스웨덴의 농민예술품을 많이 모아둔 '북방 미술관'과 '스칸센 민속 박물관(Skansen Folk Museum)'에서 깊은 감명을 받았다고 한다. 이 밖에 자연사(自然史) 박물관도 거의 빠짐없이 관람하며 참고사항을 메모했다. 그리고 8월 27일 미국으로 가 메트로폴리탄 미술관을 관람했다. 그는 10월부터 귀국할 때까지 하버드대학에서 '민예의 아름다움'을 주제로 강의를 하기도 했다.

야나기는 이처럼 유럽과 미국에서 앞선 문명을 배운 뒤 1930년 7월 28일 일본으로 돌아왔다. 한동안 시들었던 민예운동은 그가 돌아오자마자 활기를 되찾았다. 그러나 전국적인 민예운동을 이끌기 위해서는 교토에서 도쿄를 자주 왕래해야 하는 불편이 따랐다. 그는 하는 수 없이 1933년 5월 25일 다시 도쿄로 살림을 옮겼다. 이삿짐은 화물열차 4칸을 가득 채울 정도였다.

민예협회 창립과 민예운동의 부작용

도쿄로 돌아온 야나기는 그 이듬해 6월 일본민예협회를 창립, 회장으로 조직을 이끌었다. 협회사무실은 도쿄 혼쇼구(本所區)에 두었다. 협회 안에는 서무부·조사부·공작부·출판부·보급부 등 5개 부서를 두고 민예품의 수집·조사·연구·판매 등을 총괄했다. 협회는 그동안 다른 출판사에 발행을 맡겨두었던 《고게이》잡지도 가져와 직접 편집 발간했다. 또 각 지방마다 지회를 만들어 지방 민예운동의 중심 노릇을 맡도록 했다. 때마침 버나드 리치가 그해 4월 23일 영국에서 와, 야나기의 활기찬 모습을 직접 지켜봤다. 리치는 그로부터 1년 동안 도쿄에 머무르며 《고게이》에 일본의 공예에 관한 논고를 기고하거나 잡지 장정과 편집을 돕는 등 야나기를 열심히 거들었다.

일본민예협회 회원들이 바라고 바라던 일본민예미술관도 1936년 10월 마침내 문을 열었다. 야나기를 비롯한 4명이 설립취지서를 발표한 지 10년만이었다. 당시 구라시키(倉敷)방직회사 사장 오하라 마고사부로(大原孫三郎, 1880~1943)가 내놓은 큰돈 10만 엔이 결정적 힘이었다. 야나기는 관장으로 추대됐다. 그는 전시관 이름을 '일본민예관' 이라고 지었다.

그러나 민예운동이 점점 확산됨에 따라 부작용도 만만치 않게 나타났다. 우선 생활에 여유가 있는 사람들이 이 운동에 참여하면서 골동품과 고미술품 값이 하늘 높은 줄 모르고 뛰었다. 월간잡지 《고게이》의 재정을 돕기 위해 운영하던 민예품 판매 점포도 1931년부터 점포 수가 크게 늘어나면서 민예협회와 아무 협의도 없이 공예품이 아닌 물건을 멋대로 비싼 값을 받고 파는 등 말썽을 피웠

다. 또 나중에는 재벌
이 이 운동을 후원해
마치 특권계급의 전유
물이 되는 듯한 인상
이었다.[60]

그 뿐만이 아니었
다. 민예품 수집 붐이
일면서 좀 특이하다
싶은 물건은 농촌에
하나도 남아나지 않았

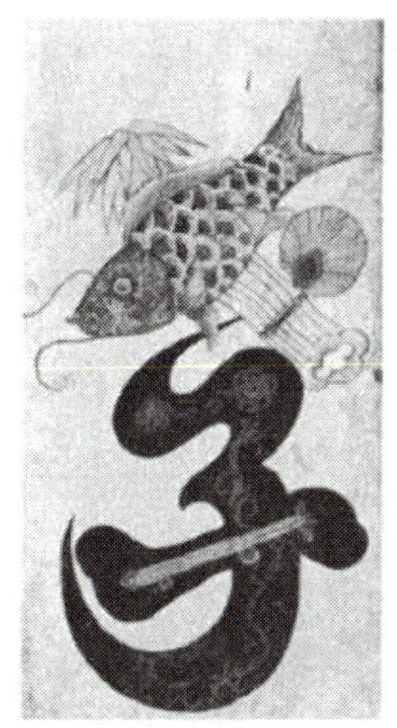

조선시대 때 유행한 민화 '효'
문자 그림

조선시대 때 그려진 민화 '산신도'

다. 그런 피해를 입기는 우리나라도 예외는 아니었다. 도자기는 기
본이고 자개농·고서적·민화·떡살·필통·연적·벼루·놋쇠향
로·먹·칠보가락지·자수·참빗·심지어 묘소 앞에 세워 둔 문무
석·절구통·기와 파편까지도 모두 일본으로 팔려나갔다. 일제시
대 일본으로 흘러들어간 우리 문화재는 실로 헤아릴 수 없을 만큼
많다. 문화재청에 따르면 2006년 현재 일본에 있는 우리나라 문화
재는 공식적으로 확인된 것만도 3만 4,000여 점에 이른다. 도쿄국
립박물관에 4,000여 점, 오사카시립박물관에 800여 점, 나라 영락
미술관에 270여 점이 소장돼 있는 것으로 확인됐다. 이는 물론 보
물급만을 대상으로 한 것이다. 여기에 생활 공예품까지 포함한다면
'싹 쓸어갔다'고 표현해도 지나치지 않을 정도이다.

---

60) 마쓰이 다케시, 《야나기 무네요시와 민예, 그리고 현재》, 吉川弘文館.

'강한 일본' 의 말로

민예운동은 구미 열등의식의 발로?

야나기 무네요시가 40년 가까이 열정을 바친 민예운동은 일본을 구미와 대등한 문명 강국의 반열에 올려놓기 위한 몸부림이었다. 동시에 일본은 다른 아시아 황색인종 국가와는 다르다는 점을 서양인들에게 보여주려는 서양문명 극복운동이기도 했다.

제국주의의 파고가 절정을 이루었던 20세기 초 서구 열강은 일본인을 싸움은 잘할지라도 문화적으로는 상대할 수 없는 열등 인종으로 업신여겼던 게 사실이다. 일례로 당시 프랑스의 사회심리학자 겸 식민정책학자로 이름을 날렸던 귀스타프 르 봉(Gustav Le Bon, 1841~1931)의 논리에 따르면, '황색인종인 일본인은 서구의 문물을 아무리 잘 도입하더라도 문명화는 불가능하며, 오히려 종래의 문화를 파괴해 혼란에 빠지게 하는 존재' 에 지나지 않았다.

르 봉은 그가 쓴 《민족발전의 심리(Les Lois Psychologiques de l'

Evolution des peuples)》에서 "인간은 아무나 평등한 추상적 존재가 아니라 인종마다 유전자에 따라 결정되는 특성을 갖고 있다"고 전제하고, "세계 각 인종의 사회체제나 습관·법률·문화 등은 각각의 유전적 특성으로부터 필연적으로 생겨난 것이지 후천적으로 바꿀 수 있는 것은 아니다. 또 인간은 통상 원시적 인종, 열등 인종, 중등 인종, 우등 인종 등 크게 네 부류로 나눌 수 있는데, 결코 교육으로 그 경계를 뛰어넘기는 어렵다"며 열등 인종의 '문명화 불가론'을 폈다.

르 봉의 이런 주장은 러일전쟁 승리로 거의 '서구화'를 이룩했다고 자부하던 이른바 다이쇼 데모크라시시대 일본 지식인들에게는 충격이 아닐 수 없었다. 한일합방 당시 일본 《고쿠민신문》 사장으로 서울에 와 조선의 언론을 통폐합하고, 조선에 대한 무단통치를 이끌었던 도쿠토미 소호가 아시아에서 백인종을 몰아내야 한다는 '백벌(白閥)타파' 운동을 벌인 것도 실은 서구 열강이 러일전쟁에서 이긴 일본을 문명국으로 인정해 주지 않은 데 대한 불만 표출이었다고 할 수 있다.[61]

야나기는 이런 시대적 상황에서 조선, 중국, 일본 등 극동 3국의 문화예술에 눈을 돌려 '구미 열등의식'을 이겨내 보려는 실마리를 찾았던 셈이다. 그렇게 보면 당초 중국과 조선 문화에 대한 열세를 만회하기 위해 시도한 야나기의 민예운동은 아시아를 벗어나 구미에 합류해야 한다는 '탈아입구론(脫亞入歐論)'과 일맥상통한 점이 있다고 해도 지나친 말이 아닐 것이다.

애당초 수공예 진흥과 보존을 목표로 출발한 민예운동은 중일전쟁에 이어 미국과 일본 사이에 전쟁 열기가 고조되면서 군국주의와 맞물려 '국민정신통합'이라는 국가 이데올로기의 또 다른 임무를 띠게 됐다.

1937년 7월 7일 중국과 개전 이래 4년째 지루하게 전쟁을 계속해 오던 일제는 1940년 들어 대동아질서 확립, 국방국가 건설, 남진 정책 등을 국책의 기본요강으로 결정하고 세계를 상대로 한판 겨룰 채비를 서둘렀다. 그때 내각을 이끌던 고노에는 이윽고 6월 24일 이른바 '신체제운동'을 선언함으로써 국민을 전쟁터로 내몰기 위한 비상체제에 들어갔다. 쌀값과 쌀의 거래, 유통을 법으로 엄격히 통제하고, 군대징용령을 내려 징병적령자의 문밖출입도 마음대로 할 수 없게 했다.

뿐만 아니라 모든 단체의 정치활동을 일절 금지하고, 10월 24일 에는 신체제운동을 총괄할 다이세이요쿠산카이(大政翼贊會)라는 관 제 민간단체를 만들어 국민들의 사상을 완전 통제했다. 미국과 전 쟁에 들어간 1941년에는 생활필수물자통제령과 국민노동보국령까 지 발동해 전쟁에 필요한 물자와 노동력을 비상 대기시켰다.

신체제운동과 민예운동의 결합, 수공예진흥위원회

하지만 국민 개개인의 생활여건이나 문화적 욕구 등을 완전 무 시하고 국민을 무리하게 하나로 묶는 신체제운동에 대해서는 특히 지방의 반발이 이만저만 아니었다. 그래서 이를 무마하는 방안의 하나로 지방 및 농촌문화 진흥운동을 국책사업으로 도입했다. 지방 민의 애향심과 애국심을 자극해 불평불만을 줄여보자는 생각에서 였다.

다이세이요쿠산카이는 지방 전통문화의 보호육성이 고향을 사랑하 는 길이며, 향토사랑은 곧 국가를 위하는 마음이라는 논리로 애국심을

---

61) 정일성,《일본 군국주의의 괴벨스 도쿠토미 소호》, 지식산업사 참조.

강조했다. 따라서 지방의 전통문화 진흥에 관한 문제라면 어느 정도 자유가 허용됐다. 야나기를 비롯한 민예협회 회원들과 오키나와 주민들이 편을 갈라 1939년부터 1년여 동안 계속한 '오키나와 방언논쟁'도 이런 맥락에서 묵인됐을 가능성을 배제할 수 없다는 점은 앞서 설명한 바 있다.

이 사업의 최종 목표는 결국 주민들을 설득해 기꺼이 전쟁터에 내보내려는 데 있었다. 1940년 삼국동맹을 맺고 제2차 세계대전을 일으킨 독일과 이탈리아가 약속이라도 한 듯 거의 같은 시기에 이런 지방 농촌문화 진흥운동을 벌였던 사실에서도 일제의 의도를 읽을 수 있다.

야나기는 정부의 신체제운동이 민예운동을 완성할 수 있는 좋은 기회라 판단하고 이를 적극 지지하고 나섰다. 그가 1940년 10월 《기칸민게이(季刊民藝)》에 발표한 〈신체제와 공예미의 문제〉는 야나기 자신이 신체제운동에 얼마나 깊숙이 관여했는지를 여실히 말해 주고 있다. 내용은 대략 다음과 같다.

민예의 이념을 완성하기 위해 뭔가 국민적으로 올바른 사회조직이 필요하다는 생각은 우리도 일찍부터 품어 왔던 사상이었다. 다행히도 국가 비상체제가 들어서 사회개혁을 재빨리 실현할 수 있게 됐다. 게다가 이번 정부가 선포한 신제도는 민예사상을 실천할 절호의 기회를 주었다고 생각한다. 그렇다고 우리들이 신체제에 무조건 영합하거나 지금까지 입장을 포기한다는 뜻은 아니다. 지금까지 우리가 주장하고 실행한 바를 드러내 한층 널리 떨치게 할 필요가 있음을 통감한다. 우리는 시세에 휩쓸리는 소극적인 자세가 아니라 오히려 적극적으로 나서 새로운 체제를 올바른 방향으로 심화하는 일이 중요하다는 신념을 지울 수 없다. 지금이야말로 국가의 명운을 걸고 '정당한 아름다움', '건전한 아름다움', '실질적인 아름다움'을 추구해야 할 때다. 이 기회를 잃으면 천년의 후회를 남길 것이다.

국가는 수공과 기계제품의 균형 발전을 위해 기계제품의 생산 장려는 말할 필요도 없고 수공예 진흥에도 관심을 모아야 한다. 지방의 수공예가 가져다주는 의의가 대단히 중요하기 때문이다. 천재의 재주를 뛰어넘는 작가의 이름이 새겨 있지 않은 작품을 무시해서는 안 되며, 전통을 재인식해 활용하는 문제도 소홀히 해서는 안 된다. 신체제는 이런 점을 보강할 수 있는 좋은 기회이다. 민예를 통해 일본의 국민성을 튼실하게 하는 것이 우리에게 부과된 중대한 임무라는 사실을 깨닫지 않으면 안 된다. 그리고 신체제가 요구하는 아름다움은 '건강의 미'라 할 수 있다. '건강미' 야말로 우리들이 추구해야 할 제1의 목표이다. 새 일본은 '건강미' 위에 그 존재를 건설해야 할 것이다. 또 '염가(廉價)와 미'는 서로 배치될 수 없는 민예의 특질이다. 이런 장점을 잘 살려 싼 값으로 아름다움을 즐길 수 있는 풍토를 조성해야 하는 일도 우리들의 임무이다. 물가 통제와 함께 품질 통제도 서둘러 일본의 고유성을 정착시켜야 할 것이다. 다만 품질은 실용적인지, 건강미를 나타내는지, 일본적인지 따위의 3대 원칙에 기준을 둬야 하고, 특히 무역품은 품질향상에 더욱 힘쓰지 않으면 안 될 것이다.

이처럼 신체제운동의 일환으로 민예운동을 추진해 나가기를 다짐한 야나기는, 1940년 10월 〈신체제의 수공예 문화조직에 대한 제안〉이라는 글을 써서 수공예 업무를 담당할 신체제 문화기구를 만들 것을 제안했다. 이는 일본민예협회가 그때까지 실천해 온 각 지방의 수공예 진흥과 작품 보존을 '국민생활 용구의 창조'라는 목표 아래 더욱 효율적으로 관리 감독할 조직의 필요성을 절실히 느꼈기 때문이다.

이 제안에 따라, 일본 정부 당국은 그해 10월 8일 일본민예관에서 지방 수공예진흥기관 결성을 위한 협의회를 열었다. 일본 농림성 세키세쓰(積雪)지방 농촌경제조사소가 주최한 이 협의회에는, 농림성 관계자 말고도 상공성·철도성·외무성, 도호쿠 6현 부업과 (副業課) 청년단, 유키구니(雪國) 협회[62], 미쓰코시(三越)백화점, 다쿠미공예점 관계자와 일본민예협회 회원 등 많은 인원이 참석했다.

야나기는 이 자리에서 "일본민예협회가 결성된 지 이제 6년밖에 되지 않았지만 그동안 많은 실적을 거두었다. 우리들은 예로부터 지방에 전해 내려오는 수공예의 일본적 모습을 복원하고, 건실한 용도를 찾아 국민생활을 윤택하게 하는 데 도움을 주고 싶다. 이런 사업은 일본 전역에 광범위하게 분포되어 있는 데다 사안이 워낙 중대해 농림·문부·상공성 등 중앙의 여러 관련 부처와 관광국 등의 협력 없이 일개 사회단체가 감당하기에는 벅찬 일이다. 이 사업을 효율적으로 추진하기 위해서는 이를 총괄할 조직이 반드시 필요하다. 이에 가칭 '지방 수공예진흥협회'를 신설할 것을 감히 제안한다. 협회가 만들어지면 일본뿐만 아니라 중국·만주·남양 군도까지도 이 일을 발전시킬 수 있으며, 수출 공예 육성에도 큰 힘이 되리라 믿는다. 또 일본민예협회 소속 공예작가들이 서로 도와 건강미의 작례(作例)를 창안하고, 민족성이 짙은 생활용품을 더 많이 고안함으로써 신체제가 강조하는 생활 공예 진흥에도 활기를 불어넣을 수 있을 것이다"라며 지방 수공예 담당 기구 설립의 시급함을 다시 한 번 강조했다.

야나기의 제안은 모든 참석자들의 박수를 받았다. 그 결과 유키구니(雪國)협회 주도로 10월 말에 '수공예진흥위원회'가 탄생했다.

---

62) 눈이 많이 오는 일본 도호쿠(東北) 지방 인사들이 회원들의 이익을 꾀하기 위해 조직한 단체.

진흥위원으로는 중앙의 관련 부처 및 동북 각 현의 수공예 진흥 담당자와 지도자들이 망라됐다. 야나기를 비롯한 민예협회 간부들도 진흥위원으로 위촉됐음은 물론이다. 이처럼 일사천리로 조직을 마무리 한 수공예진흥위원회는 11월 들어 첫 도호쿠지방 수공예진흥연락회의를 열고 업무 추진 방안을 논의했다. 이 위원회는 이듬해 2월 도호쿠 6현의 수공예 지도 종목을 지정하는 일로부터 활동을 시작했다.

신체제운동 본부인 다이세이요쿠산카이도 1941년 1월 〈지방문화 신 건설에 관한 성명〉을 발표하고, '민예의 보존과 건전한 발달'을 지방문화 신 건설의 근본이념과 실천 방안의 하나로 삼겠다고 선언했다. 이어 10월에는 미야기현(宮城縣)에서 국민들을 전쟁에 총동원하기 위한 제1회 지방문화대회를 열었다.

다이세이요쿠산카이는 이 대회의 참석자들에게 "도호쿠지방은 구미의 기계 문명과 그릇된 자유주의 및 실리주의 사상의 영향이 중앙보다 훨씬 덜해 민예 등에 일본 정신이 아직 많이 남아 있다"고 강조하고 "도호쿠의 정신은 곧 가미사마(神)의 정신이고, 지방문화는 '황국문화'의 하나이며, 지방인들도 자신이 동양의 맹주 일본인임을 자각하고, 민예운동을 전쟁동원과 직결시켜나가야 할 것"이라며 목청을 높였다. 이 대회에는 일본민예협회 전무이사 무라오카 가게오가 참석해 주민들을 격려했다. 다이세이요쿠산카이는 이런 대회를 전국으로 확산하기 위해 지방문화단체를 잇따라 조직했으며 1944년에는 407개로 늘어났다.

이에 힘을 얻은 야나기는 스스로 각 지방을 돌며 강연과 강의를 계속했다. 그는 1942년 정초 자작나무 세공으로 유명한 아키타(秋田)현의 성곽도시 가쿠노다테(角館)를 찾아 현지조사 활동을 벌이는 일로 한 해를 시작했다. 그는 자리를 같이 한 아키타현 지도층 인사들에게 "자작나무 세공이야말로 일본을 대표하는 세계적인 전통문화"라고 치켜세우고, "이를 지방문화운동과 민예운동으로 계속 육성 발전시켜 나가야 할 것"이라고 강조했다.

그리고 자작나무 공예장인을 일본민예관에 초대해 전수교육을 실시할 계획도 발표했다. 야나기는 약속대로 그해 5월 22일부터 보름 동안 아키타현에서 가장 유명한 자작나무 세공 전문인을 일본민예관으로 초청하여, 일반인들에게 기술을 익히게 했다. 이와 함께 《고게이》 108호에 〈민예와 도호쿠〉라는 제목으로 도호쿠지방 민예를 특집으로 다루고, 《분게이순슈(文藝春秋)》사에서 《고게이분카(工藝文化)》를 출간하며, 《미야코신문(都新聞)》에 〈다도(茶道)의 공덕〉이라는 제목의 논문을 기고하는 등 민예운동의 이론화에도 붓을 놓지 않았다.

건강미를 강조하며 주전론에 동의하다

그러나 여기서 한 가지 눈여겨 볼 점은 야나기가 정부의 신체제 지지선언 이후 아름다움(美)의 표준으로 '건강'을 부쩍 강조한 사실이다. 앞에서 소개한 바와 같이 야나기는 신체제 지지선언문과 다름없는 〈신체제와 공예미의 문제〉에서부터 "건강미야말로 국민들이 추구해야 할 제일의 목표"라고 역설하고 나섰다.

'건강'이란 말은 원래 일제가 중일전쟁이 격화되던 1938년 '몸이 튼튼해야 싸움도 잘 할 수 있다'며 사회운동의 하나로 보건운동을 펼치면서 일반 대중의 귀에 익게 된 낱말이었다. 일제는 미국과 전쟁이 한창이던 1942년부터 보건운동을 '건민(健民)운동'이라 이름을 바꾸어 더욱 독려했다. 이런 사회 분위기 속에서 전쟁이 날로 격화되자 민예운동 참가자들 가운데서도 전의(戰意)를 부추기는 주전론자(主戰論者)가 크게 늘어났다.

민예를 주로 다루는 월간잡지 《민게이》[63]도 그런 사람들의 의견을 적극 반영했다. 《민게이》에서 민예를 주제로 전쟁을 찬미하는 글을 찾기란 그리 어렵지 않다. 심지어 '민예정신에 따라 대동아공영권을 건설하자'는 노골적인 침략주의 내용도 실려 있다. 이는 중국과 만주에서 전개된 민예운동과도 무관치 않다는 것이 일본 학자들의 견해이다.

실제로 야나기의 민예운동은 중국과 만주로도 불씨가 번졌다. 앞서 설명한 돗토리(鳥取)현 출신 의사로 돗토리지방 민예운동을 이끌던 요시다 쇼야는 1940년부터 중국 화베이(華北) 지방에서 민예운동을 펼쳤다. 일본군 군의관으로 이곳에서 근무하면서 중국 민예품을 열심히 수집한 게 인연이었다. 그는 1940년 10월 13일부터 중국 베이징에서 열린 '스먼(石門)지구 후생산업 전람회'와 '베이징 신작 민예전'을 도왔다. 전시회 작품은 물론 중국인들이 향토 분위기를 살려 만든 토산품이었다. 이 전시회는 중국 화베이 지방에 일본민예정신을 심는 기폭제가 됐다. 야나기는 육군 특무부대의 초청으로 하마다, 가와이와 함께 이 전시회를 참관하고 관계자들을 크게 격려했다. 야나기 일행은 전시회 참관을 마친 뒤 귀국길에 경성에 들러 10월 말까지 머물렀다. 그러나 1916년부터 길을 튼 야나기의 조선 왕래는 이 여행이 마지막이었다. 요시다는 그 뒤 중국에 거주하는 일본인을 대상으로 민예를 통한 새 문화 창조운동을 벌였다.

---

63) 《기칸민게이》 제호를 1942년부터 이렇게 바꿈.

일본민예관에서 발행하고 있는 《민게이》 잡지.

또 요시다의 친구로 정신과 의사이자 《기칸민게이》 편집을 담당
했던 시키바는 이보다 약간 늦은 1942년 무렵부터 만주에서 민예
운동을 일으켰다. 그는 일본민예협회 도움으로 1942년 도쿄에서
'만주건국 10주년 경축기념 전람회'를 열었다. 일본민예협회는 이
듬해 와카모토(若素) 제약회사와 손잡고 만주민예관을 건립하고,
만주 안의 여러 민족의 민예품을 조사 연구했다. 시키바 역시 만주
에 사는 일본인들과 함께 생활용품 개발에 앞장섰다. 1944년에는
도쿄 일본민예관에서 일본, 만주, 중국〔支那〕 3국 현대민예전을 열
기도 했다.

민예운동과 정부의 신체제운동이 한데 어우러지자 야나기는 내
각 정보국과 다이세이요쿠산카이 관계자들과 자연히 가까워지게
됐다. 야나기가 1941년 3월 16일 가와이 간지로에게 보낸 "오는 4
월 1일에는 다이세이요쿠산카이 정보부 초대로 모임이 열린다"는
내용의 편지는 이들과의 유착관계를 그대로 보여준다. 야나기는 그
해 10월에 발행한 《고게이》에도 "내각 정보국과 다이세이요쿠산카

이 문화부가 보여준 민예운동에 관한 이해와 호의에 대해 깊이 감사해야 할 일"이라고 '편집후기'를 쓰고 있다. 야나기의 이런 호의는 뒤에 정부가 모든 공예단체를 폐쇄할 때도 크게 고려됐던 것으로 보인다.

신체제 운동과 궤를 같이한 사실들

일본 상공성은 1943년 1월 사단법인 일본공예회를 설립하고 다른 공예단체를 해산시켰다. 그러나 일본민예협회만은 그대로 두었다. 게다가 야나기는 같은 해 1월 일본공예회 위원으로 선임되고, 2월에는 미술공예통제회 위원으로도 뽑혔다. 이처럼 일본민예협회가 살아남을 수 있었던 것은 민예운동이 신체제운동과 궤를 같이한데다 야나기가 신체제운동을 적극 지지했기 때문으로 일본 학자들은 분석하고 있다.

또 상공성 교역국 계획과장으로 근무하던 미즈다니 료이치의 뒷받침도 무시할 수 없다. 미즈다니는 학창시절 '시라카바 운동'에 공감해 야나기와 인연을 맺고 민예운동에 참가해 지원을 아끼지 않았다. 앞에서 설명한 바와 같이 야나기가 오키나와를 처음 방문할 때도 미즈다니가 야마구치 이즈미 오키나와현 학무부장과 다리를 놓아 실현됐다.

미즈다니는 1932년부터 내각 통계국에 근무하면서 《고게이》잡지의 편집을 돕고, 거기에 글을 쓰기도 했다. 그는 상공성 특허국 상표과장, 무역국 총무과장 등을 거쳐 1942년 1월부터 교역국 계획과장으로 일했다. 야나기는 철학에도 조예가 깊은 미즈다니의 '두뇌 노동'을 높이 평가했으며, 그로부터 경제적 도움도 많이 받았던 것으로 전해지고 있다.

야나기는 1945년 1월 《분게이순슈》 1월호에 〈시국과 아름다움의 원리〉를 발표했다. 그는 이 글에서 "민예운동의 본질은 아름다움의 건강화를 추구하는 일종의 정신운동이다. 민예 원리야말로 어떠한 시대에서도 적용할 수 있는 규범이다. 설령 내일 당장 평화가 찾아오더라도 우리들은 유유히 같은 준비를 할 것"이라고 적고 있다.

침략정책 동조에는 의견분분

이와 같이 야나기가 일제의 침략정책에 동조한 사실은 너무도 명백하다. 그럼에도 일본 학계는 야나기에 대한 동정론과 비판론으로 갈려 있다. 예를 들면 미즈오 히로시와 나카미 마리는 야나기의 신체제 지지 행위를 애써 이해하려는 쪽이다. 반면 오구마 에이지나 이토 도오루 같은 학자는 야나기 역시 일본 제국주의의 이데올로그였다고 몰아세우고 있다.

우선 미즈오는 "야나기에게는 지방문화와 수공예를 지키는 민예사상의 실현이 커다란 과제였다. 더군다나 지방문화를 중시하는 민예운동은 일본 국민을 하나로 뭉치게 하는 신체제운동과 서로 받아들일 수 없는 성격을 지니고 있었다. 그러나 야나기는 어느 누구도 반대할 수 없는 신체제의 시류를 거꾸로 이용해 신체제운동을 민예운동화하려 했다. 다시 말하면 신체제운동에 적극 가담함으로써 문화 자체가 압박받는 사태를 막으려 했다"며 야나기의 신체제 협조를 살아남기 위한 방편으로 설명하고 있다. 또 나카미는 "야나기가 국책에 관여하고 동조한 것은 사실이지만, 그럼에도 그의 사상과 행동에는 제동이 걸려 '대동아공영권 구상'에는 휩쓸리지 않았다"

고 야나기를 옹호했다.

이와 달리 오구마는 "야나기의 민예운동은 다이쇼데모크라시 시대가 끝나고 일본의 전통을 강조한 국수적 논조가 높아간 시기에 일본의 국체성(國體性, National Identity)을 강조하기 위해 대두한 야나기다 구니오의 민속학과도 공통 요소를 갖고 있었다. 야나기의 민예운동은 1929년에 열린 '쇼와텐노(昭和天皇) 대례(大禮)기념' 국산진흥 박람회에 '민예관'을 출품해 도약점을 찾고, 전시체제에 들어 건강미를 강조하며 정부 시책을 거든 것이 사실"이라며 민예운동이 국수주의 부흥의 시류와 무관하지 않았음을 설명하고 있다.

이토의 그에 대한 비판은 더욱 신랄하다. 이토에 따르면, "더러는 국가 신체제의 목적이 민예운동의 그것과 모순된다고 주장하고 있으나 정반대로 민예의 이념과 완전히 일치하고 있었다. 민예운동은 원래 개인주의를 극복하고 전통을 존중하는 이념으로 출발했으며, 신체제운동도 일본 전통의 활용이라는 측면에서 똑같다. 게다가 이전부터 '협단(協團)'을 만들어야 한다는 민예협회의 주장은 신체제가 목표로 하는 '협력적 단결'에 다름 아니다"고 지적했다. 그는 특히 시라카바 운동의 정신적 지주였던 무샤노코지 사네아쓰가 전쟁 지지자로 돌아선 것에 빗대어 "무샤노코지가 주전론자로 변절한 것이나, 사이토 총독 체제 뒤 조선통치 방향이 바뀌었다고 조선총독부에 휩쓸리고, 신체제운동의 일부가 민예이념과 일치한다는 이유만으로 권력을 긍정한 야나기의 순진함은 설사 정도 차이는 있을지언정 서로 다를 바 없다"며 "여기에서 예술과 사회의 조화를 겨냥한 '시라카바파'의 패색이 짙게 배어나오고 있다"고 꼬집었다.

이토는 "무샤노코지가 태평양 전쟁을 극찬한 사실은 '자기 개성 살리기'를 목표로 한 '시라카바' 동인들 가운데 가장 비참하게 된 꼴이며, 이는 야나기의 사상에도 결코 영향이 없었다고 말할 수 없다"고 강조했다. 이토에 따르면 무샤노코지는 1942년 제 1회 대동아문학자대회에 참석해 〈대동아 정신의 수립〉이라는 주제로 강연한 데 이어 200쪽 안팎의 《대동아전쟁 사감(私感)》이라는 단행본을 펴냈다.

무샤노코지는 이 책에 "이 싸움만큼 아름다운 목적을 갖는 전쟁은 없다. 전쟁을 지지하는 일본인의 사명은 다름 아닌 동아시아〔東亜〕 해방이다. 이 전쟁은 아시아에서 유일하게 식민지 신세를 면하고 강국이 된 일본이 미국, 영국, 네덜란드 등에 예속을 강요받고 있는 동아시아 여러 나라를 해방시키는 성전(聖戦)에 다름 아니다"라는 군부의 선전 내용을 그대로 쓰고 이를 '통쾌'한 일이라며 반복해 자랑하고 있다.

무샤노코지는 또 "일본의 사명은 동아시아 민족이 미국과 영국인으로부터 경멸받지 않는 본래의 동아시아를 만드는 일이다. 일본은 이 중대한 사명을 완수하기 위해 모든 준비를 다해왔다. 미국과 영국을 좋아하는 사람들에게 일본의 승리가 신의 뜻이자 하늘의 뜻이라는 사실을 인정시킬 수 있다면 실로 축하할 만하다"면서 "대동아공영권이 훌륭하게 실현되고, 그리고 장래 질서가 잘 잡혀 영원히 사이좋게 되면 세계는 여기서 좋은 점을 얻어 조화를 이루어 가게 될 것이다. 이 싸움에 이긴 뒤 '대동아 공영권'의 중심도시로 군림할 도쿄의 미래상을 상상하면 젊은 날 연애하던 시절 연인을 기다리는 심정"이라고 토로하고 있다.

그러나 무샤노코지는 일본이 무조건 항복한 뒤 1946년 연합군으로부터 모든 공직을 맡을 수 없도록 제한하는 '공직추방령'을 받았다. 그래도 그는 반성하기는커녕 '아아, 승리했더라면 좋았으련만…' 하고 읊조렸다고 한다.

시가 나오야는 1944년 말 무렵 태평양전쟁에서 일본의 패색이 짙어지자 시게미츠 마모루(重光葵, 1887~1957) 당시 외무대신의 비서관 가세 도시카즈(加瀬俊一) 등과 함께 '산넨가이(三年會)'라는 비밀간담회를 조직해서 전후대책을 논의하기도 했다. 이 비밀간담회에는 무샤노코지, 와쓰지 데쓰로, 야마모토 유조(山本有三, 1887~1974), 아베 요시시게(安部能成, 1883~1966) 등 지식인도 들어 있었다.

아름다움 [美]과 종교

패망과 와병

    일본의 태평양전쟁 도발의 대가는 너무나 컸다. 전쟁터에서 싸우다 숨진 전사자는 그만두고라도 인류 역사에서 처음인 히로시마(1945년 8월 6일)와 나가사키(같은 해 8월 9일)에 투하된 두 발의 원자폭탄으로 9만여 명의 민간인이 한꺼번에 죽는 참상을 겪어야만 했다. 더군다나 전쟁이 끝난 뒤 일본인들의 생활은 말이 아니었다. 식량이 부족해 하루 세끼 밥을 제대로 먹지 못하는 사람이 수두룩했고, 전염병이 돌아도 일손이 모자라 손을 쓸 수가 없었다. 질서도 엉망이었다.

    게다가 1945년 9월 중순부터는 연합군사령부가 전쟁범죄 수사에 나서면서 일본 사회는 다시 한 번 충격에 휩싸였다. 전쟁을 주도한 군부 지도자나 이를 이론적으로 뒷받침한 전범(戰犯)용의자들은 모두 몸을 숨겼고, 수사가 하루 속히 끝나기를 기다릴 수밖에 없었다.

미즈오는 그의 저서에서 "야나기는 전쟁이 끝난 직후 영양실조로 몸이 쇠약해진 데다 기생충에 걸려 두 달 가까이 병상에 누워 한때 사경을 헤매기도 했다"는 사실을 밝히고 있다. 그러나 야나기의 병은 미즈오의 말대로 물론 건강도 건강이었지만 그보다는 '시라카바' 동인들을 비롯한 일본 지식인들의 행동에서 볼 수 있듯이 패전으로 말미암은 상심이 더욱 크게 작용했을 것으로 보인다.

야나기는 병상에서 필리핀으로 출정한 그의 큰아들 무네미치(宗理)가 무사하다는 소식을 듣고 그나마 마음을 달랠 수 있었다. 하지만 그것도 잠시 이번에는 며느리(무네미치의 아내) 야에코(八重子)가 피난지에서 죽었다는 비보가 날아들어 또다시 가슴이 내려앉는 듯했다. 야에코의 부음은 야나기의 가족 가운데 벌써 6번째였다. 야나기는 일찍이 1920년 1월 둘째 형 나라다카를 잃었고, 그 이듬해 8월에는 여동생 치에코와 그의 아들이, 1922년에는 야나기의 셋째 아들이 어린 나이에 세상을 떠났다. 그리고 1923년 9월 관동대지진 때는 큰형 요시사와의 죽음을 지켜보아야 했다. 야나기가 종교철학에 심혈을 기울인 것도 이런 가족들의 비명횡사와 무관하지 않은 것으로 추측된다.

패전(敗戰)의 시련에도 활동을 추스르고

야나기는 그렇다고 한없이 병상에만 누워 있을 수는 없었다. 그는 전쟁을 적극적으로 부추긴 무샤노코지 등 다른 '시라카바' 동인들과는 달리 일제의 신체제운동에 협조한 일 말고는 크게 문제될 게 없다고 믿고 있었다. 야나기는 자신의 예상대로 연합군사령부로부터 아무 처벌을 받지 않았다. 하기야 신체제운동을 도운 야나기의 행동은 철저한 국가주의자로 국민을 선동한 오가와 슈메이(大川周明, 1886~1957)[64]나 일본 국수주의의 대부 도쿠토미 소호, 강연과 글 등을 통해 국민을 전쟁터로 몰아넣은 무샤노코지 등에 견주면 경미한 편이었다. 그렇지만 연합군사령부가 전쟁 이데올로기에 동원된 지식인들에 대한 단죄를 강조하던 상황에서 처벌을 피한 것은 야나기로서는 행운이 아닐 수 없었다.

그는 미군의 도쿄 공습 때 폭탄이 일본민예관 부근에 떨어져 화재가 발생했으나 바람이 건물 반대쪽으로 불어 화를 면하기도 했다. 뿐만 아니라 공습을 피하기 위해 도쿄시내 여러 곳으로 소개(疏開)해 두었던 일본민예관 소장품도 모두 무사했다. 병상에서 일어난 그는, 이를 모두 일본민예관으로 다시 옮겨 1945년 12월 22일부터 일반에게 공개했다.

이처럼 일단 일본민예관을 수습한 야나기는 건강을 회복하고 마음을 추스를 겸 이듬해 1월 4일 지바현 야마다케군(山武郡) 미도리우미무라(綠海村)로 요양을 떠났다. 그는 2월 27일까지 두 달 가까이 그곳에 머무르며 《일본의 수공예(手仕事の日本)》의 원고를 다시 다듬고 《일본의 민예(日本の民藝)》를 쓰기 시작했다.

《일본의 수공예》는 야나기가 1935년 중반부터 일본 전국의 수공예 현장을 찾아다니며 제품의 특징과 보고 느낀 바를 메모한 기록이다. 일본의 수공예를 지역별로 나누어 여행기 형식으로 소개하고 있다. 글도 일본의 청소년들이 읽기 쉽게 풀어 썼다. 1943년 정월 이미 원고를 완성해 출판사에 넘겼으나 편집 도중 내용의 일부가 미군 공습에 불타 출판이 늦어졌다. 게다가 삽화의 보충과 보완이

---

64) 일본 파시즘 이론가. A급 전범으로 체포되었으나 병으로 석방.

늦어져 그로부터 2년 뒤인 1948년 6월 5일에야 책으로 완성됐다.

요양을 하면서 계획 분량의 3분의 2가량을 쓴 《일본의 민예》도 《일본의 수공예》보다 8개월 늦은 1949년 4월 10일에 출간됐다. 이 책은 〈민예의 의미〉, 〈직인(職人)의 위치〉, 〈수공예의 기초〉 등 민예의 이론을 담아 일본의 민예를 이해하는 데 도움을 주고 있다.

휴양을 마치고 2월 말 도쿄로 돌아온 야나기는 그해 3월 문부성 교육위원회 위원으로 위촉되어 미국교육사절단을 맞이하는 등 점차 평상심을 되찾아갔다. 그러나 뜻하지 않은 시련이 다시 닥쳤다. 연합군사령부가 1946년 11월 하순 일본민예관을 접수하겠다며 건물을 비우라는 명령을 통보했기 때문이다. 연합군사령부는 그해 5월까지 전쟁을 주동한 이른바 A급 전범에 대한 수사를 매듭짓고, 전쟁에 가담한 지식인들의 여죄를 밝혀 공직활동을 제한하기 위한 조사를 계속하고 있었다. 연합군사령부가 이처럼 일본민예관을 접수, 폐쇄하겠다고 나선 것은 일본민예관의 전전(戰前) 활동이 전쟁 선동과 무관하지 않은 것으로 판단했기 때문으로 보인다.

야나기는 그때 일본 도호쿠 지방을 여행하다 이 소식을 들었다. 그는 급히 도쿄로 돌아와 일본민예협회 회원을 비롯한 지식인들과 관계 기관의 의견을 모아 연합군사령부에 재고(再考)를 바라는 청원서를 냈다. 그러나 돌아온 대답은 무조건 1947년 3월 20일까지 일본민예관에서 나가라는 것이었다.

야나기 부부는 생각한 끝에 일본 공예품에 대한 대단한 애호가로, 평소 알고 지내던 베스 블레이크(Beth Blake) 적십자사 총재에게 선처를 호소했다. 베스는 그때 마침 일본에 머무르며 일본민예관도 자주 관람했다. 야나기 부부의 부탁을 받은 베스는 연합군사령부를 직접 찾아가 일본민예관의 접수조치를 해제해 주도록 관계자들을 설득했다. 베스의 노력은 주효했다. 연합군사령부는 결국 명령이행 시한을 하루 앞둔 3월 19일 접수조치를 해제했다. 연합군 사령부의 폐쇄 방침으로 한동안 가슴을 조이던 일본민예관 관계자 들은 '접수해제명령'을 받고 안도의 한숨을 내쉬었다.

민예운동의 재점화

패배의식에 휩싸여 무기력하던 일본 사회도 시간이 흐르면서 빠르게 안정을 찾기 시작했다. 1947년 5월 3일에는 무장을 금지한 이른바 '평화헌법'이 시행되고, 극동군사재판에 넘겨진 A급 전범 28명에 대한 재판도 뜨거운 공방전을 계속했다. 그런 소용돌이 속에 쇼와왕 부부가 1947년 10월 7일 일본민예관에 들러 관계자들을 격려했다. 쇼와왕 부부의 일본민예관 관람은 야나기에게 큰 힘이 됐다. 왕 부부가 다녀간 뒤 이곳을 찾는 관람객도 부쩍 늘어났다.

일본민예협회도 전전의 모습을 완전 회복했다. 일본민예협회는 1947년 12월 1, 2일 이틀 동안 일본민예관에서 제1회 일본민예협회 연합회를 열고 새 시대를 맞아 새로운 각오로 다시 뛰기를 다짐했다. 참가자도 80명을 넘었다. 이들은 대회에서 우선 일본민예협회를 사단법인으로 하고, 민예전문연구소를 만들어 공예 교육을 강화하며, 각 지방 분회를 크게 확충해 민예품을 증산하는 내용 등을 주요 골자로 하는 정관을 확정했다. 이와 함께 각 지방 분회마다 민예관을 창설하고, 지방분회 사이에 협력체제를 구축해 민예 관련 도서와 총서를 간행하는 데 적극 힘쓰기로 했다. 민예운동을 전국으로 확산하고, 민예품전시회 횟수를 늘리는 일도 새로운 과제였다.

이렇게 불씨를 다시 살린 일본의 민예운동은 전국으로 메아리쳤

다. 각 지방마다 분회가 속속 조직되고 활동도 눈부셨다. 그 가운데
서도 나가노(長野)·도야마(富山)·오카야마(岡山)·교토·홋카이도
분회 등은 오히려 중앙 협회를 능가할 정도였다. 특히 교토민예협
회는 베이징에서 귀국한 요시다 쇼야와 가와이 간지로 등이 뜻을
모아 새로 만들었으며 홋카이도 분회는 미야케 다다카즈(三宅忠一)
가 개척했다. 야나기는 이들 분회를 찾아가 강연회와 토론회를 여
는 등 지방 민예의 진흥 발전을 위해 더욱 힘을 쏟았다. 야나기는
일본의 재건을 위해서는 경제면뿐만 아니라 생활면에서도 건전한
전통공예가 반드시 필요하다는 생각이었다.

일본민예협회는 1948년 10월 협회기관지 《닛폰민게이(日本民
藝)》를 창간했다. 1년에 한 번씩 발행된 이 잡지는 무라오카 가게오
가 편집을 맡았다. 그러나 이 전문지는 협회 사정으로 1951년 10월
제4호를 끝으로 발간을 중단하고 5년을 쉰 뒤 1956년 1월부터 월간
《민게이》로 다시 태어나 오늘에 이르고 있다. 기관지 발행이 중단
된 기간에는 같이 발행하던 《민게이통신(民藝通信)》이 회보 구실을
대신했다.

일본 민예운동의 중심에 다시 서게 된 야나기는 민예운동의 새
돌파구를 찾아 나섰다. 나카미에 따르면, 야나기는 전쟁 중에도 그
랬듯이 '세계문화에 기여하는 일본'을 늘 머릿속에 그리고 있었다.
그래서 생각해 낸 것이 일본의 '예술과 불교사상'이었다. 그는 특
히 일본에서 꽃을 피운 불교사상은 세계 어디에 내놓아도 자랑할
만한 것이라고 확신했다.

따라서 사물의 아름다움〔美〕 안에서 종교사상을 찾던 종전의 사
고방식도 종교사상에서 아름다움에 접근하는 쪽으로 바뀌었다. 거
기에는 일본의 예술보다는 불교사상이 세계문화에 공헌할 가능성

이 더욱 크리라는 인식이 짙게 배어 있다는 게 나카미의 설명이다.

야나기가 1945년 무렵에 알게 된 '묘코닝(妙好人)'[65]도 그의 마음을 움직이게 한 또 하나의 계기였다. 야나기는 민예와 묘코닝이 '일상'을 중시하는 공통점을 발견하고 묘코닝을 새로운 민예운동의 중심사상으로 삼았다. 다시 말하면 일상생활에서 아름다움을 추구하는 민예와 일상적으로 신앙을 수련하는 묘코닝이 같다는 생각에서였다. 그래서 야나기는 1947년부터 우수한 민예품을 아예 '묘코힝(妙好品)'이라고 불렀다. 따라서 '싸구려 골동품'에서 출발한 민예품이라는 말은 '일용 잡기(雜器)', '민예'를 거쳐 '묘코힝'으로도 불리게 됐다.

전후 민예운동의 중심사상, 불교미학

불교사상에서 새 민예운동의 실마리를 찾은 야나기는 일본에서 행실이 좋은 불자(佛者)를 가장 많이 내기로 이름난 대승불교 염불종(念佛宗)에 빠져들었다. 야나기가 맨 처음 관심을 가졌던 종교는 기독교였다. 그러나 개인주의 색채가 짙은 개신교로는 만족할 수 없어 가쿠슈인 고등과에 입학할 무렵에는 가톨릭으로 눈을 돌리게 됐다. 거기서 성 프란치스코의 전기에 감동을 받고 신비사상에 몰두하기도 했다.

그가 학창시절 여러 종교 가운데 유독 기독교에 마음이 쏠린 것은 기독교의 신선함에 매료된 데다 유교나 불교 같은 동양 종교는 시대정신에 전혀 맞지 않아 장래 일본을 구제할 수 있는 종교는 기

---

65) 정신수련에 가장 열중하는 염불자. 특히 정토진종(淨土眞宗)의 독실한 신자.

독교뿐이라고 생각했기 때문이라고 스스로 고백하고 있다. 하지만 블레이크 연구를 끝내고 에크하르트(Meister Eckhart, 1260?~1327)[66] 등의 신비사상 관계 서적을 읽으면서 그런 생각도 점차 바뀌어 도교와 불교에도 매력을 느끼게 됐다. 그 가운데서도 선(禪)에 관한 서적들은 그의 마음을 사로잡았다.

야나기가 민예운동을 시작하면서 정토계(淨土系)의 불교, 특히 악인정기사상(惡人正機思想)[67]과 연관 지어 민예이론을 다듬어 간 것도 그런 영향이었다. 야나기는 이런 과정을 거치면서 여러 가지 종교가 궁극적으로 하나로 귀결된다는 종교관을 터득하게 됐다. 그럼에도 그가 굳이 인도, 중국, 한국의 불교와는 구별되는 일본 가마쿠라시대(鎌倉時代, 1185~1333)에 생긴 염불종을 택해 민예와 관련짓는 연구를 계속한 것은 그것이 가장 일본적인 불교라고 여겼기 때문이었다.

일본민예협회는 극동국제재판소의 A급 전범에 대한 선고공판을 8일 앞둔 1948년 11월 4일 교토에서 제2회 일본민예협회 전국협의회를 열었다. 야나기는 이 자리에서 〈미(美)의 법문(法門)〉이라는 제목으로 기념 강연을 했다. 야나기는 내용을 수정하고 보완해 그 이듬해 3월 21일 책으로 펴냈다. 미즈오는 "《미의 법문》은 야나기가 그동안 펼쳐온 민예미론의 기초를 주도면밀하게 체계화한 명저로, 민중의 구제가 대자대비(大慈大悲)한 부처에 기약되어 있듯 민중의 미도 그 소망에 따라 성취를 보장받고 있다는 사실을 증명해 보이고 있다"면서 "야나기는 이 논고로 반세기에 걸쳐 형성해온 미신일

---

66) 도미니크파 신학자.
67) 아미타가 구제하고자 하는 대상은 귀족층보다 살상과 같은 악행을 저지르지 않을 수 없는 무사, 백성, 천민 등 악인이라는 불교 정토종 사상.

여(美信一如) 사상의 발판을 확실히 굳혔다"고 덧붙였다. 《미의 법문》은 일본에서 이보다 뒤에 출간된 《무유호추의 소망(無有好醜の願)》(1957), 《미의 정토(美の淨土)》(1960), 《법과 미(法と美)》(1961) 등과 함께 '불교 미학' 의 4부작으로 손꼽힌다.

야나기는 그동안 해오던 저작활동도 계속했다. 1948년 《일본의 수공예》와 《민과 미(民と美)》, 1949년 《일본의 민예》, 1950년 《묘코닝 이나바노 겐자(妙好人因幡の原丞)》를 간행한 데 이어 1951년 1월 《고게이》 마지막 호(제120호)에는 〈오쓰에(大津繪)[68] 개설〉, 〈오쓰에 그 후〉, 〈오쓰에의 문헌 보유(補遺)〉 등을 쓰고 오쓰에 연구에 마침표를 찍었다.

1951년 8월부터는 잡지 《다이호링(大法輪)》에 〈나무아미타불(南無阿彌陀佛)〉을 연재하기 시작했다. 이 논고 역시 1955년 8월 단행본으로 출판됐다. 일본의 염불 사상을 고찰한 이 책은 야나기의 저작 가운데 최고의 걸작으로 평가되고 있다. 야나기는 이 책에서 "이 연구를 통해 염불종으로부터 가장 뛰어난 일본적인 미가 창출되었음을 확인할 수 있었다"고 밝히고 "3년 동안 일본 전국을 돌며 염불종을 부흥시킨 잇펜(一遍, 1239~1289)이야 말로 '염불의 의미를 최고의 경지로 끌어올린 염불종 최후의 사색자' 임에 틀림없다"고 평가했다. 이렇듯 불교에 몰입한 그는 결국 불교 경전에서 찾은 민예미론의 논리를 '불교 미학' 으로 설파하기에 이르렀다. 이는 1940년 무렵 '건강이 새로운 미의 기준' 이라고 주장했던 야나기의

---

68) 일본 겐로쿠(元祿, 1688~1704) 시대 지금의 시가현(滋賀縣) 오쓰(大津)에 있는 미쓰이지(三井寺) 주변에서 이름 없는 화가들이 부처를 대강 그려 신도들에게 팔던 희화풍(戱畵風)의 조잡한 불화. 해학, 풍자를 담아 민간인들에게 큰 인기를 끌었다. 대표작으로 '오니오모이부쓰(鬼念仏)', '야리모치야쓰(槍持奴)', '후지무스메(藤娘)' 등이 있다.

또 다른 변신이었다.

"다도는 둘도없는 아름다움[不二美] 그 자체"

야나기가 다도(茶道)에서 종교차원의 미적가치를 찾은 점도 특이하다. 야나기는 1955년 11월 일본민예관 116평방미터(35평)짜리 큰방과 그 절반 규모의 작은방에서 처음 다도회를 열었는데, 다다미 방바닥에 꿇어앉아 행하는 기존의 방식을 깨고 탁자와 의자를 사용해 불편을 없앴다. 야나기는 그때 일본에서 400여 년의 역사를 가진 다도는 원래 직관이 그 토대를 이루고 있어 미의 종교가 될 수 있었으나, 다도를 행하는 다인(茶人)들이 미를 골라낼 역량이 없는데다 세습 종가(宗家)나 차 도구상(道具商)의 전유물로 도(道)에서 멀어졌기 때문에 시대 변화에 따라 국민의 생활에 편리하도록 바꿀 필요를 느끼고 있었다고 한다.

그는 다실을 작은 방으로 국한하는 것도 못마땅했다. 세 번째 행사 때는 녹차 대신 커피를 내놓았다. 장래 다도를 외국인들에게 알리기 위해서는 불가피하다는 생각에서였다. 야나기의 이런 파격적인 실험은 참가자들의 큰 박수를 받았다. 야나기는 "다도에는 문외한이나 다름없지만 너무 타락한 다도를 그대로 보고 있을 수만 없어 진정한 다인이 나오기를 바라는 마음에서 솔선해 본 것"이라고 일본민예관이 다도회를 갖게 된 동기를 밝혔다.

그때 일본민예관이 사용한 다구도 다도 종가나 도구상 제품이 아니라 그동안 모았던 용기들을 모두 동원했다. 중국이나 조선산은 물론 영국제도 들어 있었다. 이 역시 "민예품은 매우 국민적이지만 동시에 국제적 성격이 짙고, 각 나라 민예품마다 서로 공통점이 있

으며, 게다가 아름다운 민예품이라면 국경도 초월할 수 있다"는 야
나기의 발상이었다. 나카미도 그의 책에서 "일본민예관이 다도회
에서 여러 나라 다구를 내놓은 것은 바로 민예의 둘도 없는 아름다
움이 국경을 넘어 공생할 수 있다는 사실을 실증하기 위한 의미가
담겨 있었다"고 강조하고 있다. 야나기는 그로부터 2년 뒤 "다도의
미는 둘도 없는 아름다움 그 자체이다"라고 말하기도 했다. 또 다
도를 즐기는 사람들은 다도 장소를 다실 안으로만 국한하지 말고
일상 속의 다도가 되도록 해야 한다고 입을 모았다.

미의 종교운동 추진

'묘코닝'을 발견하고 '묘코힝'이라는 말을 만들어 내며 일본민
예관에서 다도회를 실험해 본 야나기는 지금까지 불교가 했던 일을
일본민예관이 맡아 신앙을 미로 나타내는 '미의 종교운동'을 펼칠
계획도 마련했다. 그는 세계가 서양문화의 한 가지 색으로 물들어
가는 것을 싫어했다. 그래서 서양을 무조건 추종하는 일본인을 싫
어했다. 일본 학자들 가운데는 이런 야나기의 불교와 불교 미학을
통한 미의 종교운동을 서양문화의 획일화에 대한 저항운동으로 넓
혀 해석하는 이도 없지 않다.

나카미는 "서양에 대립 각을 세워 일본 문화의 존재 의의를 한층
뚜렷하게 하고, 이를 통해 세계문화에 공헌하려는 데 뜻이 있었다"
고 그의 책에서 설명하고 있다.

야나기는 이처럼 다도와 정토진종을 미의 종교운동 추진체로 큰
기대를 걸었다. 그래서 그는 이 두 집단이 본래의 힘을 발휘할 수
있도록 채찍을 가했다. 그는 특히 세습의 권위에 군림하며 종교나

다도를 제대로 수행하지 않고 있던 정토진종 혼간지(本願寺)의 동서 오타니(大谷)가를 중심으로 한 법주(法主)와 다도의 센가(千家)[69]를 '봉건제의 폐해'라며 강하게 비판했다. 야나기는 "정토진종에는 묘코닝이 있으면 그것으로 충분하다. 그러므로 모든 사원은 묘코닝의 도량으로 돌려주고, 재출발해야 한다"고 지적하고, "따라서 사태를 이 지경에 이르게 한 법주는 물러나야 하며, 모든 승려도 승적을 떠나 거사(居士)로서 신앙에 전념해야 한다"고 주장했다.

야나기는 개인 재산도 내놓았다. 1949년 제3회 일본민예협회 회의에서 모든 재산을 일본민예관에 헌납하기로 발표한 그는 1951년 12월 20일까지 모든 법적 절차를 마무리했다. 1958년 5월에는 그가 그동안 펴낸 책에 대한 지적재산권도 모두 일본민예관으로 넘겼다. 그러나 일본 문화의 개성을 규명하려던 야나기의 시도는 새로운 도전에 직면하게 됐다. 1958년 새해가 시작되면서 일본민예관에 개인 작가의 작품을 일절 진열해서는 안 된다는 목소리가 높아진 것이다.

어긋난 '남과 내가 하나[他者一如]'

야나기는 민예운동을 시작하면서부터 개인 작가는 자력의 길을, 그리고 장인은 타력(他力)의 길을 걸어야 한다고 그 둘을 명확히 구

---

69) 1500년대 중반 일본의 다도(茶道)를 크게 일으켜 일본 다도계의 우두머리가 된 센노리큐(千利休, 1522~1591)가 다도 일가(一家)를 이룬 뒤 대대로 명예와 권세를 누린 것을 말함. 센노리큐는 처음 도요토미 히데요시(豊臣秀吉)의 신임이 두터워 다회(茶會)를 주도하며 다도의 우두머리[茶頭]에까지 올랐으나, 1591년 자화상(自畵像)을 절에 안치한 일로 미움을 사 결국 스스로 목숨을 끊도록 하는 벌을 받음.

분했다. 특히 장인에게는 개인 작가와는 다른 타력의 길이 있다며 장인의 작품활동에 '악인정기' 사상을 들어맞게 하고 '악인'이 타력의 길을 간다면 '악인'의 모습 그대로 구원을 받는다고 설명했다. 다만 개인 작가와 장인은 서로 다른 길을 추구하면서도 서로 보완관계여야 한다는 생각이었다. 이에 따라 그는 작가와 장인의 관계를 절대적 신뢰에 바탕을 둔 불교의 승려와 신자에 빗대며 개인 작가와 장인의 작품을 분리해 전시하는 것을 반대했다.

야나기는 1959년 10월 나고야(名古屋)에서 열린 제13회 일본민예협회 전국대회에서 사전에 녹음한 축사를 통해 "보지도 않고 하는 비판은 뿌리가 얕다. 민예를 지식의 잣대로 재단하는 일은 부차적인 문제이며 어디까지나 아름다움에 중심을 두어야 한다. 인간은 아름다움을 사랑함으로써 서로의 벽을 넘어 공동의 행복에 젖을 수가 있다. 그러나 논의를 장난삼아 하게 되면 마음은 흐트러지고 파벌을 만들며 걸핏하면 남을 비난하게 된다"고 미야케를 꾸짖었다.[70]

미야케는 결국 그해 11월 일본민예협회를 떠나 '일본민예협단'이라는 별도 조직을 만들어 야나기와 결별했다. 야나기가 굳게 믿었던 일본민예협회 회원들 가운데서도 미야케의 생각을 따르는 사람들이 있었던 것으로 전해지고 있다.

이런 사태를 가져온 것은 물론 민예운동에 대한 야나기의 일관성 없는 논리 전개와 애매한 행동에 있었다. 야나기는 민예는 장인의 몫이고 개인 작가는 민예 작가가 아니라고 말하면서도 개인 작가에게 장인을 이끌어가는 큰 역할을 주었다. 따라서 개인 작가의

---

70) 《야나기 무네요시 전집》 19권.

활동 가운데 어디까지를 민예운동으로 보아야 하는지 그 경계가 흐려져 버렸다. 더하여 야나기의 불교 미학을 통한 미의 종교운동은 자력과 타력이 하나가 된다는 게 기본 사상이었으나 장인에 의한 좁은 의미의 민예운동만으로는 ‘남과 내가 하나’ 라는 불교 미학의 논리를 충족시킬 수 없었다. 말하자면 야나기가 일본민예관을 미의 종교 도량으로 선언하고 두 쪽의 작품을 함께 전시한 것은 자타일여를 실천하기 위한 방안이었다.

이처럼 야나기의 논리에는 허술한 데가 적지 않았다. 그럼에도 그는 그의 뜻을 굽히지 않고 죽을 때까지 불교사상에 몰두해 불교미학을 일궈냈다. 그는 이 공로를 인정받아 1957년 일본 정부로부터 문화공로자 표창을 받았고, 1960년 1월에는 ‘아사히’ 상을 수상하기도 했다.

 훈장을 줄 만했던가?

- 국내외 야나기 연구 동향

최하림의 비판 그 이후

　지금까지 보아왔듯이 야나기 무네요시는 예술과 종교를 아우르는 사상가답게 많은 생각을 기록으로 남기고 있다. 그는 일생 동안 그의 주변에서 끊임없이 제기됐던 철학, 과학, 종교(특히 일본불교), 역사, 사회심리, 조각, 도자기, 수공예, 미학, 조선예술, 공예품 수집·전시, 민화, 민예운동 등에 관한 궁금증을 풀어 30여 권의 단행본으로 담아냈다. 물론 그가 쓴 글은 이런 전문 연구서에만 그치지 않는다. 일본 치쿠마쇼보(筑摩書房)가 1981년에 묶어낸 《야나기 무네요시 전집》이 모두 22권에 이른 점만 보아도 글의 양을 쉽게 가늠할 수 있다. 앞에서도 설명했지만 이 가운데 조선에 관한 제6집 《조선과 그 예술》은 700여 쪽에 이르고 있다. 그의 이런 글이 다이쇼·쇼와기 제국주의시대를 살아가던 일본인들은 물론, 우리 지식인들에게도 적지 않은 영향을 미쳤음은 모두 아는 사실이다.

　그런 만큼 일본 학계에서는 야나기에 관한 연구가 여전히 식을 줄 모른다. ‘야나기 무네요시’를 주제로 한 학술 심포지엄도 자주 열리고 있다. 특히 많은 복선을 깔고 있는 조선에 관한 글은 1974년 ‘최하림의 비판’ 이후 지금껏 ‘뜨거운 감자’가 되고 있다. 그에 관한 연구 결과도 꾸준히 출판되어 2007년 현재 10종을 웃돈다.

　다만 요즘의 연구 특징은 1970년대 이전의 칭찬 일변도와는 달리, 사회학자들을 중심으로 정치 사회학적 측면에서 그를 비판하는 시각이 두드러지고 있다는 점이다. 굳이 학자들의 이름을 대자면 미즈오 히로시, 우부가타 나오키치, 쓰루미 슌스케, 이진희, 나카미 마리 등은 야나기를 이해하는 편이고, 다카사키 소지, 이토 도오루, 오구마 에이지, 이데가와 나오키(出川直樹) 등은 비판론자로 나눌 수 있다.

오구마 같은 학자는 앞에서 소개한 바와 같이 야나기를 '일본판 오리엔탈리스트'로 분석했다. 심지어 이토는 "야나기의 사상은 제국주의적 정치와 공범관계에 있었다"고 단언한다. 또 이데가와는 야나기를 제국주의 '식민정책의 이데올로그'로 규정하고, 다카사키도 야나기를 사이토 조선총독의 '문화통치'를 도운 식민정책 협력자로 결론짓고 있다.

"야나기는 총독정치 협력자였다"

우선 비판론자들의 주장을 들어보면 이렇다. 다카사키 소지는 앞서 잠시 언급했듯이 《조선사총(朝鮮史叢)》 제1호 〈야나기와 조선〉이라는 제목의 글에서 "야나기의 조선관에 대한 특징은 '조선 문제에 대한 공분'과 '그 예술에 대한 사모'가 결합된 점이라고 할 수 있다. 그러나 '공분'에는 조선 민족의 독립을 방해하려는 의도를 내포하고 있었다.

야나기는, 일본의 조선 지배를 용인한 알렉산더 파웰의 글을 극찬함으로써, 의도를 분명하게 드러냈다. 조선식민지화의 상징이라 할 수 있는 초대 한국통감 이토 히로부미를 미화하고, 일본의 비호 아래 행한 조선보호정치를 지지했다. 야나기가 1923년 〈일선(日鮮) 문제의 곤란〉을 마지막으로 '공분'에 바탕을 둔 글을 접고, '예술에 대한 사모'에 역점을 둔 글을 전면에 내세운 것은 바로 조선의 독립운동을 저지하기 위한 것이다.

다시 말하면 야나기가 사랑한 것은 조선의 예술과 그 예술을 만들어 낸 조선인이지 결코 독립을 이루기 위해 싸우는 조선인은 아니었다. 당시 조선인이 직면하고 있던 현실을 직시하려 하지 않고,

306

식민지 통치수단으로서 작용하던 '문화정치'를 비판하지 않은 야나기의 사상과 행동은 오늘의 우리들이 볼 때 비판 받고 극복되지 않으면 안 될 것으로 생각한다"며 야나기를 총독정치 협력자로 결론 내린 근거를 설명하고 있다.[71]

다카사키는 야나기가 처음 어용지로 비아냥거렸던 총독부 기관지 《경성일보》가 사이토 총독 부임 이후 야나기의 조선 강연회와 그의 아내 가네코의 음악회를 후원한 점, 야나기 아버지의 해군 부하이자 매형의 상사였던 사이토 총독이 야나기의 조선민족미술관 설립을 지원하고, 전시회 개최를 적극 도운 사실도 조선의 독립운동을 무너뜨리기 위한 정치 공작과 무관하지 않다는 주장이다.

"식민정책의 이데올로그"

옛 도자기 연구가인 이데가와 나오키의 비판은 더욱 날카롭다. 이토 도오루는 그의 저서 《야나기 무네요시, 창작하는 인간》에서 이데가와의 연구를 자세히 소개하고 있다. 이에 따르면, 이데가와는 "30대 초반의 야나기가 〈조선인을 생각하다〉는 등의 글을 발표한 선견성과 용기는 높이 평가할 만한 일이지만, '유혈을 불사하는 독립혁명'을 극구 반대한 점은 결과적으로 일본 국책과 무엇이 다른가"라고 운을 뗀 뒤, 야나기의 언설을 하나하나 분석하면서 그가 '식민정책의 이데올로그'였음을 증명해 보인다.

먼저 직관을 중시하는 야나기의 선입견부터 해부의 칼날을 들이댄 이데가와는 "야나기의 조선과의 만남에 기념비적 기물(器物)인

---

71) 이 책 2장 143쪽 참조.

‘이조염부추초문면취호’만 하더라도 그의 선입견이 개입되어 있다. 조선조 중기 이후 많이 나온 이 도자기는 겉모양 무늬가 가을을 상징하는 식물만이 아니라 매화나무 가지 등 여러 가지로 장식되어 있다. 한국에서는 이를 ‘난초문(蘭草文)’으로 표현하고 있다. 그럼에도 야나기는 여기에 ‘추초문(秋草文)’이란 이름을 붙여 일본에 소개했다. 이는 조선 역사에 ‘애수(哀愁)의 이조(李朝)’라는 선입견을 심기 위한 조작이었다. 조선의 예술을 ‘애상의 미’로 규정한 그의 견해는 조선 민족의 역사적 사실에도 부합되지 않는다. 조선 역사 전부가 비운으로만 메워져 있는 것이 아니라 거기에는 끈기와 어기참도 넘쳐난다. 설령 조선 민족이 비극의 민족이라 가정하더라도 미술공예, 게다가 야나기가 주목하듯 일상의 도구에 슬픔을 표현하는 등의 일은 상상하기 어렵다. ‘슬픔만이 슬픔을 위로할 수 있다’고 하는 수사는 지극히 특수한 경우이다. 이 말들은 모두 조선 민족에 대한 편견밖에 되지 않는다”고 꼬집는다.

이데가와는 야나기가 슬픔과 비애의 상징으로 예를 든 운학(雲鶴)이나, 수양버드나무 무늬, 상감기법과 환원염(還元炎)에 대해서도 “운학의 모양은 비애는커녕 웅대함을 나타내는 가능성이 크고, 수양버들은 온화함과 만족스러움을 표현한 것이며, 상감은 아름다움을 안으로 감추기 위함이 아니라 겉모양을 눈에 띄게 돋보이려는 기법이고, 환원염 또한 자기(磁器)의 경우 일본에서도 널리 사용하고 있는 방법”이라고 반박했다.

“제국주의 정치의 공범”

이데가와는 또 “야나기는 가늘게 끄는 긴 선을 슬픔으로 해석하고 있으나 이는 오히려 밝음과 유동성을 지속적으로 지향하는 의미이며, 대담한 직선을 더욱 돋보이게 하려는 기법이다. 야나기는 우연히 손에 넣은 몇 개의 항아리에서 '길게 끄는 곡선'을 읽고 이를 슬픈 역사의 결과라고 단정하고 있으나, 그것이 곧 '이조 공예' 전체가 아닌 것은 물론이고 '이조 도예'의 특질이 될 수도 없다. 이는 주변 사람들이 칭찬한 위대한 통찰이 아니라 시야 협착(狹窄)이 낳은 자신과잉적 억측에 지나지 않는다. 죽음의 색으로 규정한 흰색도 결코 조선반도를 물들여 온 것은 아니다. 고려청자는 말할 나위 없고 고대신라에는 흑색 토기가 있지 않았는가. '이조' 시대에도 남빛 무늬를 넣어 구운 자기가 생산됐다. 더욱이 칠공예나 금공예로 눈길을 옮기면 산뜻한 색채가 얼마든지 있으며, 여자의 치마저고리, 남자의 두루마기에 이르면 야나기의 억지 주장은 더욱 뚜렷해진다. 조선 민족이 슬픔을 달래기 위해 흰색을 좋아한다는 편향 의식은 어디에도 없고, '이조'의 백색은 야나기가 예로 든 흰옷과 백자밖에 없다. 조선 민족이 흰옷을 즐겨 입은 것은 발색(發色)재료인 천연 코발트광석이 부족했기 때문이다. 미술을 형태와 색채, 선이라고 단순하게 유형화한 것부터가 괴이하다"고 야나기의 오류를 낱낱이 지적했다.

이데가와는 특히 야나기의 '기물에 대한 이상스러운 민감함과 둔감한 인간성', 그리고 '물신숭배 정신'을 지적하며, "공예품을 의인화해 격한 감정을 불어넣는 야나기의 민예미론은 얼핏 인간적인 따뜻함에 가득 차 있는 듯이 생각되지만, 실은 불건전한 도착적 물신숭배이다. 사회나 인간이 공예를 위해 존재하는 듯한 야나기의 민예미론에서 인간은 민예품 앞에 희미한 존재이며, 무명의 공인도 '여러 가지 생각이나 욕망을 갖는 따뜻한 피가 통하는 인간'이 아니라 스스로 생각함이 없이 습관적으로 신체를 움직이는 로봇에 지나지 않는다. 그의 사상체계에는 '진정한 인간이 없는 것'이 가장 큰 공동(空洞)을 이루고 있다. 민예라는 말도 거슬러 올라가면 기물에 인격을 부여한 비인간성의 공동으로부터 발현한 것이다. 야나기의 행동은 사회적 현실을 예술이라는 방편으로 도피하는 것이 특징이다. 야나기는 '조선의 벗'을 위해 눈물을 흘리면서도 실은 식민통치 아래 신음하는 조선 민족의 사회적 현실을 제대로 보지 않고, 정치나 경제라는 '현실 논리'를 벗어나 '관념적, 정서적 세계'인 예술에만 관심을 보였다. 이는 '비극의 민족'의 관심을 예술로 돌려 현실 타파를 단념케 하기 위한 허구이자 기만이다. 그래서 예술작품에 대해서도 뒤틀린 해석을 내놓았던 것이다. 야나기가 아무리 무단정치에 항의의 뜻을 나타냈다하더라도 그런 속임수는 당시의 정치적 권력관계를 그대로 긍정하는 것에 지나지 않은 것이었다" 고 결론짓는다.

다카사키 소지, 이데가와 나오키, 최하림, 재일 동포 김달수 등의 야나기에 대한 비평을 자세히 분석한 이토는 "이들의 비판을 종합해 보면 야나기의 조선예술에 관한 왜곡을 쉽게 이해할 수 있다. 한국 축구대표팀의 타오르는 듯한 붉은 유니폼과 씩씩한 퍼포먼스에서 어디 식민통치의 슬픈 흔적을 읽을 수 있는가. 야나기의 사상을 고수하려고 그의 예술관을 절대시하거나 정치적 함의로부터 눈을 돌리는 것은 성실하지 못한 작태일 뿐만 아니라 그의 당초 의도에도 어긋난다. 일부 학자들은 더러 '야나기의 행동은 본인이 의도한 바가 아니라 일본 제국주의에 이용당했다'고 평하고 있으나, 그가 그렇게 바보스러울 리 없다"고 말한다.

이토는 특히 "야나기는 인간의 양심과 도덕을 현실에 구축하려

하지 않고 예술이라는 '영원의 이상'으로 구가함으로써 결국 조선 민족의 분노와 슬픔을 마비시켜 현실의 압정(壓政)을 받아들이게 하는 결과를 낳았다"고 덧붙였다.

'공로자' 인식에서 맴돌고 있는 한국 문화계

야나기에 대한 비판적 연구는 우리 학계가 먼저 해냈어야 할 일이다. 유감스럽게도 우리 학계는 야나기를 '한국 예술의 원형을 정립한 공로자'로 평가한 1960년대 초기 수준에서 한 발자국도 나아가지 못하고 있는 것이 숨길 수 없는 사실이다. 예를 들면 고고미술사학계의 거목이었던 김원룡은 1962년 3월호《사상계》에 기고한〈일본인 '유종열'의 한국미관─그의 생애와 미의 세계〉라는 제목으로 13쪽에 걸쳐 야나기를 자세히 소개한 글에서 "조선 사람들이여, 독립을 갈망하기 전에 인격자의 출현을 갈망하라"며 유혈혁명 불가론을 당부한 내용은 아예 생략하고, "일본의 동포여 검(劍)으로 일어난 자는 검으로써 망한다고 그리스도는 말했다. 지언(至言)의 지언이다. 군국주의를 빨리 방기(放棄)하자"는 요지의 일본에 반성을 촉구하는 부분만을 인용함으로써, 독자들에게 야나기가 마치 조선독립을 위해 앞장선 인물로 오인케 하는 결과를 가져왔다.

이한기(李漢基) 전 서울대 법대 교수 역시 1974년 5월호《신동아》〈독서여화(讀書餘話)〉에서 야나기 무네요시의《조선과 그 예술》을 주제로 "야나기는 일본인, 아니 한국계 귀화인일지도 모른다. 일본의 개화기 문단에서 시라카바파에 속하는 문인이며 민속학자인 동시에 교육자였다. 그는 암담한 일제 지배의 '25시에 있어서' 이 책을 썼다. 특히 광화문에 관한 일 편은 당시 바야흐로 일본인의 손에 파괴를 당하게 된 그 '박명(薄命)의 문(門)'을 위하여 당시 《개조》라는 잡지에 공개장의 형식으로 발표된 것으로서 유명하다. 이 글의 위력으로 말미암아 여론이 일어나서 드디어 광화문은 파괴를 면하였고 다른 곳으로 이건(移建)되었다. '우리에게 일본은 무엇인가'라는 문제를 또다시 제기하는 오늘날의 극한 상황에서 이 진실과 고발의 글은 여전히 광채를 발휘하고 있는 것이다"라고 야나기를 치켜세웠다.

재일민속학자 김양기(金兩基)는 1977년 9월호 《신동아》에 쓴 〈한국의 미는 비애의 미인가—유종열 씨의 정설은 고쳐져야 한다〉라는 제목의 글에서 "유감스러운 일이지만 우리들이 현재 훌륭한 예술품으로서 세계적으로 자랑하고 있는 고려나 조선조 도자기의 미적 가치를 논리화하고 정의한 분은 우리 동족이 아닌 바로 일본인 야나기 무네요시였다"고 전제하고, "일본의 민예론은 야나기의 민예론이며 그것을 능가한 민예론은 아직 나오지 않고 있다. 야나기의 민예론은 조선도자기를 모체로 해서 생긴 것이다. 석굴암의 조각과 조선도자기의 미적 특징을 선과 형으로 통찰하고서 그것을 발표할 기회를 보고 있을 때 3·1운동이 일어나 우리 동포들이 참혹하게 학살당하는 것을 보고 《요미우리신문》에 〈조선인을 생각한다〉는 글을 연재했다. 인도적인 입장에서 일제의 잔혹한 탄압에 강력히 항의하며 조선의 독립을 주장한 그의 글은 우리 동포들의 심금을 울렸었다. 조선총독부가 식민지 정책을 강력히 추진하던 당시에 한국의 독립을 주장하는 글을 쓴다는 것은 크나큰 용기가 필요했을 것이다. 가령 한국 사람이 같은 내용의 글을 썼다면 틀림없이 사형감이었을 것이다. 그 글을 실은 《요미우리신문》과 그의 용기는 마땅히 크게 평가해야 할 일이다"며 야나기를 마치 우리 민족의 독립을 대변하는 투사처럼 오인, 과장하고 있다.

　김양기는 나아가 "야나기는 비록 조선의 예술을 '비애의 미'로 잘못 정의, 일제의 식민지화 정책에 동조하는 듯한 실수를 범했지만, 그가 의도적으로나 의식적으로 그 정책에 협조한 일은 없었다고 보고 싶다. 30여 권의 저서를 통독해 보면 센티멘털한 휴머니즘이 깃들어 있고 내용의 중복도 적지 않으나 인간의 선의가 충만해 있는 것을 엿볼 수 있다. 그 속에 일제에 아부하거나 협조하는 정치적 의도 내지 색채 등은 거의 보이지 않는다. 야나기 자신이 느끼지 못하는 차원에서 그의 한국예술에 대한 참담고도 뜨거운 사랑을 정치적으로 이용당했을 가능성이 크다는 것을 지적하고 싶다"며 야나기의 작은 잘못을 지적하면서도 그런 오류에 악의가 없었음을 변명하려고 했다.

칭찬일변도 평가마저 일본 학계의 논리를 답습

　김양기는 그 글에서 야나기의 저서를 모두 읽었다고 말하고 있지만 아무리 찾아보아도 야나기의 글에는 직접적으로 '조선의 독립을 주장'한 표현은 없다. 그저 "국가는 짧고 예술은 길다. 참고 견디며 예술에 정진하다보면 좋은 날이 올 것이다"의 정도가 고작이다. 그럼에도 김양기는 "조선의 독립을 주장한 야나기의 글은 우리 동포들의 심금을 울렸다"고 표현하고 있다. 이는 야나기가 일제의 동화정책을 비판한 데 대해 '동화주의의 부정은 곧 조선독립에 대한 긍정'이라고 해석한 우부가타 나오키치의 비약된 논리와 조금도 다를 바 없다.

　또 야나기가 《요미우리신문》에 〈조선인을 생각하다〉를 쓴 것을 놓고 "한국 사람이 같은 내용을 썼다면 틀림없이 사형감이었을 것"
이라고 설명한 대목도 야나기를 미화할 소지가 많은 표현이다. 이
미 여러 번 설명한 바와 같이 야나기는 그의 출신성분은 그만두고
라도 다니구치 나오미 당시 해군 대장이 매형이고, 조선총독부 내
무국장이 매제인 인척관계만 보더라도 어느 누가 감히 함부로 할
수 없는 일제의 신분보장이 확실한 사람이었다. 아무리 순진하다
해도 사려 깊은 일본 엘리트가 어떻게 이런 관계를 외면하고 국가
이익에 반하는 글을 쓸 수 있었겠는가. 속된 말로 '누울 자리를 보
고 쓴 글' 임에 틀림없다.

그런데, 한상일은 "야나기는 처음부터 조선인의 자유와 독립을
인정하고 있었다"며 그를 '한국과 일본이 지향해야 할 선린의 원
형' 이라고까지 치켜세우고 있다. 한 걸음 나아가 야나기의 글 《조
선의 예술》에 대한 최하림의 비판에 대해서도 극히 부정적인 그는
"한국근대사에서 가장 암울하고 끝없는 억압 속에서 침묵을 강요
당하고 있던 시대에 한국의 예술을 통하여 한국민족의 의지를 대변
하고 민족의 독립을 호소한 야나기는 오늘도 우리에게 귀중한 존재
가 아닐 수 없다"며 "일본에는 옛날이나 지금이나 야나기와 같이
두 나라의 참된 우호를 위해 마음을 기울이는 사람들이 있기 때문
에 한일 두 나라의 장래에 대해 우리는 희망을 가질 수 있다"고 결
론 내리고 있다.

보관훈장 수여는 우호증진 위한 제스처?

물론 연구자의 시각에 따라 관점을 달리 할 수 있는 것이 학문의
특성이라고 하지만 일본 학자들의 분석과 얼마나 판이한가. 어디

그뿐인가. 전두환 정권은 1984년 5월 21일(시상은 9월) 야나기 무네요시에게 '보관(寶冠)문화훈장'을 추서했다. 그러나 야나기에게 훈장을 주게 된 직접적인 동기는 그에 관한 상세한 기록이 없어 알수 없다. 다만 행정자치부의 훈장수여 문서에는 그가 '우리나라 미술품 문화재 연구와 보존에 기여한 공로'라고 짤막하게 시상 사유가 적혀 있다.

그렇다면 전두환 정권은 왜 그때 갑자기 일본인에게 처음으로 문화훈장을 주면서 살아 있는 사람도 아닌, 죽은 지 23년이 지난 야나기를 택했던 것일까. 더군다나 당시는 일본 교과서 파동으로 '일제 잔재 청산'의 여론이 들끓고 있을 때였다. 혹시 집권과정의 흠으로 정권의 정통성을 잃은 제5공화국이 '한일 우호증진'이란 명분을 내세워 일본의 지지를 얻고, 차관이라도 쉽게 들어오기 위한 제스처는 아니었을까. 야나기를 통해 당시 악화일로에 있던 한일관계 분위기를 바꾸어보려는 의도는 없었을까.

그때 야나기의 훈장 추서 소식을 접한 어떤 언론인은 신문 연재 칼럼에서 "유종열(柳宗悅) … 이름만 보면 한국사람 같지만 분명히 일본 사람이다. 허나 '껍데기만 일본 사람이요, 속은 한국 사람이다'고 자처했고 일본발음인 '야나기(柳)'라 부르지 말고 류(柳)라 불러 달랬던 그런 분이다. 일본에서 손꼽는 미술사학자요, 민예운동의 선구자이기도 하지만 외국인으로서 가장 한국을 심정적으로 또 질적으로 사랑했던 극소수의 사람 가운데 한 분이기도 하다. 그는 일본 제국주의가 한국 국권의 상징인 광화문을 헐고 그 자리에 총독부 청사를 지으려 했을 때 그것을 반대하고 일본인의 양식에 호소했던 유일한 분이기도 하다. …… 3·1운동이 일어났던 해 아무도 한국인을 변호해줄 사람이 없음을 개탄하고 〈조선인을 생각

한다〉는 글을 《요미우리신문》에 연재하기도 했다. 어제그제 정부
는 이 고인에게 문화훈장을 추서하고 있다 ……"고 썼다(《조선일
보》 1984년 9월 21일자 〈李圭泰코너〉).

그러나 일본 학자들의 연구를 종합하면 야나기에 대한 훈장 추
서는 커다란 외교 실수였다. 아니 우리의 문화 수준을 그대로 드러
낸 '국가적 수치'라고 표현해야 더 옳을지 모른다. 일이 이렇게 된
데는 무엇보다도 우리 학계가 야나기를 미화한 종전 일본 학자들의
연구 결론을 그대로 받아들여 인용한 것이 가장 큰 화근이라 할 수
있다. 야나기의 이론을 무조건 따르며 활용한 학자들의 영향도 진
실의 초점을 흐리게 하는 데 한몫했음은 말할 것도 없다.

게다가 야나기에 대한 정치, 사회학적 연구를 게을리 한 점은 치
명타였다. 그동안 미술사학적 측면은 몰라도 정치, 사회학적 탐구
는 전무한 상태나 다름없다. 최하림이 문제를 제기했을 때에만 제
대로 정신을 차렸더라도 그런 실수는 막을 수 있지 않았을까.

"동화정책 비판론자들에 대한 무조건 칭찬은 금물"

오구마는 "지금까지 학계에는 일본 제국주의시대에 동화정책을 비
판한 일본 측 논자들을 식민지 원주민의 민족성을 존중한 인사들로
무조건 칭찬하는 경향이 있으나 이는 전혀 적절치 않다"고 주장한다.
그는 이들 '구관(舊慣)존중'형 동화정책 비판론 역시 식민지를 더 효
율적으로 통치하기 위한 이론에 지나지 않았기 때문이라는 설명이다.

오구마에 따르면, 일본은 1910년 8월 한국을 '병합'하면서 프랑
스형 식민통치 방법을 채택했다. 프랑스형은, 식민지 원주민의 관
습을 존중하며 토착 지배계급을 적극 활용한 영국의 '자치주의' 방

식과는 달리, 식민지를 법과 문화 등 사회의 모든 면에서 본국과 동
등하게 통합하는 '동화주의' 였다.

프랑스는 1830년 알제리를 점령하면서 '인류 평등관' 에 기초한
동화주의 방법을 도입했다. 그러나 이 방법은 비용이 많이 들고 원
주민의 저항이 계속되는 등 적지 않은 부작용이 뒤따랐다. 프랑스
는 실제로 프랑스 문화를 옮겨 심기 위해 알제리에 많은 학교를 세
웠다. 식민지 행정도 모두 본국에서 파견된 프랑스인 관리가 직접
맡았다. 그래서 프랑스 식민지는 당시 같은 규모의 영국 식민지에
견주어 3배 이상의 본국 출신 인원을 필요로 했다고 한다. 게다가
식민지의 관습 철폐와 사회체제 무시로 원주민의 저항과 반란이 계
속됐다. 토지 개혁에서 밀려나 몰락한 기존 지배층은 반란의 지도
자가 됐다. 프랑스는 많은 군대를 동원해 각지에서 이들의 저항을
가혹하게 진압했다. 이 또한 비용의 증대와 원주민의 이반을 불러
왔다.

이러한 상황에서 귀스타프 르 봉은 1889년 국제식민지회의에서
동화주의를 비판하고 나섰다. 르 봉은 당시 '군중' 이라는 개념을
정의한 사회학계의 첨단 연구자였다. 대중사회론과 사회심리학은
물론, 생물학과 인종주의에 바탕을 둔 사회학과 심리학을 주창한
인물이기도 하다. 철학자 베르그송과 루스벨트 전 미국 대통령, 무
솔리니 전 이탈리아 수상 등도 그를 적극 지지했다고 한다.

르 봉은 그가 쓴 《민족발전의 심리》에서 "인간은 다 똑같은 평등
한 존재가 아니라 인종마다 유전에 따라 결정되는 특성을 갖고 있
다. 따라서 세계 각 인종의 사회체제나 관습, 법률, 문화 등은 각각
의 유전적 특성으로부터 필연적으로 발생한 것이며, 후천적으로 바
꿀 수 있는 것은 아니다. 원시적 인종, 열등 인종, 중등 인종, 우등

인종 등 네 가지 인종 가운데 열등 이하의 인종도 더러 고유의 훌륭한 예술을 갖고는 있지만 문명수준의 기준은 되지 못하며, 그 경계도 결코 교육 등으로 뛰어넘을 수 없다. 또 열등 인종이 유럽풍의 교양을 몸에 익히는 일도 있지만 인종적 우열은 그런 개인 수준보다도 민족 집합적으로 만든 문화나 체제에 나타나는 것이다. 일례로 지식이나 언어는 형식적으로 교육될 수 있어도 그렇다고 유전에 따라 결정되는 심리의 깊은 부분은 바꿀 수 없는 것이다"는 논리를 내세워 "과학적 진리를 무시한 추상적 인류 평등사상에 바탕을 둔 동화주의는 필패할 것"이라고 주장했다. 일제가 피지배민족에 대한 고등교육은 민족의식을 고취시켜 사회 불안만 가중시킬 뿐 백해무익하다며 우리 민족에 대한 고등교육 무용론을 편 것도 따지고 보면 르 봉이 발원지였다.

프랑스의 동화주의는 결국 1900년 파리 만국박람회 때 열린 제1회 국제식민지 사회학회의를 계기로 전환점을 맞았다. 프랑스 대표는 이 회의에서 동화주의 정책의 파산을 선언하고, 대신 원주민 사회와의 조화를 꾀하는 '협동주의(l'association)'를 새 통치 방법으로 소개했다. 식민통치자와 원주민사회, 즉 본국과 식민지가 서로 협동함으로써 함께 발전한다는 요지의 새 방침은 이미 성공한 식민통치 사례로 꼽힌 프랑스의 튀니지 보호국제도와 영국 자치주의 장점을 조합한 것으로 식민지의 전통적 관습을 허용하고, 원주민 가운데 우수한 인재를 관리로 등용하며, 기존 지배층을 활용하는 등의 간접통치 방법이 골자였다. 프랑스는 1905년 무렵부터 협동주의 방침을 적용하기 시작했다. 이토 히로부미가 러일전쟁 승리 후 대한제국을 무리하게 통합하지 않고 보호국으로 한 것도 그런 국제 조류에 영향을 받은 것으로 짐작된다.

오구마는 "일제는 한국을 병탄하기에 앞서 열강의 식민통치 방법을 연구하기 위해 학자들을 구미에 파견해 식민정책학을 배워오도록 하는 등 갖은 노력을 다했다"고 그의 책에 소개하고 있다. 일본문명협회가 '병합'을 일주일 앞두고 르 봉의 저서 《Les Lois Psychologiques de l'Evolution des Peuples》를 일본어로 옮겨《민족발전의 심리》라는 이름으로 펴낸 것도 그 하나였다. 따라서 식민통치에 관계된 일본 관리나 학자들 치고 프랑스형 동화주의를 모르는 사람은 거의 없었다.

이미 잘 알려져 있듯이, 일제는 이토 히로부미가 1909년 안중근에게 암살되자 한국을 강제 '병합'하고 동화정책을 강행했다. 일본이 내세운 명분은 일본과 조선은 조상이 한 뿌리라는 이른바 '일선동조론'이었다. '조상이 같은 민족이 일시 떨어져 있다가 다시 합치는 것'이므로 다른 인종을 동화시키려다 큰 비용과 희생을 치른 프랑스와는 경우가 다르다는 논리였다. 그때 일본 정부가 모든 언론 매체를 동원해 일선동조론을 연일 강조했던 것도 프랑스의 식민통치와 다름을 국제사회에 선전하기 위한 정치적 음모였다.

"실패한 프랑스식 동화주의는 수정되어야"

그러나 미국 존스홉킨스대학에서 식민정책학을 공부하고 돌아와 도쿄대학에서 교편을 잡고 있던 니토베 이나조는 강제 '병합' 후 동화주의 통치방법은 곧 프랑스의 전철을 밟게 될 것이라며 반대하고 나섰다. 또 민권파(民權派) 저널리스트 출신으로 중의원 의원이기도 했던 다케코시 요사부로(竹越與三郞, 1865~1950)는 한일합방 직후 담화를 통해 "조선인들이 구 관습에 따라 변발을 하건 흰

옷을 입건 상관하지 말아야 한다. 일본어 교육은 물론 고등교육도 실시할 필요가 없다. 조선인이 단지 선량한 농민이 되는 것으로 족하다. 조선통치에는 기존 지배층인 양반을 활용하는 것이 가장 좋은 방법이다"며 동화주의의 비효율성을 지적했다.

다케코시는 이에 앞서 1905년 2월 의회에서 동화주의를 적용하고 있던 타이완의 원주민을 법제적으로 일본인에서 배제할 것을 주장했다. 그리고 그로부터 반년 뒤 그가 펴낸 《타이완통치지(臺灣統治志)》에서는 "프랑스는 인류평등사상을 명분으로 내세워 다년간 동화획일정책을 실험했으나 결국 실패했음을 깨닫기에 이르렀다"며 타이완에 대한 동화정책을 철회하라고 주장했다.

그는 1906년에 쓴 《비교식민제도(比較殖民制度)》에서도 "프랑스는 대혁명을 일으킨 자유, 박애, 평등의 이상에 따라 모든 인류를 억압으로부터 구한다는 명분 아래, 식민지를 개화시켜 프랑스와 같은 문명권으로 만들기를 바라면서 그들이 점령한 식민지에 프랑스와 똑같은 제도 법령을 실시했지만, 까마귀는 어떻게 교육하더라도 종족이 틀린 이상 결코 까치가 될 수는 없는 법이다. 일본 헌법을 타이완에 시행하면 그 결과는 분란뿐이다. 모국인의 권리는 보호되지 않고 식민지 보호에 그칠 따름이다. 국민들은 이를 두려워한다"고 동화주의를 비판한 다음 영국의 간접 통치나 프랑스가 뒤니지 통치에서 성공한 보호국제도를 본받는 쪽이 바람직하다고 강조했다. 그는 '일한병합' 논리를 앞세워 한국을 보호국으로 두고 경제 이익을 거두는 것으로 충분하다며 강제 '병합'을 반대했다.

합방 다음해인 1911년에는 법학자인 이시자카 온시로(石坂音四郎)와 저널리스트인 아카기 가꾸도(赤木格堂)도 이를 비판했다. 특히 이시자카는 다케코시와 니토베 등이 1910년에 설립한 일본식민학회 회원이자 고토 신페이(後藤新平, 1857~1929)가 이끈 타이완구관(舊慣)조사회의 핵심 구성원이었다. 타이완구관조사회는 식민정책학에 관한 선진국 도서를 번역하는 일도 맡았다. 그럼에도 이런 동화주의 비판은 그때 큰 힘을 얻지는 못했다.

오구마는 "이는 우선 일반이 이해하기 어려웠고, 많은 논자들이 법제와 권리를 제외한 교육이나 문화를 동화 대상으로 주장한데다, 구미문명을 소화하는 데 열중이던 시류에서 '황색 인종인 일본인은 아무리 구미의 문물을 도입하더라도 문명화는 불가능하다'는 르 봉의 논리를 선뜻 받아들이기가 힘들었기 때문"이라고 이유를 설명한다.

백가쟁명은 통치효율성 높이자는 케언일 뿐

그러나 동화주의 비판론자들의 예견은 적중했다. 역사가 말해주듯이 타이완에서 '서래암 사건'이 터지고, 조선에서도 대대적인 민족항쟁이 펼쳐졌다. 동화주의 비판은 3·1운동이 일어나면서 다시 세를 얻기 시작했다. 당시 모든 언론이 총독부의 압정을 비판하며 '문화주의'를 부르짖은 것은 앞에서 설명한 대로이다. 야나기의 동화정책 비판도 그 흐름의 연장선상에 있었음은 말할 것도 없다.

다만 야나기는 군중심리학을 이해하고 조선인의 슬픔을 어루만지는 데 주안을 둔 점이 다를 뿐이다. 이는 "야나기가 조선 민족의 고유성과 차이성을 계속 강조하며, 그것을 배외적(排外的) 방향으로 돌리지 않고 이질(異質)이기 때문에 오히려 경의를 표한 자세는 그런 정치적 목적을 내포하고 있었다"는 이토의 분석에서도 확인할 수 있다. 우부가타는 야나기의 조선총독 정치 비판을 민본주의 학자 요시노 사쿠조를 능가한 것이라고 평가했지만, 야나기의 주장은 추상적일 뿐 앞에서 설명한 요시노의 구체적인 대안에는 견줄 수 없다.

미국과 유럽에서 공부하고 귀국한 일본 학자들은 동화정책을 수정해야 된다고 목소리를 높였다. 도고 미노루(東鄕實)는 1925년에 쓴 《식민정책과 민족심리》에서 "식민자와 원주자의 관계는 '자유협동'의 원리에 서야만 한다"고 강조하고, "식민지 민족의 민족정신에 적합한 법률을 제정, 본국과 별도의 통치 기구를 만들어 민심을 수습하는 것만이 난국을 타개하는 길"이라며 자치제 실시를 건의했다. 또 야나이하라 타다오(矢內原忠雄) 같은 학자는 1926년에 펴낸 《식민 및 식민정책》에서 캐나다, 호주, 뉴질랜드, 남아프리카공화국 등 영국의 자치령을 예로 들어 조선에도 조선인을 중심으로 한 의회를 설치하자고 주장했다.

그렇다고 민족자결이나 분리 독립을 허용하자는 주장은 절대로 아니었다. 다시 말하면 본국과 식민지가 서로 독자성을 갖되 하나의 나무를 근간으로 거기에 매달린 가지처럼 떼려야 뗄 수 없는 관계를 유지하며 협동해 공존공영을 이루자는 발상이었다.

끝으로 야나기 무네요시는 일본 민예운동을 창시하고, 조선의 예술을 높이 평가하며, 미와 종교(불교), 그리고 미와 다도를 접목, 이론화한 종교 철학자였다. 특히 그가 민중의 일상 실용 잡기 속에 참다운 아름다움이 있다고 제창한 민예운동은 유럽과 미국을 비롯한 세계 각국의 전통 민예품 발굴과 보존, 새 작품 생산을 위한 창작활동에 촉매제로 작용했으며, 지금도 적지 않은 영향을 미치고 있다. 그가 현대 민속 공예 진흥의 선구자로 불리고 있는 이유도 바로 그런 까닭이라고 할 것이다.

　그럼에도 앞에서 보아온 일본 학자들의 최근 연구 결과를 종합해
보면, 3·1운동을 계기로 조선에 관한 많은 글을 남긴, 야나기 무네요
시 역시 그의 속내는 조선동화정책을 비판한 식민정책학자들과 마찬
가지로 식민통치 담론에서 벗어나지 못한 일본제국의 식민지 지배를
옹호한 지식인일 따름이었다.

부록

야나기 무네요시 연보

참고문헌

야나기 무네요시 연보

연도	경력	비고
1889	도쿄에서 출생(3월 21일).	대일본제국헌법 공포(2월 11일).
1890	아버지 나라요시(楢悅) 귀족원 의원 임명.	
1891	아버지 사망(1월 14일).	
1893	아자부(麻布) 유치원 입학(9월).	
1895	가쿠슈인(學習院) 초등과 입학(9월).	청일강화조약(10월 8일).
1901	가쿠슈인 중등과 입학. 《글 숲》, 《시금석》 등 회람잡지에 글·그림 발표. 개신교 신자가 됨.	
1904	도쿠토미 로카(德富蘆花)가 번역한 《톨스토이》를 읽음.	러일전쟁 발발(2월 8일).
1907	가쿠슈인 고등과 입학.	
1909	회람잡지 《도원(桃園)》 발간. 버나드 리치와 교유 시작.	
1910	가쿠슈인 고등과 수석졸업. 은시계 수상(4월). 《시라카바(白樺)》 창간에 참여. 도쿄제국대학 철학과 입학(9월).	한일합방(8월 22일).
1911	최초의 저서 《과학과 인생》 출간. 나카지마 가네코(中島兼子)와 교제.	
1912	척식박람회에서 처음 조선도자기 관람. 윌리엄 블레이크에 대해 관심 갖기 시작.	
1913	가네코와 약혼(4월). 도쿄제국대학 철학과 졸업(7월).	
1914	나카지마 가네코와 결혼(2월 4일). 도쿄에서 지바(千葉)로 이사(9월). 《윌리엄 블레이크》 출간.	제1차 세계대전 발발(7월).
1915	장남 무네미치(宗理) 태어남. 《시라카바》에 〈철학론〉 기고.	버나드 리치 중국 베이징으로 이사.

연도	경력	비고
1916	조선과 중국 등지를 여행하며 해인사, 경주, 석굴암 등 관광(8~10월). 아사카와 다쿠미와 친분을 쌓음.	
1917	《종교와 그 진리》 출간(2월). 도요(東洋)대학 종교과 교수 취임(4월).	러시아 혁명(11월 7일).
1919	《요미우리신문》에 〈조선인을 생각하다〉 기고(5월 20~24일). 잡지 《예술》에 〈석불사 조각에 대해〉 기고.	3·1독립만세운동, 중국 5·4운동 일어남. 남궁벽 야나기집 방문.
1920	서울에서 음악회와 강연회 열고, 조선인 '교화' 시작(5월 1~23일). 〈조선의 벗에게 드리는 글〉(《가이조》 6월호)에 이어 〈그의 조선행〉 발표(《가이조》 10월호). 도요대학 주최 경북 유림(儒林) 관광단 환영회 참석(11월 1일).	야나기의 어머니 카쓰코(勝子), 아내 가네코, 버나드 리치 등과 함께 조선 여행.
1921	〈도자기의 아름다움〉(《신초(新潮)》 1월), 〈'조선민족 미술관' 설립에 관하여〉(《시라카바》 1월) 발표. '조선민족미술관' 건립 협의 차 조선 방문(1월 10~24일). 《종교적 기적》 간행(1월). 다시 도쿄로 이주(3월). 간다(神田) 류이쓰소(流逸莊)에서 '조선민족미술전' 개최(5월). 아내와 함께 조선에서 '교화' 활동(6월). 여동생 가네코 문병 차 서울 방문(8월). 《블레이크의 말》 간행(11월). 《경성일보》에 〈현상소설 모집에 대하여〉(12월 7~9일) 기고.	《동아일보》 광화문 이전 계획 보도(5월). 여동생 지에코(千枝子) 사망(8월). 남궁벽 사망(11월).
1922	〈조선의 미술〉(《신초》 1월) 발표. '조선민족미술관' 및 도요대 경성분교 설립 목적 조선 방문(1월 1~16일). 《조선과 그 예술》 간행(9월). 파웰의 〈일본의 조선통치 정책을 평한다〉를 읽고 《세계의 비평》 5월호에 〈비평〉을 발표. 〈사라지려 하는 한 조선건축을 위하여〉를 《동아일보》에 기고(8월 24~28일). 《가이조》 9월호에 〈사라지려 하는 한 조선건축을 위하여〉 발표.	아사카와 형제와 분원 가마터 조사(9월 17일).

연도	경력	비고
	조선 도자기전시회 열기 위해 경성 방문(9월 13일~10월 14일 7회째). 《종교의 이해》(11월), 《도자기의 미》(12월) 간행.	
1923	〈조선·일본 문제의 어려움에 대하여〉(《국제지식》 9월), 〈조선의 교육에 대하여〉(《조선지방행정》) 발표. 《신에 대하여》 간행(7월). 《시라카바》 종간. 경성에서 관동대지진 피해 조선인을 위한 구제음악회와 강연회 개최(11월 17~28일).	간다 류이쓰소에서 버나드 리치 도자기전 개최(4월). 관동대지진(9월 1일)으로 8천여 명의 조선인이 학살당함. 야나기의 큰 형, 요시사와 무너진 건물에 깔려 사망.
1924	조선민족미술관 개관식(4월 9일)에 참석 차 조선 방문(3월 27일~4월 10일). 모쿠지키 불상 연구 시작.	
1925	교토로 이사(1월). 모쿠지키 및 민예품 연구 계속. 열 번째 조선 방문(4월). 조선민족미술관에서 모쿠지키 불상전 개최. 도시샤 대학 강사 겸 도시샤 여자전문학교 교수 부임(5월). 도시샤 학생들, 아내와 함께 조선 방문(10월 13~22일, 11회째). 《신(信)과 미(美)》 간행(12월).	
1926	《일본민예미술관 설립 취지서》를 발표하고 민예운동 시작. 조선민족미술관에서 조선미술전 개최(10월).	
1927	《잡기의 미》 간행(6월). 아내와 함께 조선을 방문(13회째) 강연회 및 음악회 개최(10월 6~15일).	
1928	가네코, 조선을 거쳐 독일유학 길에 마산과 대구에서 음악회 개최(4월). 조선민족미술관에서 조선 도자기전시회(7월 16~31일). 《공예의 길》 간행(12월).	
1929	《공예미론》(3월)과 《초기 오쓰에(大津繪)》 간행(4월). 하마다와 함께 조선을 거쳐 유럽 여행(프랑스, 독일, 스웨덴, 영국을 돌아본 뒤, 미국으로 건너가 하버드 대학에서 강의).	세계 대공황.

연도	경력	비고
1930	미국에서 귀국(7월).	가네코 도미(3월). 보스턴에서 야나기와 같이 지냄.
1931	월간잡지 《고게이》와 《블레이크와 휘트먼》 동시에 창간(1월). 아사카와 다쿠미 병문안 차 조선 방문(4월 1~8일, 16회째). 그러나 4월 2일 사망해 4일 장례식 참석.	만주 침략(9월 18일).
1932	가네코와 함께 조선을 방문(17회째)해 아사카와 1주기 추모식에 참석하고 음악회와 강연회(4월 1~17일).	
1933	《민예의 취지》(1월), 《수집에 대해》(2월) 간행. 도쿄로 다시 이사(5월). 미국 하와이대학에서 〈조선의 미술〉을 주제로 강의(7~8월).	
1934	일본 기독교 경성교회 부인회 주최로 음악회(11월 1~2일). 《미와 공예》 출간.	
1935	《미술과 공예의 이야기》 출간(3월). 영국으로 돌아가는 버나드 리치를 따라 조선여행(5월, 18회째).	
1936	《다도를 생각하다》 간행(3월). 일본민예관에 전시할 민예품 수집 차 가와이 간지로, 차마나쇼지와 함께 조선, 만주 여행(5월 8~25일). 일본민예관 개관(10월), 초대 관장에 취임.	
1937	가와이, 하마다와 함께 전라도 지방을 여행하며 민예품 수집(4월 30일~5월 16일, 20회째). 《미의 나라와 민예》 출간(6월).	루거우차오(盧溝橋) 사건으로 중일전쟁 시작(7월 7일).
1938	《공예》 제82호에 〈전라도 기행〉 발표(3월). 잡지 《부인의 친구》에 〈조선의 도자기〉 발표(8월). 민예품 수집, 조사를 위해 오키나와 첫 방문(연말).	국가 총동원법 공포(4월 1일).
1939	두 번째 오키나와 여행 중, 오키나와 방언논쟁 시작. 《겟간민게이》 창간(4월). 《류큐(琉球)의 직물》 간행(12월).	일본군 만주-몽골 국경 노몬한(Nomonhan)에서 소련군에 참패(5월 12일).

연도	경력	비고
1940	전수대학교 교수 취임(1월). 중국 및 마지막 조선여행(10월, 21회째), 무용가 최승희 귀국환송회 발기인(12월26일).	일본, 프랑스령 인도차이나 침공(9월 23일). 일본, 독일, 이탈리아 삼국동맹(9월 21일).
1941	《민예란 무엇인가》(6월), 《차(茶)와 미(美)》(7월), 《공예》(8월) 등을 차례로 출판.	일소 중립조약(4월 14일). 미국 재미 일본재산 동결(7월 25일). 진주만 공격(12월 8일).
1942	공예문화》(1월), 《나의 염원》(6월), 《공예의 미》(6월), 《미와 모양》(8월), 《설국의 쇠퇴》(11월) 등을 차례로 출판.	일본 마닐라(1월 2일), 싱가포르(2월 15일) 점령. 과달카날 공격 실패(10월 24일).
1943	최승희 무용감상회 발기인(8월 8일). 《화지(和紙)의 미》 출간(9월).	야나기의 어머니 카쓰코 사망(2월 2일).
1945	전쟁으로《공예》, 《민예》 등 잡지 발간 중단. 일본민예관 소장품 안전지역으로 소개.	일본 무조건 항복(8월 15일).
1946	미일 교육위원에 취임(2월). 미국 교육사절단 환영위원 임명(3월).	
1947	《지금도 이어지는 조선의 공예》(편저) 간행(6월). 《국제 타임즈》에 《오늘의 조선》 기고(9월 17일). 일본 민예관 폐쇄명령(1월). 폐쇄명령 해제(3월). 《일본민예관 안내》 발간.	쇼와 일본 왕 부부 일본민예관 관람.
1948	《수공예의 일본》, 《민과 미》, 《일본민예》 등을 차례로 간행.	
1949	《미의 법문》, 《일본의 민예》등 출판.	중화인민공화국 출범(10월 1일).
1950	《민게이통신》, 《묘코닝 이나바노 겐자(妙好人 因幡の 源左)》 간행.	한국전쟁(6월 25일).
1951	《공예》 120호로 종간. 잡지《다이호링(大法輪)》에 《나무아미타불》 연재.	샌프란시스코 강화회의(9월 8일).
1952	《마이니치신문》 문화사절로 6~9월까지 유럽여행.	
1953	버나드 리치와 함께 귀국(2월), 일본 전국 여행.	한국전쟁 휴전협정(7월 27일).

연도	경력	비고
1954	《야나기무네요시 선집》 간행 시작.	
1956	《수집이야기》, 《민예의 입장》 간행. 고혈압으로 병원에 입원(12월 27일).	
1957	병세 호전으로 집필 재개(6월 말). 《무유호추의 소망》 출간. 잡지 《고코로(心)》에 〈일본의 눈〉을 발표. 일본 문화공로상 수상(11월).	
1958	《민예 40년》, 《차의 개혁》 간행.	
1960	아사히상 수상(1월). 《민예도감 1》, 《야나기무네요시 종교전집》, 《미의 정토(淨土)》를 차례로 간행.	4·19혁명.
1961	《민예도감 2》 간행. 부정맥 발작(2월). 《법과 미》 간행. 뇌일혈로 사망(5월 3일).	5·16군사 쿠데타.

참고문헌

가다노 쓰기오, 윤봉석 옮김, 《일본인이 쓴 역사의 앙금》, 우석출판사, 2003

강동진, 《日本 言論界와 朝鮮》, 지식산업사, 1987

강영심 외, 《한국민족운동사 연구》, 나남출판, 2003

고길희, 《하타다 다카시(旗田巍)》, 지식산업사, 2005

국립박물관 편, 《조선총독부 그 청사건립의 이야기》, 한울, 1996

글사랑 편집부, 《세계의 역사》, 글사랑, 1994

김성식, 《일제하 한국학생 독립운동사》, 정음사, 1974

김양기, 〈한국의 미는 비애의 미인가—柳宗悅씨의 정설은 고쳐져야 한다〉.
    《신동아》, 동아일보사, 1977년 9월호

김원용, 〈일본인 '柳宗悅'의 한국미관—그의 생애와 미 세계〉, 《사상계》
    1962년 3월호

김윤수 외, 〈분단시대의 민족문화〉 좌담, 《창작과 비평》, 창작과비평, 1977
    년 가을호

김윤식, 《이광수와 그 시대 1, 2》, 솔 2001

김 현, 〈조선문학의 전개와 좌표〉, 《문학과 지성》, 문학과지성, 1976년 봄호

나카미 마리, 김순희 옮김, 《야나기 무네요시 평전》, 효형출판, 2005

나카쓰카 아키라, 이규수 옮김, 《일본인이 본 역사 속의 한국》, 小花, 2003

너대니얼 페퍼, 《三一運動의 眞相》, 건국산업사, 1946

다카사키 소지, 김순희 옮김, 《아사카와 다쿠미 평전》, 효형출판, 2005

민족운동 총서편찬위원회, 《三一운동》, 민족문화협회, 1980

버나드 리치, 이대일 옮김, 《공예가의 길》, 미진사, 1992

孫禎睦, 〈조선총독부 청사 및 경성부 건립에 대한 연구〉, 《향토 서울》 제48
        호, 서울특별시사 편찬위원회, 1989

신동준, 《근대 일본론》, 지식산업사, 2004

愼鏞厦, 《3·1運動과 獨立運動의 社會史》, 서울대학교 출판부, 2001

안병직, 《3·1운동》, 한국일보사, 1975

야나기 무네요시, 김종호 옮김, 《光化門의 마음》, 도서출판 소금, 1980

———, 심우성 옮김, 《조선을 생각한다》, 학고재, 2002

———, 李大源 옮김, 《韓國과 그 藝術》, 지식산업사, 1974

———, 박재삼 옮김, 《조선과 예술》, 범우사, 1989

———, 이길진 옮김, 《조선과 그 예술》, 신구문화사, 1994

———, 朴在姬 옮김, 《朝鮮의 藝術》, 文公社, 1982

에드워드 사이드, 박홍규 옮김, 《오리엔탈리즘》, 교보문고, 2005

우학선 편, 《대전쟁—제1차 세계대전》, 명지출판사, 1989

이규태, 〈이규태 칼럼〉, 《조선일보》, 1984년 9월 21일자

이덕주, 《식민지 조선은 어떻게 해방되었는가》, 에디터, 2003

이병진, 《〈廢墟〉同人と柳宗悅》, 《한림 일본학 연구》 제6집, 한림대일본학
        연구소, 2001

李漢基, 〈서평—야나기 무네요시 《조선과 그 예술》〉, 《신동아》, 1974년 5월호

李炫熙,《日帝 時代史의 研究》, 한국학술정보(주), 2000

정일성,《이토 히로부미—알려지지 않은 이야기들》, 지식산업사, 2004

———,《일본 군국주의의 괴벨스—도쿠토미 소호》, 지식산업사, 2005

池中世 편,《三一運動 때 外國新聞에 나타난 朝鮮》, 新光出版社, 1948

崔夏林,〈해설—柳宗悅의 한국 미술관에 대하여〉,《한국과 그 예술》, 지식산
　　　업사, 1974

한상일,《일본지식인과 한국》, 도서출판 오름, 2000

허영섭,《조선총독부, 그 청사건립의 이야기》, 한울, 1996

伊藤徹,《柳宗悅 手としての人間》, 平凡社, 2003

出川直樹,《民藝—理論の崩壊と樣式の誕生》, 新潮社, 1988

幼方直吉,〈日本人の朝鮮觀— 柳宗悅を通して〉,《思想》第四四八號, 1961

小熊英二,《〈日本人〉の境界》, 新曜社, 1998

柳宗悅,《日本民藝館 案內》, 財團法人 日本民藝館, 2005

———,《柳宗悅全集 第六卷》, 筑摩書房, 1981

———,《ヰリアム ブレク》, 洛陽堂, 1914

———,《朝鮮とその藝術》, 叢文閣, 1922

———,《民藝とは何か 第一篇》, 昭和書房, 1941~43추정

———,《私の念願》, 不二書房, 1942

———,《信と美》, 生活文化研究會, 1943

———,《柳宗悅選集4》, 春秋社, 1954

———, 永六輔解說《手仕事の日本》, 小學館, 2000

李進熙,〈李朝の美と柳宗悅〉《季刊三千里》, 1987年 春號

———,〈柳宗悅の朝鮮美術觀〉,《朝鮮歷史論集下》, 旗田巍先生古稀記
　　　念會 編, 1979

興津要,《新聞雜誌發生事情》,角川書店, 1983

市川正明 編,《三一獨立運動》,高麗書林, 1989

姜德相,《朝鮮獨立運動の群像》,青木書店, 1998

藪景三,《朝鮮總督府の歷史》,明石書店, 1996

坂本龍産,《〈言論の死〉まで》,岩波書店, 1996

關川夏央,《白樺たちの大正》,文藝春秋, 2005

高崎宗司,《朝鮮の土となった日本人》,草風館, 1982

―――――,〈柳宗悅と朝鮮〉,《朝鮮史叢》第一號, 1979

鶴見俊輔,《柳宗悅》,平凡社, 1994

―――――,〈解說―失なわれた轉機〉,《柳宗悅全集著作篇第六卷―朝鮮
        とその藝術》, 1981

中見眞理,《柳宗悅 時代と思想》,東京大學出版會, 2003

竹中均,《柳宗悅・民藝・社會理論》,明石書店, 1999

松井健,《柳宗悅と民藝の現在》,吉川弘文館, 2005

松尾尊兌,《大正デモクラシ‐》,岩波書店, 1994

水尾比呂志,《評傳 柳宗悅》,筑摩書房, 2004

岡本眞希子,《植民地官僚の政治史》,三元社, 2008

《讀賣新聞》마이크로필름(1919~21)

《讀賣新聞 四十年史》

《京城日報》영인본(1915~1930)

《동아일보》마이크로필름(1920~23)